O DOUTOR RAMEAU

CELEBRE ROMANCE

DE

JORGE OHNET

TRADUCÇÃO

DE

PINHEIRO CHAGAS

Um vol. illustrado com lindissimas gravuras, desenhos

DE

EMILIO BAYARD

Grande formato, edição de luxo, rica encadernação especial, folhas douradas

PREÇO 3600 RÉIS

OBRAS
DE
Antonio Xavier Rodrigues Cordeiro

EM VERSO:
ESPARSAS
2 volumes, com o retrato do auctor, br. 1$000 rs.
Esplendidamente encadernados em percaline,
folhas douradas, etc., 1$600 réis

EM PROSA:
SERÕES DE HISTORIA
Factos da historia portugueza ou que com ella
se relacionam,
expostos por fórma romanceada
e que não fatiga o leitor
2 volumes, br. 1$000 réis. Encad. 1$400 rs.

NO PRELO:
LEITURAS AO SERÃO

A' venda em Portugal na livraria Antonio Maria PEREIRA
RUA AUGUSTA 50 a 54 — LISBOA

No Brazil, Ilhas e Ultramar, em todas as livrarias
importantes

ALMANACH LUSO-AFRICANO

ALMANACH
LUSO-AFRICANO

ILUSTRADO

PARA

1895

CONTENDO VARIAS

TABELLAS E REGULAMENTOS

DE

UTILIDADE PUBLICA E PRATICA

CALENDARIO, – MISCELLANEA LITTERARIA, SCIENTIFICA,
RECREATIVA, HISTORICA, MUSICAL, ETC, ETC.

DIRECTOR

ANTÓNIO MANUEL DA COSTA TEIXEIRA

ALMEDINA
CLEPUL

2011

ALMANACH LUSO-AFRICANO PARA 1895

ORGANIZADORES
João Lopes-Filho
Alberto Carvalho

EDITOR
EDIÇÕES ALMEDINA, S.A.
Rua Fernandes Tomás, n.ºs 76, 78, 80
3000-167 Coimbra
Tel.: 239 851 904 · Fax: 239 851 901
www.almedina.net · editora@almedina.net

DESIGN DE CAPA
FBA.

PRÉ-IMPRESSÃO, IMPRESSÃO E ACABAMENTO
G.C. – GRÁFICA DE COIMBRA, LDA.
Palheira Assafarge, 3001-153 Coimbra
producao@graficadecoimbra.pt
Julho, 2011

DEPÓSITO LEGAL
330978/11

Toda a reprodução desta obra, por fotocópia ou outro qualquer processo, sem prévia autorização escrita do Editor, é ilícita e passível de procedimento judicial contra o infractor.

---

apoio:

FACULDADE DE LETRAS
DA UNIVERSIDADE DE LISBOA

CLEPUL | Centro de Literaturas e Culturas Lusófonas Europeias
Faculdade de Letras da Universidade de Lisboa

FCT Fundação para a Ciência e a Tecnologia
MINISTÉRIO DA CIÊNCIA, TECNOLOGIA E ENSINO SUPERIOR

patrocínio:

EMBAIXADA DA REPÚBLICA DE CABO VERDE

ALMANACH LUSO-AFRICANO
PARA 1895

Justificação editorial

A presente edição do *Almanach Luso-Africano*, do Cónego António Manuel da Costa Teixeira, integra-se nos domínios da investigação desenvolvida no Centro de Literaturas de Expressão Portuguesa das Universidades de Lisboa (FLUL/CLEPUL/FCT), Área-2: Literaturas Africanas de Língua Portuguesa, como finalização de um projeto dedicado à cultura e literatura cabo-verdianas.

Ocasionalmente referido, pelo menos desde meados do século XX, o "*Almanach* do Cónego Teixeira" tem apenas dado lugar a estudos sumários, por ângulos de apreciação sobretudo pouco lisonjeira, ou a breves nomeações indirectas em apontamentos que correm "on-line". Tem por isso vivido numa espécie de limbo-distância que se repercute no facto de, na maioria dos casos, as referências não excederem a citação de citações, sem contacto com a fonte, de fácil justificação, mas também com prejuízos evidentes. No estado actual dos nossos conhecimentos, temos notícia segura dos exemplares seguintes: três do volume do ano de 1895 (Praia/Cabo Verde, Lisboa/Sociedade de Geografia e Londres/British Library) e outros tantos do ano de 1899 (Praia/Cabo Verde, Lisboa/Biblioteca Nacional e Lisboa/Arquivo Histórico Ultramarino).

Deste facto decorrem os fundamentos que subjazem ao actual projecto de edição, a oportunidade de devolver à contemporaneidade uma preciosidade cultural e o interesse em a tornar acessível ao público e aos estudiosos, em consideração das suas valências notáveis, documental como facto histórico-cultural, e monumental como representação literária. Por se tratar de um género de atributos muito peculiares, as suas características documentais, técnicas (e económicas) e monumentais, composicionais (e artísticas), obedecem a um espírito e linguagens de época cuja imagem de autenticidade não se compaginaria com os tipos de reedição corrente.

Critérios de edição

Entre as primeiras questões daí derivadas, determinantes, aliás, avultam o acesso às cópias dos textos originais e os respectivos encargos, motivos que nos aconselharam a adopção de soluções casuísticas na forma das reproduções. E sem descurar o respeito pelas exigências deste tipo de edição, não deixámos de proceder a intervenções de pormenor a seguir discriminadas, no pressuposto de não desrespeitarem a cláusula de fidelidade aos originais.

Quanto ao volume de 1895:

1. reprodução a partir do microfilme cedido pela British Library;
2. conservação da capa dura, mas de concepção contemporânea evocadora, em vez do grafismo original apurado pela estética excessivamente datada de fim-de-século;
3. conservação integral dos anúncios e demais itens editoriais nas suas devidas sequências;
4. uniformização de formato, dando-lhe as dimensões de capa do segundo volume e ampliando-lhe a mancha gráfica, originalmente de 7,3 × 11,8 cm;
5. inserção nele dos excursos de "Apresentação" e de "Análise", relativos ao Director do "*Almanach*" e aos respectivos conteúdos. Entre uma edição que deixasse os textos fazerem sozinhos o seu trajecto, e outra que deles desse oportuna notícia, entendemos ser aconselhável a hipótese que valorizasse o binómio Director-Autor/Obra-conteúdos nos seus devidos tempo e espaço.

Assim:

6.1. propõe-se o primeiro texto iluminar a personalidade do Cónego António Manuel da Costa Teixeira no seu perfil de intelectual e homem de cultura, notável pela capacidade e coragem empreendedora, pelo saber e pela sintonia com questões atinentes à cultura cabo-verdiana, ao ensino integral, à pedagogia escolar e à metodologia de aprendizagem das línguas do país, a crioula e a portuguesa;

6.2. tenciona o segundo despistar algumas vias de acesso aos conteúdos dos *"Almanach"* pela metodologia sociológica, tendo em vista desocultar-lhes sentidos e funções, não na perspectiva dos tempos actuais, mas à luz das ideias dominantes e gosto da época, não a partir de um lugar outro, mas do seu lugar próprio contextualizado, condições necessárias à fidelização à obra e à intencionalidade das suas significações.

Em nota derradeira apraz-nos assinalar o nosso reconhecimento à British Library e ao Arquivo Histórico Ultramarino pela gentileza e prontidão no atendimento dos nossos pedidos. Igualmente testemunhamos a nossa gratificante satisfação devida ao interesse da Embaixada de Cabo Verde em Lisboa e da Sociedade de Geografia de Lisboa em concederem a esta edição a honra dos seus patrocínios de prestígio. Também a Editora Almedina, por mediação da Dra. Paula Valente, nos concita o mais franco reconhecimento devido à sua disponibilidade para aceitar as nossas frequentes recomendações.

JOÃO LOPES-FILHO

Faculdade de Ciências Sociais e Humanas da Universidade Nova de Lisboa

ALBERTO CARVALHO

Faculdade de Letras da Universidade de Lisboa

CÓNEGO
ANTÓNIO MANUEL DA COSTA TEIXEIRA

Por João Lopes Filho

1. O homem

Como é sobejamente referido, do Seminário-Liceu de São Nicolau saiu uma plêiade de sacerdotes e personalidades que se destacaram nos mais diversificados ramos de actividade, no país e fora dele. De entre eles centraremos estes apontamentos no Cónego António Manuel da Costa Teixeira, que desempenhou um interessante papel na vida cultural do arquipélago cabo-verdiano.

Filho de Manuel da Costa e de Maria Francisca Teixeira Costa[1], nasceu em 1865 na ilha de Santo Antão, vindo a falecer a 15 de Março de 1919 na cidade do Mindelo, em São Vicente, com 54 anos de idade.

Entrou para o Seminário de São Nicolau, em 1880 (com 15 anos), e atingiu o grau de sub-diácono[2], em 1889. Um ano mais tarde, foi ordenado sacerdote e nesse mesmo ano ascendeu a presbítero, sendo então colocado como pároco na ilha da Boa Vista, onde permaneceu até 1895.

---

[1] Certidão de Óbito – Conservatória dos Registos de 1.ª Classe de S. Vicente, Cabo Verde, Livro 11, Fl. 100v., n.º 90.

[2] *Boletim Oficial do Governo da Província de Cabo Verde*, n.º 38 de 21 de Agosto de 1889.

Nessa altura regressou a São Nicolau, onde exerceu as funções de prefeito e professor do Seminário-Liceu, capitular da Sé Catedral e pároco da freguesia de Nossa Senhora do Rosário, da mesma ilha. Saliente-se que, no âmbito da actividade docente, se destacou como exímio professor de música.

Durante a sua estadia na Boa Vista demonstrou grande interesse pela difusão do ensino, tendo fundado naquela ilha a *Associação Escolar Esperança*, em 1894, com o objectivo de desenvolver a instrução e a educação em geral.

Decorrente da sua dinâmica em prol da difusão da cultura, anunciou em 1912 a intenção de fundar um jornal, *O Progresso de Cabo Verde*, que talvez possa estar na origem do jornal com o mesmo nome que surgiu na Praia, também em 1912.

Apesar de sacerdote católico, como era comum na época em Cabo Verde, teve vários filhos, facto ironicamente registado num relatório do Padre João Simões Estima, enviado ao bispo da diocese, em 1904, acerca da *"moralidade e ciência do clero d'esta diocese"*, que inclui a seguinte passagem: *"O Teixeira cónego capitular, ex--pároco d'essa freguesia e professor do Seminário, professor de música tão exímio, que este há chegado a voz do seu tenor e aos certeiros lamirés da sua batuta se tem erguido novos seres aí, na Boavista, os quais cantam hinos [...] ao seu musical progenitor"*[3].

---

[3] Vidé anexos in *Ilha de São Nicolau, de Cabo Verde. Formação da Sociedade e Mudança Cultural*, Lisboa, Ministério da Educação, 1996, vol. II, págs. 457-472.

Contudo, o Cónego Teixeira acabou por ser mais tarde afastado do exercício das suas funções, por intrigas, ao constar ter aderido ao culto do Espiritismo, como se deduz pela seguinte carta enviada pelo Cabido da Sé ao Bispo da Diocese, em 17 de Novembro de 1909: "*Em resposta ao ofício de V. Ex.^{cia} n.º 318 de 15 de Novembro corrente, cumpre-me informar que o reverendo Capitular António Manuel da Costa Teixeira não faz, absolutamente, falta nenhuma ao serviço.*

Como é do conhecimento de V. Exma Rev.^{ma}, o mais fútil pretexto, visando sempre o desprestígio da Corporação, lhe serve para se eximir ao cumprimento dos seus deveres e com tanta frequência lança mão de miseráveis subterfúgios, não sendo nunca sincero nas causas, por ventura alegadas, que este cabido tudo dispõe sem contar com a sua cola-boração.

Por este lado, a sua ausência antes regulariza a vida d'esta corporação sempre embaraçada pela insídia e sempre desgostosa com um membro que a não honra.

A paz, Exmo Snr., que é uma das melhores venturas da terra, tanto na vida moral como na social, será sempre para nós uma aspiração frustrada enquanto não for arredado o referido capitular que a boa fé d'um Prelado elevam a tão alta dignidade que os seus actos irregulares criminosos desprestigiam.

Seria um benefício para esta ilha onde tem semeado frutos vinificos da intriga que é a arma favorita dos rebeldes e para a Corporação a que nos honramos de pertencer o maior dom, o retirá-lo, por tempo indeterminado, d'este meio que traz enredado e desedificado com o seu proceder em que se não vislumbra parcela de dignidade nem temor de Deus"[4].

De facto, Costa Teixeira entrou para o Racionalismo Cristão (através daquilo que na época tinha em Cabo Verde o nome de "Centro Espírita Caridade e Amor") nos inícios de 1911, altura em que o *médium* Augusto Messias de Burgo se deslocara do Brasil para o arquipélago, com a finalidade principal de distribuir alimentos pela população assolada por uma crise.

A partir dessa adesão, o Cónego Teixeira colaborou no jornal *"A Tribuna"*, de linha *Cardecista* (da empresa que publicava aquele jornal, depois comprada por Luís de Matos, Presidente do Centro Espírita Caridade e Amor, e utilizada para imprimir o jornal "A Razão" da mesma corrente espiritual).

Em virtude desta actividade paralela ao sacerdócio, o Cónego Teixeira acabaria por ser excomungado pelo papa Pio X, em 1912, tendo aquele enviado um relatório à Santa Sé, no qual refere ter sido considerado *anti--paroco*[5].

Acontece que o Cónego Teixeira tivera primeiramente contacto com o "espiritismo" através dos livros católicos que o combatiam, e considerou-o *"uma realidade objectiva, iniludivelmente palpável, hoje em toda a parte e até espontaneamente na própria residência de quem tenha vontade de observar, e mesmo sem essa vontade"*[6].

---

[4] *Id.*, pp. 453-455.

[5] *Espiritismo Racional e Científico Cristão*, 2.ª ed., Rio de Janeiro, 1927, pág. 118.

[6] *Id.*, pág. 119.

Contudo, a partir do seu relacionamento com médiuns brasileiros, realizou um estudo sobre o Espiritismo no qual afirma que *"estes agentes não são somente os espíritos maus, mas também, às vezes, exclusivamente, os espíritos bons, enviados pelo próprio Deus, infinitamente poderoso, justo e misericordioso, para a instrução e regeneração da humanidade, para a conversão dos incrédulos, iludidos e transviados do caminho da fé e da moral descortinando-se e apalpando-se como que materialmente a realidade e modalidades da vida espiritual a verdadeira vida activa, progressiva eterna"*[7].

Acrescenta que o significado da palavra "médium" quer dizer intermediário dos espíritos, cujos dons *"só a Deus pertence conceder, como e quando lhe apraz"*[8], tendo como missão a Verdade e o Amor, adiantando, ainda, nomes de outros profetas e taumaturgos como Joana d'Arc, Santo António, São Paulo, Santa Bernardette, etc..

Costa Teixeira estabeleceu, ainda, uma distinção entre os maus e os bons médiuns, referindo-se àqueles que *"desprezam esses dons e se não santificam servindo do escândalo em vez de exemplo, abusando da graça, tornando-se perversos, pela soberba, pelo egoísmo, pela escravidão aos prazeres, pela prática do mal. [Os bons espíritas são] de moral perfeita, servos fiéis que não desprezam a graça, os dons que recebam santificando-se a si e santificando o próximo"*[9].

---

[7] *Id.*, ibid..

[8] *Id.*, ibid..

[9] *Id.*, pág. 120.

O sacerdote confessou-se *"espiritualista, porque não sou materialista; e porque o que antes por princípios eu cria [...] e sou espírita, porque creio na realidade dos factos ou manifestações espíritas, reais, palpáveis, tangíveis, iniludíveis, ao alcance de todas as observações experimentalmente verificadas, cientificamente exactas, não entrando, porém, em controvérsias subtis e infecundas, nem pretendo perscrutar os mistérios divinos ou princípios eternos, ainda escondidos à nossa condição actual, mas recebendo só aquilo que se me dá, e agradecendo e comunicando tudo que recebo"*[10].

Informa, também, que se considera médium, ou seja, *"medianeiro da misericórdia divina, escrevendo o que me é ordenado, dizendo o que é preciso, agindo como for necessário*[11]. Consta mesmo que Costa Teixeira se dedicou à cura de doentes e expulsão dos espíritos *"pela simples imposição das mãos e pela prece a Deus"*[12].

Face à sua maneira de pensar, manteve polémicas entre várias personalidades, nomeadamente com Aurélio Martins, acerca dos casamentos religiosos e civis que este, com o seu ateísmo, defendia, destacando-se uma com Augusto Miranda, no jornal *O Ultramarino* (datadas de 06-03-1889 a 21-12-1902).

Complementarmente à sua actividade sacerdotal, Costa Teixeira empenhou-se na escrita, colaborando em publicações como o *Novo Almanaque de Lembranças Luso--Brasileiro* e *O Ultramarino*, de que era correspondente

---

[10] *Id.*, pág. 122.

[11] *Id.*, ibid..

[12] *Id.*, pág. 123.

em São Nicolau. Fundou, em 1895, o *Almanaque Luso-Africano,* de que saiu apenas mais um número, em 1899. Do primeiro número, citaremos a "Carta de Apresentação", "*Almanaque*" e "Dialectos (Cabo Verde – Boavista. Um diálogo à porta da escola)", mas no de 1899 a sua participação foi mais significativa, com artigos assinados e alguns anónimos que julgamos, no entanto, serem da sua lavra, quer pela temática, quer pela forma de escrita.

De entre eles constam "Morreu o Luso Africano", "Cartão de Apresentação", "Lamentação", "Os concursos do luso africano", "Crioulo", "Método normal de português", "Instrução Secundária", "O Menino Modelo", "Crioulo: *Almanaque* de Lembranças", "Pensamento", "Prosódia Portuguesa", "Seminário Liceu", "Ortografia Popular", "Salvé Rainha", "Dialectos Indígenas", "Estatutos da Associação Escolar Esperança", "Crioulo – Santo Antão", bem como a colaboração em "A Confissão por um Canudo" e "Força do Direito".

Outra preocupação de Costa Teixeira era criar, fomentar e desenvolver o gosto pela leitura, tendo em conta os princípios da vernaculidade e bom gosto, do civismo e da expansão do espírito africano. Desta maneira, pretendia colmatar, parcialmente, a modesta formação dos cabo-verdianos através de textos literários, poéticos e informativos.

Costa Teixeira procurou divulgar a cultura cabo-verdiana além fronteiras, visto ser seu desejo expandi-la à escala internacional, objectivo concretizado com a publicação do *Almanaque*, onde chegou a propor um concurso literário dirigido não apenas aos mais letrados.

Como todo o bom cabo-verdiano, o Cónego Teixeira cultivava um forte sentimento de esperança como suporte para enfrentar a problemática das múltiplas adversidades, bem expresso na utilização do termo "Esperança" para denominar algumas das suas acções sócio-culturais.

Acontece que o governo português promulgou, em 1844, uma lei relativamente à formação que pode ser considerada como instrução secundária, legislação que, para Costa Teixeira, vinha de encontro aos seus objectivos visando a promoção da instrução dos cabo-verdianos através de disciplinas abrangentes (desde o campo da teoria à prática) e promovendo uma cultura geral, para o bom desempenho de determinada profissão.

António Manuel da Costa Teixeira assumiu a missão de combater o analfabetismo e, ao ser colocado na ilha da Boa Vista como pároco, reencontrou José Lopes da Silva, seu colega no Seminário, tendo juntos avançado com a criação da "*Associação Escolar Esperança*", em 1894, para promover a instrução. Saliente-se que, desde logo, compreendeu ser necessário estudar e ensinar o crioulo como o caminho para ajudar o aluno cabo-verdiano a ultrapassar as dificuldades e, mesmo, a compreender melhor o português.

Os objectivos daquela Associação, publicados no *Almanaque Luso-Africano* de 1899, eram difundir, a par da boa educação, a instrução para ambos os sexos, segundo sistemas teóricas de instrução popular e oficinas práticas de arte e ofícios, de acordo com as necessidades do arquipélago.

Seguindo a mesma linha de pensamento, criou e dirigiu mais tarde, no Mindelo, uma escola particular de instrução primária complementar e superior que, em 1912, se transformou num colégio com internato, visto considerar do maior interesse a educação e o estudo da Psicologia Infantil.

Para tanto, havia já aplicado tais princípios na elaboração de uma *Cartilha*, pois se queixava da deficiente qualidade do ensino em Cabo Verde e propunha que a escola fosse, não apenas um local de aprendizagem, mas também de conhecimento por excelência. Com tais fundamentos, Costa Teixeira pretendia que o professor levasse a criança a ter consciência daquilo que aprendia, acrescida do desenvolvimento do espírito crítico e estimulando-a para a aquisição de novos conhecimentos.

O Cónego Teixeira acrescenta, na definição dos objectivos da *Cartilha*, que deverá ser uma espécie de primeiro livro da aprendizagem, ou de uma grande síntese, na medida em que não servia para ensinar somente a ler sílabas e palavras, ao integrar a primeira gramática e o primeiro catecismo.

Por outro lado, Costa Teixeira deixava transparecer o seu carácter filantrópico ao destinar aquela obra ao *Bazar da Caridade* do *Almanaque Luso-Africano,* a favor das escolas da *Associação Escolar Esperança*, para aquisição de utensílios escolares e de roupas para crianças pobres que frequentavam as escolas da mesma Associação.

Registe-se que foi um dos pioneiros no estudo da língua cabo-verdiana e que desde sempre defendeu o ensino bilingue do crioulo e do português.

Não fica claro o seu posicionamento político perante o grupo que defendeu a independência de Cabo Verde no século XIX, mas saudou a fundação do *Alvorada* nos Estados Unidos, por Eugénio Tavares, adepto daquela ideia, escrevendo n' *O Ultramarino* o seguinte: "*Oxalá que, seguindo a estrela do Norte, não perca o rumo da boa orientação, e conduza com segurança ao Dia da Prosperidade, ao Porto da Paz. Educar o povo na sã doutrina, para que seja obediente à lei, para que respeite os seus legítimos superiores, para que trabalhe, para que seja livre, razoável, razoavelmente livre, – tal deve ser o caminho da prosperidade, a que decerto aspira a revista*"[13]. Esta posição parece indicar que achava que o direito à liberdade passaria necessariamente pela instrução, o que não pressupunha a independência, já que o povo deveria ser educado para obedecer à lei, no sentido de respeitar os seus legítimos superiores, para além da educação religiosa (não nos esqueçamos que ele era sacerdote). De qualquer modo, não considerava que o povo pudesse ser livre se ficasse mergulhado nas trevas da ignorância, servindo a instrução como um caminho para a liberdade que não confundia com a independência nacional.

Todavia, num artigo publicado no *Boletim Oficial de Cabo Verde,* de 11 de Dezembro de 1900, Costa Teixeira tece duras críticas aos candidatos a deputados nas eleições para a Assembleia Legislativa de Cabo Verde, por serem impostos pelo governo: "*O deputado ultramarino não significa hoje mais do que uma formalidade [...] [A política*

---

[13] *O Ultramarino*, n.º 40, de 21 de Outubro de 1900.

*deveria ser:] eleger um deputado que 'auxilie' o governo
provincial e metropolitano a fazer-nos todo o bem possível.
Se esse deputado pode ser um 'patrício', conhecedor, cordato,
prudente, sábio e imparcial, será 'ouro sobre azul' [...]
Deixemos a 'deputado-mania' fim do século, e adoptemos
antes a 'caboverdianomania' que traduz o bem da província
em que nascemos [...]*"[14]. Apela, desta maneira, a um
maior empenhamento dos seus conterrâneos na política
do arquipélago, não descurando a hipótese de o deputado
ser natural da ilha ou não, mas que deveria trabalhar,
acima de tudo, em nome do progresso de Cabo Verde.

Na fase final da sua vida, como referimos, o cónego
Teixeira foi afastado das funções sacerdotais com a justificação de que se tinha convertido ao Espiritismo, e dedi-
cou-se ao professorado em S. Vicente, a partir de 1917,
como professor interino no Liceu durante três anos,
passando depois para o ensino particular e vindo a falecer
naquela ilha em precárias condições económicas (A este
propósito, a certidão de óbito cita como causa da sua
morte: "Anemia").

2. A obra

2.1. *Almanaque Luso-Africano*

Por alturas de 1813, entendia-se o *Almanaque* como
um "*livro de notícias das pessoas de ofícios públicos, civis,*

---

[14] *Boletim Oficial do Governo da Província de Cabo Verde*, n.º 43, de
11 de Dezembro de 1900.

ou militares, com observações meteorológicas, e algumas notícias históricas, e cronológicas. Livro que contém a distribuição do ano por meses, e dias, com a notícia das festas, vigílias, mudanças da lua"[15].

Recorde-se que as referidas publicações se vulgarizaram nos finais do século XVIII e no XIX, com intuitos informativos, e que, embora de forma irregular, surgiram a partir de 1782, *Almanaques* "populares" e "familiares", *Almanaques* instrutivos ou charadísticos, *Almanaques* para as damas ou para os agricultores[16], apresentando, assim, tipologias e públicos bem diversos.

Para Costa Teixeira, a origem da palavra *Almanaque* é bastante antiga, uma vez que povos como os Egípcios, Gregos, Romanos, Índios e Chineses já tinham uma "publicação" desse género. Conforme este autor, a Igreja Católica utilizou, posteriormente, os *Almanaques* para informar os seus fiéis acerca dos *"feriados e eram afixados nos templos, junto ao ciclo pascal"*[17], encontrando-se esse tipo de textos até ao século XVII, com o nome de "tábuas pascoais", cuja origem talvez se associe ao facto de serem meros calendários litúrgicos[18].

---

[15] António de Morais Silva, *Dicionário da Língua Portuguesa*, Lisboa, Tipografia Lacerdina, 1813.

[16] Cf. Luís Reis Torgal e Isabel Nobre Vargues – "Produção e Reprodução Cultural", in José Mattoso, *História de Portugal*, vol. V, [s. n.], Circulo de Leitores, 1993, pág. 692.

[17] *Almanaque Luso-Africano*, 1895, pág. 104.

[18] Escusamo-nos de desenvolver este ponto, na medida em que se afasta do âmbito do nosso trabalho.

2.2. *A Esperança*

Em 1901, Costa Teixeira fez sair, como "suplemento literário" do *Almanach*, a revista *A Esperança*, dirigida conjuntamente com o Cónego Oliveira Bouças e com Redacção repartida entre a vila da Ribeira Brava, ilha de São Nicolau, e a cidade de Braga (Portugal), organizada a partir dos artigos que foram entregues e que não tinham sido publicados.

Todavia, *A Esperança* era uma revista mensal, autónoma, saindo regularmente durante um ano, e destinava-se *aos que "desejam saber e não têm DINHEIRO para possuir, nem tempo para ler MUITOS LIVROS, JORNAIS E REVISTAS e consagrada, em especial, à JUVENTUDE COLONIAL e PROFESSORADO PRIMÁRIO DE PORTUGAL E BRASIL"*[19].

Como a maioria dos colaboradores eram cabo-verdianos ou então estavam radicados no arquipélago, revelou-se uma revista literária cabo-verdiana pelo carácter dos seus artigos. Todavia, os autores eram praticamente os mesmos do *Almanaque Luso-Africano*: Pedro Monteiro Cardoso, Januário Leite, José Lopes da Silva, Eugénio de Paula Tavares, João Simões Afra, Cónego Oliveira Bouças, Cónego Alves Mendes, Gertrudes Ferreira Lima, entre outros.

O primeiro texto da autoria de Costa Teixeira é um poema dedicado ao seu afilhado Hugo Rafael, intitulado "Natalício", constituído por quatro quadras[20], onde

---

[19] *A Esperança*, ano 1, n.º 1.
[20] *Id.*, ano 1, n.º 1, pág. 15.

aconselha o sobrinho relativamente à sua vida futura, num período em que deixara a infância para trás: *"Crença, trabalho e virtude; Te guiem na sociedade [...] Deixas a era dos anjos; Dos inocentes a sorte; Mas dos anjos a pureza; Guarda sempre até à morte"*[21].

A mesma publicação traz um trabalho de Costa Teixeira alusivo à "Legislação Escolar (Disciplina)", onde descreve os castigos passíveis de aplicar a um aluno menos cumpridor: repreensão particular ou pública, mudança de carteira, exclusão temporária ou definitiva, realidade que em tudo faz lembrar a actualidade das nossas escolas, tendo presente que no regulamento interno são descritos os deveres e os direitos dos alunos.

Costa Teixeira tece dura crítica aos professores, acusando-os de darem *"frequentes maus exemplos da má educação que nunca devia aparecer no templo da escola. Ter o chapéu na cabeça, fumar, dar e receber recados dentro da escola; falar sempre com zanga e às vezes brutalmente imperativo; servir-se dos alunos para recados e serviços domésticos"*[22], situação que revela certa prepotência de alguns professores perante os seus alunos.

Um trabalho não assinado apresenta uma fotografia do Cónego Teixeira, trajando o hábito religioso, numa espécie de apologia, ao mesmo tempo que traça um pouco da sua história e lhe faz referência, considerando Costa Teixeira aluno laureado pelo Seminário-Liceu[23], que *"no anseio com que se informava do movimento*

---

[21] *Id.*, ibid..

[22] *Id.*, ano 1, n.° 5, pág. 77.

[23] *Id.*, ano 1, n.° 8, pág. 122.

escolar, dos processos de ensino, dos melhoramentos que a moderna arte de ensinar, a pedagogia, tem introduzido para o aperfeiçoamento da instrução, revelou o jovem eclesiástico a inclinação do seu espírito todo devotado ao apostolado da propagação da instrução em Cabo Verde"[24].

Acrescenta que regressou a S. Nicolau como prefeito do Seminário-Liceu, regendo também cadeiras naquele estabelecimento de ensino, onde terá desempenhado a sua função com base naquilo que apreendera na antiga metrópole e salienta, ainda, as qualidades musicais, literárias e intelectuais de Costa Teixeira[25].

2.3. *Ensino*

O ensino constituiu sempre assunto do maior interesse para Costa Teixeira, porque, em sua opinião, era nele que residia o avanço das sociedades, promovendo-se para isso uma cultura geral, pensamento que constituiu um dos grandes objectivos da sua vida pessoal e profissional, como nortearam o *Almanaque Luso-Africano*.

Num trabalho tece uma breve resenha das tentativas para a criação de um seminário no arquipélago de Cabo Verde, destacando as iniciativas levadas a cabo no século XIX, até que "*em 1844 começa o governo português a lançar os alicerces da instrução oficial nas Colónias, com o decreto de 20 de Setembro, que, para além de criar escolas primárias, estabeleceu na sede de cada província uma escola*

---

[24] *Id.*, ibid..

[25] *Id.*, ibid..

principal, como curso de instrução média, e providenciando sobre a habilitação dos professores e provimento das cadeiras, sob vigilância de conselhos inspectores"[26].

Depois dessa legislação, outras se lhe seguiram, vindo a possibilitar, na opinião de Costa Teixeira, "*um verdadeiro curso médio as cadeiras das escolas principais, que, pela sua importância intrínseca, podem ser consideradas de instrução secundária, pois compreendem as disciplinas de: 1.ª cadeira: Português, Francês (Inglês ou Árabe), Geografia Comercial e História Pátria; 2.ª cadeira: Matemática, Agrimensura e Escrituração Mercantil, Ciências Naturais; 3.ª cadeira: Economia Política e Industrial, Agricultura e Economia Rural e Desenho Linear. Começara também neste decénio a evolução do ensino secundário, propriamente dito*"[27].

Outro trabalho de Costa Teixeira é um poema com dezasseis quadras alusivas a um menino modelo, através do qual talvez pretendesse dar conselhos aos jovens e aos próprios, sobre como conduzir a educação de uma criança em idade escolar, pois dedicou-o às escolas primárias.

2.4. *Associação Escolar Esperança e o Colégio Esperança*

Na missão de combater o analfabetismo, e ao ser colocado na ilha da Boavista como pároco, Costa Teixeira reencontrou, como também já referimos, José Lopes da Silva, seu contemporâneo no Seminário, com quem

---

[26] *Almanaque Luso-Africano*, 1899, pág. 73.
[27] *Id.*, ibid..

avançou para a criação da "Associação Escolar Esperança", em 1894. Pretendia difundir a instrução e a educação, ao mesmo tempo que entendia ser necessário estudar e ensinar o crioulo, como o melhor caminho para os alunos cabo-verdianos ultrapassarem as dificuldades e compreenderem melhor o português.

Ao ser transferido para São Nicolau, levou consigo esta mesma pretensão, mas acabou envolvendo-se em polémicas na defesa das suas vocações religiosas, embora se revelasse sempre um defensor da cultura da sua terra[28].

Os objectivos daquela Associação foram publicados no *Almanaque Luso-Africano* de 1899 e os respectivos estatutos publicados no *Boletim Oficial de Cabo Verde*, n.º 52, de 26 de Dezembro de 1914.

Tinha como principal função *"difundir, a par da boa educação, a instrução popular teórica e prática, para ambos os sexos, por escolas teóricas de instrução popular e escolas práticas de arte e ofícios, desviando assim a mocidade do vício e da ociosidade, inspirando-lhe o amor pela instrução, pelo trabalho e pelo bem"*[29], considerando que este tipo de escola correspondia às necessidades do arquipélago.

Constata-se, também, que as disposições regulamentares do Seminário-Liceu de Cabo Verde, datadas de 1892, pretendiam algo semelhante, ou seja, *"formar bons ecclesiásticos e proporcionar aos alumnos que se destinam á vida civil, a par de uma sólida instrucção nas sciencias e nas*

---

[28] João Nobre de Oliveira – *id.*, pág. 156.

[29] *Almanaque Luso-Africano*, 1899, pág. 355.

lettras, uma apurada educação moral e religiosa é o fim do seminário"[30].

Voltando à Associação, todos os alunos, masculinos ou femininos, tinham de usar uma farda e respectivas insígnias[31], e determinavam os estatutos que os privilégios dos sócios concentravam-se unicamente na concessão de um diploma.

Acontece que, mais tarde, e com o mesmo objectivo, Costa Teixeira criou e dirigiu uma escola particular, o *Colégio Esperança*, de instrução primária complementar e superior, no Mindelo, instituição de ensino que, em 1912, se transformou num colégio com internato: "*É autorizada a transformação em colégio, com internato, da escola particular de instrução primária complementar e superior, que o cónego António Manuel da Costa Teixeira fundou e dirigiu na ilha de S. Vicente, desde que fique sujeito à necessária fiscalização das autoridades competentes*"[32].

A pedido do Cónego Teixeira ao Ministério das Colónias, a 21 de Agosto de 1913, foi criado um instituto "*particular português, de educação e ensino neutro, com internato*", cujos estatutos foram publicados no *Boletim Oficial de Cabo Verde*[33].

---

[30] Francisco Ferreira da Silva – *Instruções e Disposições Regulamentares do Seminário-Liceu de Cabo Verde na Ilha de São Nicolau*, 1892, pág. 3.

[31] *Almanaque Luso-Africano*, 1899, pág. 355.

[32] *Boletim Oficial do Governo da Província de Cabo Verde*, n.º 38, de 21 de Setembro de 1912.

[33] *Boletim Oficial de Cabo Verde*, n.º 52, de 26 de Dezembro de 1914, pág. 474.

O plano de acção do Colégio Esperança compreendia três núcleos: Plano Pedagógico, Plano Regulamentar e Plano Financeiro. No plano pedagógico inscrevia-se "*o curso completo de instrução primária e o curso geral dos liceus, pelos programas da metrópole, sendo porém mais intensos os exercícios práticos da composição e conversação em português, inglês e francês, mais vasta a educação física e cívica, e mais variado o ensino artístico e profissional a ambos os sexos*"[34].

O curso primário dividia-se em três graus: preliminar (escola infantil, mista), elementar (classes oficiais) e especial (ensino prático especial de comércio, lavores, música e representação): "*As secções serão divididas, quanto à especialidade pedagógica dos professores, em harmónicos grupos didácticos*"[35].

O curso secundário era composto por duas secções: a 1.ª de três anos e a 2.ª de mais dois anos, com exames finais realizados perante júris nomeados pelo Governo. Entretanto, no Seminário-Liceu existia um curso preparatório e outro superior, mas exclusivo para todos os alunos que seguissem o serviço eclesiástico, ao passo que o ensino preparatório era comum para todos os alunos, sendo "*regido conforme os programas dos lyceus do reino, na parte applicavel, comprehende a instrução primária e a secundaria*"[36].

---

[34] *Id.*, ibid..

[35] *Id.*, ibid..

[36] Francisco Ferreira da Silva, *id.*, pág. 4.

No plano financeiro, o colégio dependia das mensalidades pagas pelos próprios alunos, de subsídios ou doações ou outras iniciativas que revertessem a favor da instituição. Os alunos mais pobres estavam dispensados do pagamento da respectiva mensalidade e, para os outros, havia uma tabela de pagamentos variável consoante o grau de ensino que os alunos frequentassem.

Relativamente aos programas e aos livros utilizados, seriam iguais aos do ensino oficial, visando proporcionar aos alunos uma *"educação cívica, física, moral, literária e científica, com a nítida compreensão da vida prática e social"*[37].

O Colégio tinha um gabinete de leitura e uma biblioteca, para a qual Costa Teixeira ofereceu mais de quinhentas obras em várias línguas, que não poderiam sair da mesma. Do âmbito das actividades do colégio constava, ainda, a realização de *"festas escolares, artísticas, recreativas e académicas para o desenvolvimento dos alunos"*[38].

Como base testamentária, após a sua morte, o fundador do Colégio pretendia deixar a instituição à Câmara Municipal da ilha de S. Vicente.

2.5. *Cartilha Normal Portuguesa*

O Cónego Costa Teixeira publicou, em 1902, uma *Cartilha Normal Portuguesa*, a 1.ª *Cartilha Cabo-verdiana*,

---

[37] *Boletim Oficial de Cabo Verde*, n.º 52, 26 de Dezembro de 1914, pág. 475.

[38] *Id.*, ibid..

destinada ao "Ensino primário completo" e constituída por dois livros: I – Ensino do Conhecimento das Letras (Valor Normal); II – Valor Relativo. Apresenta também o quadrante horário, a caixa de Thollois, o compêndio métrico, o contador misto de Chaumeil, um poema sobre o menino modelo do autor da *Cartilha* e um outro de Castilho. Em folhas de cores diferentes, Costa Teixeira escreve uma carta ao professor, define os objectivos da *Cartilha*, fornece o programa oficial, assim como exercícios e os Estatutos da *Associação Escolar a Esperança*.

Num prólogo dirigido ao professor, o autor aponta algumas das características das crianças com cerca de cinco anos, porque normalmente muito curiosas *"temos diante de nós uma criança […] que nos suplica, com o seu olhar inocente e meigo, o pão do espírito"*[39], que terão já alguns conhecimentos adquiridos com a sua curta experiência de vida. A aprendizagem seria feita a partir dos seus *"instrumentos pessoais do estudo, como a boca, os ouvidos, os olhos, as mãos, e os gestos de todo o corpo. […] Já sabe observar, com atenção e reflexão, a maior parte dos objectos reais que o cercam, e os fenómenos que chamam a sua atenção no mundo exterior"*[40], princípio a partir do qual coordenou o livro.

Questionava-se Costa Teixeira acerca do comportamento da criança que chega à escola e se mostra alheia por nada saber acerca do que a esperava neste edifício,

---

[39] António Manuel da Costa Teixeira – *Cartilha Normal Portuguesa*, Porto – Cabo Verde, Victorino da Motta & Commandita, 1902, pág. I.
[40] *Id.*, ibid..

qual *"prisão, o suplício, o castigo das suas travessuras, e os pais a mandam para a escola para se verem livres dela"*[41].

Já neste tempo o autor se queixava da deficiente qualidade do ensino em Cabo Verde, na medida em que após vários anos de ensino a criança se encontrava *"cada vez mais parva, cada vez menos hábil e habilitada para a vida prática"*[42]. Para resolver tal problema, propõe que a escola fosse não só um local de aprendizagem, como também um o local de conhecimento por excelência, sendo nela que a criança devia *"assenhorear da misteriosa chave que lhe há de abrir a grande porta de todo o saber, de todo o viver"*[43].

Daí caber ao professor transformar a criança num *"grande homem, bem formado de coração e bem dotado de conhecimentos"*[44], preparando-a para o futuro.

Contudo, a *Cartilha* não se destinava apenas a *"ensinar somente a ler sílabas e palavras"*[45], pois, segundo Costa Teixeira, era a primeira gramática da nação e o primeiro catecismo.

A organização do ensino através da *Cartilha* partia do mais simples para o mais complexo, procurando estabelecer as relações entre as matérias da forma mais adequada, pelo que o professor ao ensinar devia ter em conta as suas características especiais, bem como as do próprio aluno e *"ainda do estado particular da educação do meio*

---

[41] *Id.*, ibid..

[42] *Id.*, pág. II.

[43] *Id.*, ibid..

[44] *Id.*, pág. III.

[45] *Id.*, pág. III.

em que se vive"[46], seguindo o princípio da integração da criança no meio sócio-cultural que a rodeiava.

Outra preocupação do Costa Teixeira relacionava-se com factos concretos. Afirmava ter deparado, ao longo da sua vida, com "*homens a mastigarem ainda lasquinhas de palavras que não podem ainda engolir, porque não sabem, conscientemente, nenhuma regra de leitura, e a memória, indisciplinada*", pelo facto de o ensino nas escolas cabo--verdianas de novecentos estar entregue "*a monitores inexperientes e menos interessados*"[47].

Para Costa Teixeira, "*o professor primário é o primeiro homem do seu país; é quem prepara o futuro da pátria, é quem elabora a força e a grandeza de sua terra*"[48].

O autor da *Cartilha* decidiu desta forma prestar todo o seu apoio aos professores, de modo a suavizar a sua tarefa, ao "*oferecer este trabalho, meditado noite e dia, feito e desfeito e refeito na escola, com o único fim de ser útil à nossa pátria*[49], augurando, como seu objectivo final, a *extinção do analfabetismo intelectual e moral da nossa pátria*"[50].

Informa ainda que a sua obra resultara "*do estudo e aplicação dos modernos métodos de leitura nacionais e estrangeiros*"[51], recorrendo a outros estudiosos, como Júlio de Castilho, Caldas Aulete, João de Deus e Claudino Dias.

---

[46] *Id.*, pág. IV.

[47] *Id.*, pág. V.

[48] *Id.*, ibid..

[49] *Id.*, pág. VI.

[50] *Id.*, ibid..

[51] *Id.*, pág. VII.

Acrescenta que, para um correcto ensino da língua, não se deveria confundir a linguagem escrita com a falada, na medida em que *"ler é interpretar fielmente os sentimentos, as ideias e os pensamentos nossos ou alheios, transmitidos por meio dos sinais escritos convencionados na linguagem escrita"*[52].

Afirma que para o ensino da leitura é muito importante o conhecimento da escrita e da fala. Nesse sentido, para a aprendizagem da escrita sugere que, sendo o alfabeto um conjunto de pontos, linhas rectas e curvas, a criança deverá gostar de desenhar, e ser incentivado para isso o ensino das letras pelo mais simples, com o denominado cota ou egípcio; ou seja, A B C D E F, etc. é o desenho mais simples. Também recomendava o adoptado pela imprensa escrita porque, para além de preparar melhor a escrita individual, deverá manter sempre o mesmo tipo de letra visando a melhor aprendizagem.

Quanto à expressão oral, salienta que o professor deve também estar atento porque, apesar de todas as crianças já saberem falar, por vezes não pronunciam as palavras correctamente, devendo por isso *"pronunciar uma série de palavras, que contenham todos os fonemas da língua, para corrigir algum defeito que haja"*[53]. Salienta que a correcta conjugação entre o som da palavra e o modo como se escreve representa o caminho para alcançar a compreensão daquilo que se lê, devendo-se aproveitar o

---

[52] *Id.*, pág. IX.
[53] *Id.*, pág. XIII.

que "*ela já sabe para ensinar o que ela precisa agora saber, isto é, a leitura, pondo em jogo de correspondência os sons e as letras*"[54].

Aconselha ser prudente que a aprendizagem decorra num ambiente calmo e que os professores "*não tenham(os) pressas, nem pretensões ilusórias: de vagar se vai ao longe*"[55], ao mesmo tempo que o ensino deverá ser feito "*gradualmente, progressivamente, sem saltos, mas caminhando sempre, do fácil ao difícil, do certo ao duvidoso*"[56]. Preconizava que, pós o início do estudo da fonética, o professor partisse para a acentuação das palavras, tal como descreve na *Cartilha*.

O segundo livro compreende duas partes: "V*alor acidentado, dependente dos acidentes, ou sinais auxiliares que são hiato, til e cedilha, ajuntando o sinal a que chamamos norma (acento grave) para prevenir equívocos e lembrar o valor normal; e o icto (acento tónico), para ensinar a pronúncia vocabular, o acento nacional da palavra*"[57]. A segunda parte diz respeito à posição (valor locativo), que na opinião de Costa Teixeira será a parte mais difícil do ensino da leitura.

Procurando incentivar o aluno para a aprendizagem, dividiu a *Cartilha* em fascículos para "*estímulo da mudança de livro, que sempre desafia o discípulo a progredir, e até o próprio asseio na conservação do livro*"[58].

---

[54] *Id.*, pág. XVI.

[55] *Id.*, pág. XVII.

[56] *Id.*, ibid..

[57] *Id.*, pp. XVIII-XIX.

[58] *Id.*, pág. XX.

Também afirma que não está apenas subjacente o ensino e a aprendizagem, mas também o cuidado a ter com os livros, que passam a ser considerados um bem de grande necessidade e utilidade e que, por isso, não podem ser estragados, muito provavelmente a pensar na sua reutilização.

Costa Teixeira considerava ser o seu livro o *"primeiro da série do nosso curso simultâneo concêntrico de ensino primário, inspirado pelo excelente sistema de Mr. Seignette"*[59], ainda que a sua *Cartilha* pudesse ser adaptada ao estudo de outra linguagem escrita, reservando, no entanto, para si a tradução e reprodução da obra.

Também apresenta exemplos práticos através de um "Exercício Pediográfico" que consistia num *"processo de ensino e correcção, por meio de jogos infantis"*[60], funcionando da seguinte forma: O professor dá a sua lição e depois fornece a cada aluno o nome do que terão aprendido (sílabas, letras, palavras, etc.). Depois fará algumas perguntas e os que acertam passam para a direita do professor, os que erram ficam na berlinda (que poderá ser uma espécie de banco). Em seguida o professor volta a perguntar-lhes, de modo a darem a resposta correcta e também passarem para o lado direito do professor com o nome de gloriosos. O tempo para o jogo é indeterminado, podendo transitar para o dia seguinte e o *processo "que é rápido, eficaz e recreativo, pode ser adaptado a todo o ensino elementar, produzindo um efeito*

---

[59] *Id.*, ibid..
[60] *Id.*, pág. XXIII.

surpreendente nas lições de história e corografia, para fixar os nomes de pessoas e coisas, e outros exercícios de memória"[61].

Desta maneira os alunos também trabalhariam a memória. Apesar de memorizar não ser o único instrumento de trabalho para os alunos, não deixa de ser importante exercitá-la para desenvolver outras capacidades, tais como as de relacionação, fundamentais para a evolução do conhecimento.

Outro jogo proposto por Costa Teixeira é o da caixa de Thollois: Numa caixa estão várias letras do alfabeto; o professor distribui-as pelos alunos de modo a que estes possam compor palavras. Através deste jogo, o aluno com o conhecimento de que já dispõe das letras consegue formar palavras, apesar das letras serem distribuídas aleatoriamente.

Para ele, saber ler é poder comunicar com os outros porque, "*quando estamos longe de nossa terra e de nossa família, somos infelizes se não sabemos escrever uma carta à nossa mãe […] saber ler e escrever é uma grande fortuna. Estas ou outras considerações irão despertando no aluno o amor da pátria e da família formando o seu coração, ao mesmo tempo que vai compreendendo a necessidade de aprender a ler e escrever bem*"[62].

Sublinha que os alunos deveriam compreender *o sentido do que lêem*, atentando no significado das palavras: "*Por isso, todos os exercícios de leitura devem, quanto ser*

---

[61] *Id.*, pág. XXV.
[62] *Id.*, pág. XXVI.

possa, conter os conhecimentos úteis, conselhos práticos, etc., sempre ao nível da inteligência do principiante"[63].

Na sua *Cartilha* dá a conhecer um processo de ensino baseado no conhecer, fazer e comparar, método que se processaria da forma seguinte:

- Intuição: desenho gráfico da letra;
- Ensino a fazer a letra;
- Comparar a letra com a forma ou figura de objectos;
- Não confundir letras, nomes e sons.

Produção e distinção do som:

- Estudar o som da fala;
- Ensinar a articular o som;
- Simbolizar o som.

Com vista à obtenção do maior sucesso, o professor terá presente as imagens dos objectos que pretende relacionar com as letras. Talvez por isso, menciona o "Ensino Preparatório Intuitivo", para cuja execução a escola deveria ter um quadro preto, giz, fio-de-prumo, nível e grãos de cereais ou sementes para o ensino de linhas e números, enquanto o aluno deveria possuir uma ardósia para acompanhamento.

Na primeira página da *Cartilha* encontra-se um relógio com uma inscrição na base que representa a correspondência entre os números romanos e árabes, com a caixa de Thollois, em baixo, onde um menino segura uma das letras. Com intuitos pedagógicos, na tampa da

---

[63] *Id.*, pág. XXVIII.

caixa está escrito o nome do livro em pequenos cartões com uma espécie de lema que ajuda a definir a *Cartilha*: "Instruir deleitando".

Costa Teixeira informa (lição n.º 109) que, no ensino da corografia de Portugal, o aluno deve aprender através da respectiva localização geográfica e dos números de habitantes, aconselhando o professor a utilizar mapas.

No que concerne ao ensino da história, aprenderão a localizar temporalmente os acontecimentos, bem como o que significa a palavra "dinastia" e quais as dinastias já existentes em Portugal, denotando-se uma vez mais a preocupação em levar a cabo um ensino evolutivo e abrangente.

No final do conjunto de lições, Costa Teixeira apresenta um poema intitulado "O Menino Modelo", devendo o aluno *"decorar estes versos, depois de explicados; aplica-los, e aplicar as regras de leitura"*[64].

Os conselhos alargam-se a todo dia, utilizando os versos para recordar o que já aprenderam: *"aplicar, principalmente, as regras (lições: 65, 76-78, 84, 86) nasais, agá e sinais auxiliares".*

Parece poderem-se estabelecer possíveis comparações entre esta *Cartilha* e a de João de Deus, na qual este autor informa pretender que a aprendizagem do alfabeto seja feita por partes, *"indo logo combinando esses elementos conhecidos em palavras que se digam, que se ouçam, que se entendam, que se expliquem; de modo que, em vez de o principiante apurar a paciência numa repetição néscia, se*

---

[64] *Id.*, pág. 130.

*familiarize com as letras e os seus valores na leitura ani-
mada das palavras inteligíveis",*[65] forma de aprendizagem
muito semelhantes à de Costa Teixeira.

Porém, a organização das lições da *Cartilha* Maternal
é diferente da de Costa Teixeira, pois naquela a primeira
lição é o ensino das vogais, seguindo-se depois as con-
soantes, sem qualquer ordem que se assemelhe à organização do abecedário.

No seguimento das lições, o aluno tem alguns textos,
como o intitulado "Comportamento Escolar", em que
João de Deus dá alguns conselhos aos alunos para se
tornarem melhores estudantes: *O filho obediente faz em
tudo a vontade a seus pais; e, se o mandam à escola, deve-
se aplicar, que a utilidade é sua. Porque sem instrução a
gente é como os animais"*[66].

Num outro texto, " Conselhos", o mesmo autor afirma
que *"ser bom filho é ser amanhã um bom cidadão. Quem
se acostumou a cumprir o seu dever na família, acha-se
propenso a cumpri-lo na sociedade"*[67].

Recorde-se, a *Cartilha* de Costa Teixeira não se destinava apenas ao ensino da leitura, visto também fornecer
conselhos para a vida futura dos alunos.

---

[65] João de Deus – *Cartilha Maternal ou Arte de Leitura*, Venda
Nova, Bertrand, 1990, pág. 5.

[66] *Id.*, pág. 94.

[67] *Id.*, pág. 135.

2.6. *Língua*

Sublinhe-se também que o Cónego Costa Teixeira possuía uma *"autêntica vocação de linguista e um dos pioneiros do estudo do crioulo, a quem só fez míngua (o que foi pena) uma preparação filológica baseada nos princípios formulados por Frederico Diaz, esse, o cónego Teixeira, que me conste, apenas tem o seu nome lembrado numa rua da vila da Ribeira Grande"*[68].

De facto, não só foi um dos pioneiros no estudo da língua cabo-verdiana, como desde sempre defendeu o ensino bilingue do crioulo e do português. Exemplo disso foi a publicação na *Revista Portuguesa – Colonial e Marítima* da transcrição e tradução do Canto IX, de *Os Lusíadas* referente à "Chegada às Ilhas de Cabo Verde", em crioulo da ilha de Santo Antão de Cabo Verde, trabalho que Baltazar Lopes considera, dizendo que *"do mais interesse naquela tradução parece-me ser o dezufnóde/assinalados, em que, ao que se me afigura o tradutor, numa atitude meta-textual perfeitamente legítima, enriqueceu o conteúdo do termo português (assinalados), conferindo-lhe, homólogo crioulo, uma conotação de dinamismo voluntário do quotidiano humano.*

Mas, ainda, para além deste interesse restrito, a referência àquela tradução ensanchas para a proposição de uma problemática maior, qual seja a possibilidade e a vantagem de tradução em crioulo de textos de outras línguas, nomeadamente, pelo menos "rebus sic stantibus", isto é enquanto

---

[68] Baltazar Lopes – "Varia Quedam", in *Ponto & Vírgula*, n.º 4, Mindelo, Agosto/Setembro, 1983, pág. 26.

se mantiverem operantes os condicionalismos actuais, a tradução em língua portuguesa"[69].

Ainda relacionado com o crioulo, um texto publicado por Costa Teixeira no *Almanaque* de 1895, em co-autoria com Livramento e Silva, conta uma conversa entre duas crianças à porta da escola, acerca do seu professor, na qual comentam como seria bom que ficasse doente para não terem aulas e poderem ir jogar ao taco e ao pião.

Os dois amigos acrescentam, também, que professor se esquecia das horas para terminar as aulas e de ser injusto perante alguns acontecimentos relacionados com os alunos que não sabiam a matéria, terminando a conversa com a chegada do professor.

O diálogo escrito em língua cabo-verdiana, está traduzido para português e, no final, o autor explica o significado de algumas palavras em crioulo, com o intuito de elucidar acerca da sua fonética[70], bem como da sua relação com o latim[71] e regionalismos portugueses[72].

Tudo isso indica ser profundo conhecedor da Língua Portuguesa (escrita, gramatical e fonética), pois na explicação dos vocábulos em crioulo revela sempre uma preo-

---

[69] *Id.*, n.º 6, Mindelo, Dezembro, 1983, pág. 12.

[70] A lettra J – soa em muitos casos, quasi como no inglez. in *Almanaque Luso-africano*, 1895, pág. 150.

[71] Jungutuba – pela significação d'esta palavra (estar de cócoras), parece que vem de ajoujar (português), adjúngére ou jungum (latino). *Id.*, ibid..

[72] *Ch* sublinhado soa como em Trás-os-Montes na pronúncia popular da palavra chumbo. *Id.*, pág. 151.

cupação pedagógica acerca da origem, significação e regras do uso das palavras.

Costa Teixeira prossegue com o mesmo tipo de abordagem no *Almanaque* de 1899, mas dessa vez com maior incidência no estudo da língua. Face ao número de artigos publicados nesta obra, não foi apenas ele a se dedicar ao tema da Língua, porque outros também tiveram a mesma preocupação.

O seu primeiro artigo é a transcrição de uma "*Lamentação de uma viúva da Brava, à morte de seu marido, chamado Braz, residente em Jaracunda da mesma ilha, por ocasião do saimento*"[73]. As abordagens nas lamentações da senhora variam consoante as circunstâncias e as visitas, à chegada e à saída do padre: recorda os serviços cristãos do marido (cantor e catequista), lamenta o falecimento do filho e pede que a notícia da morte do marido seja enviada ao antigo pároco e a uma comadre lá no céu.

O autor da lamentação tece as explicações referentes à língua e relativamente a "Nhô Braz Sorteadu", esclarecendo a fonética das palavras e respectiva origem que, em alguns casos, se relaciona com possíveis influências recebidas dos emigrantes regressados os Estados Unidos da América, ou até com certos regionalismos da antiga metrópole.

Escrita em crioulo e na forma de quadras, está acompanhada de uma pauta de música que deveria acompanhar a lamentação. No início de cada quadra faz, também, uma breve introdução para uma melhor com-

---

[73] *Almanaque Luso-Africano*, 1899, pág. 12.

preensão do texto que é depois traduzido para portuguez, a pensar em todos aqueles que não conhecem o crioulo. Sempre que Costa Teixeira não consegue encontrar a palavra mais adequada para exprimir o sentido original, recorre à ideia, como no seguinte exemplo:

"Ah! Com tempo comprido (demorado)
Ah! Com tempo magoado (sentimental)"[74].

Para além do interesse que este texto possa revelar, relativamente ao modo como encarava o estudo da língua cabo-verdiana, integra um manancial de informações acerca dos usos e costumes de Cabo Verde, no caso em apreço, envolvendo a morte de um ente querido.

Num outro texto, Costa Teixeira traduz para a língua cabo-verdiana um artigo antes publicado no *"Almanaque"* para 1894. Trata-se de uma pequena estória em tom anedótico: O tio Joaquim desloca-se a uma barbearia para fazer a barba, mas no momento em que lha cortavam um gato miou desesperadamente, ao que de imediato o tio Joaquim responde que lhe deveriam também estar a fazer a barba com uma navalha boa.

Para além da estória, é de notar o cuidado com que Costa Teixeira traduz o texto, incluindo pequenos acrescentos quando acha necessário para a compreensão do texto:

"Quando ele (ta-pô) punha-lhe a navalha na cara,
este (tá-turce) torcia (-se) todo"[75].

---

[74] *Id.*, pág. 14.
[75] *Id.*, pág. 29.

Também na transcrição esclarece alguns pormenores da língua e chama atenção para o modo como poderão ser escritas algumas palavras:

"Que-z-ísse ê?"[76]
Também se diz:
"qu' ísse ê"[77]
Significa o que é isso aí.

O director do *Almanaque* preocupa-se, ainda, em explicar a origem das palavras, motivo pelo qual, no texto, se refere à expressão "ôcê", palavra derivada de *boce*, ou seja, *você* (troca de *v* por *b*). Do mesmo modo, as terminações das palavras são objecto de análise, por forma a esclarecer dúvidas:

"As terminações em igo, iga, fazem igue (amigo, amiga: amigue). As terminações em eiro fazem êre (barbêre, carpintêre)"[78].

Este número do *Almanaque* traz um texto intitulado "Método Normal Português. Para aprender a ler racionalmente a língua portuguesa". Segundo Costa Teixeira, este trabalho resulta *"do estudo dos melhores métodos e principalmente dos de Castilho, Caldas, Aulete, João de Deus e Claudino Dias, segundo um sistema inteiramente novo, fundado na escolha e disposição gráfica do tipo mais simples, na fixação de um valor normal e na separação fun-*

---

[76] *Id.*, ibid..
[77] *Id.*, ibid..
[78] *Id.*, ibid..

damental dos diversos valores das letras"[79]. Dá, portanto, a entender ser o seu trabalho fruto do estudo de outros autores da Língua Portuguesa, revelando o cuidado em se fundamentar em opiniões abalizadas.

Num texto escrito em crioulo de Santo Antão e traduzido para português (tradução literal), Costa Teixeira conta a estória de uma menina muito preguiçosa, a quem os pais haviam pedido para ir fazer um recado. Como anteriormente (*Almanaque de 1895*, pág. 289), o autor procura esclarecer algumas dúvidas, fornecendo o significado de algumas palavras, tais como "Cambá" (desaparecer ou descambar), e explicando o sentido da forma negativa dos verbos e a sua implicação no grafismo das palavras:

> *"eu faço = ume tâ fazê*
> *não faço = mi' ne tâ fazê"*[80]

Costa Teixeira publica outro texto intitulado a *Prosódia Portuguesa* (a parte da gramática que ensina a pronúncia correcta das palavras), justificando o seu interesse face ao *"descuido na leitura e pronúncia das palavras, por ignorância teórica e prática das regras que hoje regem a prosódia portuguesa baseada no modo de falar na capital do reino, ou entre Lisboa e Coimbra, conforme ao ensino das escolas"*[81], problema que atribui ao facto de nas colónias apenas se falar nos dialectos locais e, segundo ele, apenas se

---

[79] *Id.*, pág. 55, questão a que já fizemos referência antes, pág. 28.
[80] *Id.*, pág. 112.
[81] *Id.*, pág. 160.

poder aprender a escrever e falar a partir da "*escola primária, como base do estudo da língua portuguesa, tornando-se indispensável, portanto, o conhecimento teórico da pronúncia da capital que deve servir de lei fonética nacional*"[82].

O terceiro capítulo da *Prosódia Portuguesa* refere-se ao valor relativo e equivalências, ou seja, o "*valor acidental é o que depende da posição da letra na sílaba e na palavra, alterando-se por tal circunstância o valor normal, facto que se denomina metafonia*"[83].

O quarto capítulo versa sobre o valor tónico da palavra e, para melhor explicar o acento tónico, o autor dá uma definição e acrescenta que as palavras portuguesas são agudas, graves e esdrúxulas, fornecendo, ainda, alguns exemplos para esclarecer o sentido da acentuação.

No capítulo seguinte, Costa Teixeira procede à recapitulação das regras dos diversos valores das letras, mostrando que "*com o conhecimento prático das regras expostas, não será difícil aprender ou ensinar, ler ou escrever, e por isso falar a nossa língua materna, guiando-nos por princípios práticos colhidos da experiência do ensino e do estudo comparativo dos nossos melhores autores contemporâneos*"[84].

Num texto sobre *Fonografia* (representação dos sons das palavras) revela a preocupação com a escrita, visto alguns linguistas seus contemporâneos se questionarem relativamente à correcta grafia das palavras, pois "*nin-*

---

[82] *Id.*, pág. 161.
[83] *Id.*, pág. 187.
[84] *Id.*, pág. 387.

*guém escreve com recta grafia, porque não há lei portuguesa
que a fixe, não há autor que a possa impor"*[85].

Salienta, a propósito, que foi publicada, em 1897, uma
portaria régia determinando que *"se seguisse a ortografia
usual nas escolas portuguesas"*[86]. No entanto, em sua opinião, dever-se-ia antes seguir a escrita de Luís de Camões,
António Vieira, Almeida Garrett, Alexandre Herculano,
Latino Coelho, Pinheiro Chagas, Camilo Castelo Branco,
João de Deus ou Adolfo Coelho, por serem mestres da
língua portuguesa.

Assim, *"sem lei, nem regra, nem fundamento para a
adopção da ortografia usual, que havemos de fazer, quando
os próprios autores, os próprios dicionaristas atestam as
suas contradições, a sua omnímoda arbitrariedade?"*[87].

Perante a situação, Teixeira escreveu um artigo, intitulado *Ortografia Popular Portuguesa. Princípios*, definindo
a escrita como

> *"a representação da fala ou do pensamento, por meio de sinais
> convencionados chamados letras, que, isolados tem significa-
> ções diversas, segundo convenção das línguas e dos dialectos de
> cada país ou nação"*[88].

Acrescenta que a fonografia será tanto mais perfeita
quanto o sistema ou combinação de letras, tornando-se
mais rico se for o *"mais simples e fácil para ser acessível
a todos ou à maioria do povo sujeito à mesma convenção de*

---

[85] *Id.*, pág. 267.
[86] *Id.*, ibid..
[87] *Id.*, ibid..
[88] *Id.*, pág. 268.

linguagem falada e escrita[89] pelo que juntar *o sistema ou a combinação de sinais para representar a fala ou o pensamento de um povo sujeito à mesma convenção de linguagem deve ser simples, fácil, claro, popular, verdadeiro e racional. Tal deve ser a ortografia popular portuguesa*"[90].

Na continuação deste trabalho, escreveu outro dedicado aos fonemas da língua portuguesa, pretendendo demonstrar que a *"ortografia deve ser de tal modo que esteja ao alcance de todos; e poucos são os que podem entregar-se ao estudo dos bons dicionários e da literatura da língua*"[91].

Algumas das bases da ortografia portuguesa, propostas por Costa Teixeira, são semelhantes às adoptadas mais tarde, apesar dos muitos anos que as separaram, sendo disso exemplo o caso da supressão de grupos de letras como *PH* substituído pelo *F*.

Esta autor colocou à discussão dos leitores algumas das propostas, visto tal debate se destinar aos *"pobres mortais que não têm tempo a perder em estudos etimológicos para se aproximarem da ortografia erudita*"[92]. Quanto à ortografia utilizada no *Almanaque*, segundo as suas palavras, *"será publicado na ortografia escolhida: erudita, usual ou popular, exposta agora à sova dos críticos*"[93].

No artigo "Dialectos Indígenas"[94], Costa Teixeira traduz duas quadras de S. Tomé, sem no entanto fazer quais-

---

[89] *Id.*, ibid..
[90] *Id.*, pág. 269.
[91] *Id.*, pág. 280.
[92] *Id.*, pág. 281.
[93] *Id.*, pág. 282.
[94] *Id.*, pág. 337.

quer comentários à tradução, como fizera noutros textos da mesma natureza.

Ainda no que tange ao "Crioulo – Sto. Antão – Cabo Verde", uma tradução do texto publicado no "*Almanaque de Lembranças*" de 1895 relata uma pequena estória passada entre duas crianças. Uma delas cai e a outra apela a Deus pelo que lhe aconteceu, porque "*nem diabo quer contrato com menino, e ele tem razão*"[95]. O autor apresenta algumas achegas para a compreensão da tradução e pronúncia das palavras que considera nalguns casos assemelharem-se à de Trás-os-Montes: "*CH, lê-se como em Trás-os-Montes na palavra-chave (TX)*"[96].

Dado que as questões da língua foram sempre muito importantes para o Cónego Teixeira, correspondia-se com o conhecido Leite de Vasconcelos[97], pois existem

---

[95] *Id.*, pág. 408.

[96] *Id.*, ibid.. (Vidé nota 72).

[97] José Leite de Vasconcelos (1858-1941), cresceu na zona do mosteiro cisterciense de S. João de Tarouca, isto é entre a vila de Ucanha, Mondim da Beira e Salzedas, onde um padre o iniciou em latim e um tio em francês. Em 1886, licenciou-se na Escola Médico-Cirúrgica, mas só exerceu a nova profissão um ano, o de 1887, no Cadaval. Verifica-se que a própria tese de licenciatura – Evolução da linguagem (1886) – se focava já no interesse pelas letras que ocuparam a sua longa vida. Doutorou-se na Universidade de Paris, com "Esquisse d'une dialectologie portugaise". Escreveu na *Revista Lusitana* que fundou e dirigiu, para além de a semear com artigos, notas, recensões, necrológios. Outra das revistas por ele fundadas foi O *Archeologo Português*, 1895-1931 (1.ª série), órgão do Museu Etnológico (de que são hoje continuadores o Museu de Arqueologia, nos Jerónimos, e o Museu de Etnologia, no Restelo).

pelo menos duas cartas (fazem parte de espólio daquele cientista existente no Museu Nacional de Arqueologia, em Lisboa), nas quais o tema principal gira à volta da língua cabo-verdiana.

Assim, a 22 de Outubro de 1902, escrevia a Leite Vasconcelos agradecendo efusivamente o interesse demonstrado pelo filólogo relativamente ao *Almanaque* e informando-o de que o seu elogio seria publicado numa separata.

Costa Teixeira prometia, ainda, enviar-lhe em breve um estudo sobre o crioulo cabo-verdiano, ao mesmo tempo que aproveitava para mandar a sua *Cartilha*, solicitando uma crítica de Leite Vasconcelos, como especialista em matéria de filologia, e pedindo que esse comentário fosse publicado num jornal *"mais lido da capital, servirá de recomendação ao público ou de orientação segura para o autor"*.

Também chama a atenção do filólogo para a questão das palavras agudas e graves, adiantando que considera esta terminologia incorrecta, que deveria antes corresponder ao canto, tendo em conta a escala musical de sons graves e agudos. Daí substituir designações: *"a palavra grave por palavra normal (pela razão de terem acento na penúltima a maioria dos vocábulos portugueses), a palavra aguda por palavra Jamba, uniformizando a expressão e evitando o hibrismo taxológico, de que ainda está pejada a pedagogia geral"*. Recorde-se que o Cónego era exímio professor de música, o que facilita compreender-se esta sua comparação da voz com os sons musicais.

Na segunda carta, datada de 24 de Janeiro de 1903, Costa Teixeira debruça-se sobre o modo como devia ser a ortografia do crioulo e dá conta de já ter pronta uma gramática completa *"com o vocabulário simples e frases e rifões usados no falar usual"*.

Supomos que o Cónego se correspondia regularmente com Leite de Vasconcelos, porque revela o desejo de trabalharem em parceria, pedindo que lhe enviasse um questionário do que o estudioso português necessitava para o estudo do crioulo e, também, informa da sua proposta para realizar traduções de alguns textos. Trabalho este que deveria servir para um melhor entendimento do crioulo cabo-verdiano, visto queixar-se de que *"há muito erro nos crioulos publicados no Boletim da Sociedade de Geografia de Lisboa, sendo para que estes tenham servido de base a estudos de bons amadores"*

Procurando manter-se atento a publicações nesta área, Costa Teixeira pede a Leite Vasconcelos que o mantenha assinante da *Revista Lusitânia*, de que este era director. Solicita, ainda, que o filólogo lesse a *Cartilha* para que lhe pudesse dedicar uma recensão naquela mesma revista.

Costa Teixeira demonstra, em ambas as cartas, uma grande consideração pelo filólogo, revelando que tem pena de não viver em Portugal, pois com Leite Vasconcelos poderia aprender e aperfeiçoar *o que constitui o principal objecto dos seus estudos.*

A propósito, e servindo-nos das palavras de Baltazar Lopes, *"revertendo no cónego Teixeira, não seria perda de tempo (muito pelo contrário) proceder a uma paciente recolha da sua colaboração, em português e em crioulo, em jornais e revistas, o que dariam* corpus *importante de documentação de incontestável valia para o conhecimento da nossa história específica*"[98].

Considerações Finais

Através destes breves apontamentos, constata-se que António Manuel da Costa Teixeira viveu sempre preocupado com a formação da juventude e com o estudo da língua cabo-verdiana.

Para fornecer os instrumentos que considerava necessários aos estudantes para singrarem na vida, que para o cónego o meio mais eficaz era o ensino, criou instituições nesse campo específico, publicou o *Almanaque Luso-Africano*, a Revista A *Esperança* e uma *Cartilha Normal Portuguesa*.

No sentido de divulgar a cultura cabo-verdiana e melhorar o ensino no arquipélago, criou a *Associação Escolar Esperança* e um *Colégio* com o mesmo nome. Como vimos, este termo era um dos que Costa Teixeira mais apreciava, mas não olvidemos o valor da esperança num território minado de dificuldades e esquecido da antiga metrópole, para além de ser uma das virtudes teológicas, e ele era sacerdote.

Preocupado com o ensino das primeiras letras, Teixeira elaborou uma *Cartilha* semelhante às então em voga, mas adaptada ao contexto local, com o intuito de actualizar os métodos escolares e fornecer ao professor

---

[98] Baltazar Lopes, *id.*.

meios mais eficazes para o conduzirem a um bom sistema de ensino/aprendizagem.

Face ao seu interesse pelo estudo da língua cabo-verdiana, trocou correspondência com Leite de Vasconcelos, procurando melhorar os seus conhecimentos nesta área específica.

Em resumo, diremos que o Cónego António Manuel da Costa Teixeira poderá ser considerado uma personalidade com visão do futuro e incansável dinamizador do ensino nas ilhas, área que considerava o principal pólo do desenvolvimento, para além de ser um dos pioneiros do estudo da língua cabo-verdiana e de ter colaborado activamente para o conhecimento e divulgação de Cabo Verde.

LEITURA SOCIOLÓGICA

Por Alberto Carvalho

Homenagem ao Professor Jacinto do Prado Coelho,
insigne Mestre que nos iniciou e adestrou nas lides
da Sociologia da Leitura Literária.

1. O caso Almanach e a intriga (romanesca-editorial)

Um contacto simples de olhar informado, circunscrito ao *Almanach Luso-Africano*[1], não deixará de encontrar matéria bastante para umas quantas questões de ordem geral, não isentas da impressão de anomalia, no entanto também logo dirimidas por um efeito de surpresa muito favorável. Enquanto puro empreendimento, o conjunto dos volumes como que nega a previsão inerente ao género "Almanach", para o qual se presume uma cadência mais ou menos alongada, em regime de anuidade. Longe dessa continuidade, o *Almanach* do Cónego Teixeira vive apenas a efemeridade dos dois volumes saídos nos anos intercalados de 1895 e 1899, mas tendo de notável o facto

---

[1] António Manuel da Costa Teixeira (Dir.), *Almanach Luso-Africano* (para 1895), 1.º anno, Lisboa, Livraria António Maria Pereira, 1894; idem, *Almanach Luso-Africano* (para 1899), Paris, Lisboa, Cabo Verde, Guillard, Aillaud & Cia., s.d.. Doravante, no corpo do nosso texto simplificaremos as referências com a designação *Almanach*, para o todo da obra, e *Almanach I* ou *Almanach II* para um ou outro dos volumes e "*A. I*" ou "*A. II*" para as citações.

de se localizarem no último decénio do séc. XIX. Também ao arrepio de uma planificação homogénea (pelo menos em termos económicos), os dois volumes são de muito desigual extensão, como se observa, com o segundo (cerca de 730 páginas) mais do que duplicando a extensão do primeiro (cerca de 330 páginas).

Como nem sempre o que parece é, e como também parece não haver efeito sem causa eficiente, o próprio *Almanach* se encarrega de fornecer algumas pistas e dados de escassa informação, à conta do bosquejo da história de que terá sido protagonista. No "Cartão de Apresentação" (primeiro Vol.) traçam-se as coordenadas do Projecto, como determina a boa forma, mas não somente isso. Primeiramente, os objectivos: "[...] n´esta província de Cabo-Verde e por toda a África portugueza, diffundir a fazer propagar a instrução prática [...] [sob o lema] Instruir, educar e recrear"[2]. E, por fim, a indicação da forma geral do *Almanach* para a prossecução dos objectivos indicados, aliás segundo o cânone da época, em duas partes, a primeira dedicada aos tópicos de uma "Agenda" (de "informações úteis") e a segunda como "Miscellanea" de diversa índole acerca do saber actual de âmbito enciclopédico.

Mas, de muito maior interesse para o caso, também se alude à logística do projecto que fora pensado para ter início em Setembro de 1893, a fim de participar na Exposição Insular e Colonial, comemorativa do 5.º centenário de D. Henrique, ficando-se o atraso para 1895 a dever

---

[2] Id, *Almanach Luso-Africano* (para 1895), id., p. 7-8.

à "escassez de tempo e outras difficuldades supervenien-tes"[3]. Sobre a "escassez de tempo" notemos por agora apenas o seu bom fundamento, em consequência da magnitude do empreendimento editorial e das suas específicas condições. Não cabem por certo neste domí-nio as "outras difficuldades supervenientes" que, essas, talvez não sejam alheias ao exposto pelo Director logo no *incipit* do *Almanach* para 1899.

Em forma de prosopopeia, o pequeno texto intitulado "Morreu o Luso-Africano"[4], assinado "o «Luso-Afri-cano»", constitui um verdadeiro manifesto onde o *Alma-nach* dá conta da sua resistência aos atropelos do "meu primeiro editor, que me teria machucado a focinheira, se esta não fosse dura como o diamante [...] a resposta a cada carta minha demorou sempre o sufficiente para eu perder um anno... E assim foram-se 96, 97 e 98 ..."[5]. Além de entrarem também na ideia de bom fundamento, agora para isentarem de responsabilidade o Coordenador do *Almanach,* quanto a uma parte das anomalias de início apontadas, tais atropelos não deixam por certo de entrar na conta das referidas "difficuldades supervenientes", ainda merecedoras de melhor esclarecimento.

O facto de o editor deste segundo volume ser agora Guillaud, Allaud & Cia. pode significar que o trato de atropelos estará ligado à ruptura com o primeiro editor, Casa de António Maria Pereira, por coincidência também o editor do *Almanach de Lembranças Luso-Brasileiro,* que

---

[3] *Id.,* p. 8.

[4] Id., *Almanach Luso-Africano* (para 1899), id., p. IX-X.

[5] *Id.,* p. X.

vinha sendo pontualmente publicado desde 1851[6]. Se era a lógica de mercado a ditar as regras do jogo, a existência de mais um "Almanach" em língua portuguesa talvez pudesse ser vista como situação de concorrência, por outro lado capaz ou não de suscitar receio. Em teoria, o empreendimento do Cónego Teixeira visava antes uma complementaridade e não concorrência de áreas ou, de acordo com o título, valorizar a área "luso-africana", em relação à "luso-brasileira" já contemplada.

As queixas acima transcritas, que apesar disso denunciam tentativas de sabotagem, devem então ser conectadas com outros factores de incidência que nos parecem ser de relevo para a futura historiografia literária de Cabo Verde. Pelo menos duas hipóteses merecem ser consideradas, admitindo a situação mercantil de motivação concorrencial, a partir da especulação admitida pelos factos. Considerando o economicismo financeiro do empreendimento, o surgimento do *Almanach* do Cónego Teixeira no mesmo espaço de língua portuguesa pode, em primeiro lugar, ser tomado por factor de saturação do mercado, capaz de disputar o horizonte de assinantes e de tornar mais difícil a vida económica do *Almanach de Lembranças*. Em segundo lugar, a existência de outro órgão cultural de vocação similar não deixa de ser um aceno de libertação no outro lado do processo do livro, oferecendo aos autores-colaboradores um espaço de publicação alternativo e, em consequência, um meio de

---

[6] O *Almanach de Lembranças Luso-Brasileiro* (1851-1932), Lisboa, era editado pela António Maria Pereira.

eliminar ou reduzir os poderes discricionários para que tenderá um editor único no mercado.

Como quer que as coisas se tenham passado (para o que se tornaria necessário uma pesquisa irrelevante para o nosso trabalho), as lições a extrair parecem-nos evidentes. A personalidade e a força empreendedora do Cónego António Manuel da Costa Teixeira e as condições de escopo organizativo de que desfrutaria Cabo Verde, já naquela segunda metade do séc. XIX, não devem ser negligenciadas no cômputo geral da mesma causa-efeito, o temor da concorrência e os atropelos que suscitou. Daí, a declaração-manifesto exposta em "Morreu o Luso-Africano!" que, por outro lado, também explica o facto de ter mais do que duplicado o número de páginas entre o primeiro e o segundo volume:

> Escoltado pela immensa e sympathica pléiade da "Terra de Vera-Cruz", cujo enthusiasmo pelas lettras excede toda a malicia humana? [...].
>
> [...]
>
> Agradecemos, cheios de sincera e penhorada gratidão, o dedicado interesse que centenares de pessôas de África e Brasil têm mostrado pelo nosso humilde livrinho, enviando-nos um grosso cabedal litterário e perguntando instantemente pela reapparição da revista, – o que devéras nos ha consolado, na lucta que temos tido pela sua restauração [...] Fieis ao nosso programma, e porque houve longa interrupção, depois do 1.º anno não podemos deixar de repetir n'este o nosso: CARTÃO DE APRESENTAÇÃO[7].

---

[7] Embora os dois fragmentos da citação se integrem no mesmo título, "Morreu o Luso-Africano!", só o primeiro obedece à assinatura de "O «Luso-Africano»".

2. Descritivo formal

No lema "Instruir, educar e recrear", que a repetição do "Cartão de Apresentação" acabaria por reiterar, cabem com efeito as duas partes estruturantes, de "Informações úteis" (ou "Agenda") e de "Miscellanea" (ou "Literária"), comuns à organização dos dois volumes do *Almanach*, ambos colocados sob égides memoriais, simbólicas, o primeiro dedicado ao Infante D. Henrique e o segundo a Vasco da Gama. Materialmente, o crescimento do segundo volume em número de páginas fica-se a dever ao aumento de itens em vários tópicos, ao enriquecimento quanto a géneros representados e à ampliação da listagem dos colaboradores, factos que também se repercutem na diversificação das respectivas origens nacionais[8].

Assim, a primeira parte do primeiro Vol. ("Informações úteis") inclui uma secção formal de auto-referência (apresentação, expediente e burocracia), uma secção práctica-informativa [impostos e serviços postais, transportes, astronomia (regimes de marés, ciclos solar e lunar), festividades profanas e religiosas, matéria eclesiástica, tabelas, medidas e leis (da organização administrativa)] e a secção final respeitante à colaboração no *Almanach* (observanda, correspondência, índice de colaboradores e calendário).

---

[8] Também aqui aflora a questão de intriga concorrencial acima abordada: este empreendimento do Cónego Teixeira acabaria por disputar o território onde imperava o *Almanach de Lembranças Luso-Brasileiro*, afectando certamente o brilho do seu Director e os interesses económicos da Casa Editora António Maria Pereira.

Em relação a este esquema geral (cerca de 83 p.), a ampliação no segundo número (cerca de 160 p.) parece indicar o propósito da continuidade da publicação, incluindo agora uma listagem dos correspondentes obsequiosos, fazendo a deslocação do tópico auto-referência para dentro da secção prática-informativa, concedendo maior espaço à interactividade entre o *Almanach* e os colaboradores nos itens votação, concursos e decifrações, mantendo-se tacticamente no fechamento (desta primeira parte) a secção respeitante à colaboração, mas ajustada ao projecto de continuidade.

Só podendo ser um item novo (no segundo número do *Almanach*), porque dedicado à citação das opiniões do público na recepção do primeiro número, a secção "Extractos de correspondência" valoriza as manifestações de entusiasmo, encomiásticas, como que exprimindo um balanço encorajador, auto-panegírico de propaganda-promoção. Assim, com efeito, mas sem nenhum sentido de vacuidade ou de concessão a facilidades, facto aliás testemunhado pelo afã de pedagogia que o Director (Cónego Teixeira) expende em "Correspondência" (*Almanach* de 1895) e em "Correio Literário" (nova designação de "Correspondência" no *Almanach* de 1899).

Zeloso na crítica aos materiais recebidos para publicação, as suas apreciações ora se revelam animada pela simpatia, acordo e bom acolhimento, ora pela mordacidade e reprovação intransigente, o que, em termos absolutos, se torna parente (em aparência) da propaganda dissuasora:

Julião (B. Vista). – Attendido. E agradecemos, aceitando a cooperação particular que nos offerece." ("*A.I*", 1895, p. 66).

Berinho (Cabo-Verde). – Olhe, meu careca: de *ferrupes* e *clins*, estamos cheios. Outra vida" (*Id.*, ibid.).

Ratinho (Pelótas). – De vagar se vae ao longe. Prossiga nos seus ensaios. *A l'ouvrage, – Du courage*" ("*A.I.*", 1899, p. CXIII).

Zarolho (India). – Como que então julga que vem para terra de cegos? Se ninguem é propheta na sua terra, vá para Gaza, onde faz muita falta um Gungunhana, para rolador d'imprensa" (*Id.* ibid.).

Zé (Transtagano). – Fingindo o vozeado dos animaes, folgando-se na folia campesina e entupindo-se com o sarrabulho de queijo e milho torrado, vivendo da subugice aduladora, vendendo a verdade e o pundonor; eis como pinta o seu biographado. Não pode ser, amigo. Nunca foi pasquim o theatro das lettras. Esqueça-nos para sempre. (*Id.*, p. CXV).

Se, para uma classificação das duas partes estruturantes do *Almanach,* nos socorrermos da tipologia da *praxis* humana (afim do lema "Instruir, educar, recrear") dita "princípios da necessidade e do prazer", a primeira parte (de Agenda e informações úteis) caberá no âmbito geral da "necessidade", mas "necessidade" reveladora de um nível societário que oportunamente deverá ser caracterizado quanto ao seu estatuto civilizacional (espacial, económico, religioso, legal, cultural, simbólico). E é em função destes pressupostos que devemos entender a segunda parte, "Miscellanea" (Literária), em atenção à pluralidade dos géneros que encerra. Por de "Miscelânea" de espécies genológicas se tratar aqui, a concretização nela dos três itens do lema ("Instruir, educar e recrear") aconselha-nos a aplicar ao conjunto, no horizontes daquela *praxis*, o modelo operatório-sistémico seguinte.

A. Enciclopédia, dedicada ao "Instruir"[9] (e/ou informar)

Entendemos caber na "enciclopédia" a elaboração de uma competência apta ao uso de códigos, instruções, informações e operações de conteúdo, objectivamente orientadas pelo "saber" e pelo "saber-fazer". Pertencem à ordem do "saber" (passivo ou noológico) os textos de natureza científica, cultural, administrativa, política, ecológica, histórica (da história geral e cabo-verdiana) e étnica, e à ordem do "saber-fazer" (activo-teleológico) os de natureza técnica, prática e sanitária.

B. Formação, orientada para o "Educar" (e/ou prescrever)

Congeminamos para este tópico a promoção de um perfil humano apetrechado para as vivências (subjectivamente entendidas), no quadro civilizacional do Estado de Direito de natureza positiva, implicando as modalidades do "ser" (ética) e do "fazer" (deôntica). Integram estas duas modalidades, em simultâneo, textos de natureza ética, moral, social, cívica, religiosa e intelectual [pedagogia, língua-linguagem (crioulo, português), música].

---

[9] Insistimos na ideia de cada um destes itens "A", "B", "C", ser pensado em função dos lexemas que especificam o lema do *Almanach*. Para definição de "enciclopédia", cf. Umberto Eco, "Dictionnaire Versus Encyclopédie", in *Sémiotique et philosophie du langage*, Paris, Quadrige/PUF, 1988.

C. Lúdico-cultural, interessada no "Recrear" (e/ou exercitar a imaginação)

Admitimos ser próprio deste tópico a elaboração, aos níveis erudito e popular, de uma competência exercitada no manejo eficiente de dicionários (de rima, de léxico, de figuras de retórica, de cifra) e de códigos (verbais, iconográficos, estéticos, narrativos, poéticos, musicais, simbólicos, sociológicos, míticos) de criação intelectual nas ordens do "saber" e do "saber-fazer".

Sendo embora inútil insistir no que bem se sabe por competência formada, notamos que neste tempo cultural cabo-verdiano (e em outras paragens) a poética literária tinha por função ser o que devia, em função da época e do contexto, arte expressiva, lúdica, exercício de mestria, sem a qual nenhum realismo social (a haver) poderia eclodir. Os textos dos *Almanachs,* que neste domínio se integram, respondem a tais requisitos nos géneros musical, iconográfico, dramático, narrativo, poético, humorístico-anedótico e cifra (charadas, enigmas, acrósticos, anagramas, arithmmogramas, logogriphos, salto-de--cavalo).

3. Miscelânea (Parte Literária)

3.1. *"Observanda" (vénia para o Cónego Teixeira)*

Se, em justiça, as razões epistemológicas aconselham que para a boa compreensão do *Almanach* se invoque a sua inserção no contexto epocal, teremos de deduzir que, por inexistência de sistema publicitário para difusão do projecto, o convite à publicação no primeiro número terá obedecido sobretudo ao "passa palavra" e/ou ao limitado endereço escrito dirigido ao potencial colaborador. Nesta situação causativa é também lógico que o primeiro número tenha ficado quase circunscrito ao âmbito "paroquial", no sentido de empreendimento por tendência limitado ao espaço nacional cabo-verdiano, quanto à origem geográfica da sua colaboração.

Devido certamente ao mesmo princípio lógico causativo, o segundo número terá já beneficiado da difusão veiculada pelo primeiro, por isso significativamente expandido, como se referiu, e nos termos que os dados podem elucidar.

3.2. *Géneros e Colaborações (Origem)*

Não carece de elaborada justificação dizer-se que as questões relativas à ocorrência de textos com assinatura de autor, à origem e à identificação dos colaboradores varia de relevo e de interesse de acordo com o género textual considerado. Nos géneros que agrupámos na repartição "A. Enciclopédia" tende, por definição, a prevalecer o conteúdo de informação, em desfavor da indicação dos nomes de autores (por norma omitidos em livros de divulgação científica), mas com algumas especificações. Nos casos de maior objectividade dos saberes veiculados (p.ex., "cientifico", "administrativo", "técnico", "prático"), oferecidos sob a caução das disciplinas em que se integram, predominará a simples autoridade indicada pelas fontes dos materiais recolhidos. Outros há, em todos os casos devido à especificidade dos saberes em evidência (p.ex., nos domínios "cultural", "político", "histórico", "étnico"), onde tanto relevo poderão merecer os conteúdos de informação como a identidade dos colaboradores.

Mesmo não implicando intervenções criativas, os saberes mais específicos postos em movimento comprometem os autores em pragmáticas que se identificam, pela intenção expressa, com a própria tipologia a que os textos pertencem, tendendo a reunir em torno deles a informação para o saber fazer e para a pedagogia da civilidade. Nos géneros abrangidos no sector "B. Formação" (p.ex., "moral", cívica", "religiosa", "intelectual") acentuam-se sobremaneira, proporcionalmente, o conteúdo informacional e a autoridade das fontes, sejam institucionais, sejam personificadas em figuras individuais aureoladas pelo prestígio.

Na generalidade dos textos, a intencionalidade parece orientar-se para a esfera da subjectividade e edificação do destinatário-leitor, excepção feita ao item "intelectual" que, em vez de abranger um único género e visar uma subjectividade ontológica, tem por ponto geral de aplicação um campo epistemológico.

Em todos os géneros incluídos em "C. Lúdico-cultural", o essencial do que agora importa sublinhar pertence exclusivamente ao domínio da individuação autorial, quer na motivação que a anima, quer no género que elege. A regra consiste em fazer convergir o sentido noológico da expressão pessoal com o teleológico de um acto participativo que pode nada encerrar de comunicativo[10].

Para efeito da apreensão global das colaborações nos dois volumes, elaboramos os quadros abaixo incluídos, com todas as discriminações de interesse descritivo imediato, segundo os itens de maior poder indicador de géneros/subgéneros textuais e respectivas quantificações por unidades-texto, independentemente da sua extensão.

Seguindo o percurso do mais geral para o pormenor (da "Miscellanea"), notemos a evolução quantitativa, numéricas, dos itens em valores "Parciais" e "Totais" (primeiro e segundo Vol.), aferidos pela relação com o "crescimento" de um para o outro, expresso também em números (de páginas):

Quadro I

Colunas	I	II		III	
Parciais	Enciclopédia	036/192	(1º/2º vol)	crescimento	5,4x
Parciais	Formação	016/156	(idem)	idem	10,1x
Parciais	Lúdico-Cultura	122/291	(idem)	idem	2,4x
Totais		174/639	(idem)	idem	3,7x
Crescimento	Nº de Páginas	330/730	(idem)	idem	2,2x

---

[10] A despeito das acusações que lhe têm sido dirigidas, a maioria das vezes injustamente, o modelo das funções da linguagem, de Iakobson, é esclarecedor: identifica o "comunicativo" com a função referencial que se cumpre no acto de envio, ao destinatário, de mensagens de conteúdo em situação contextual. O "participativo", a que o linguista não faz referência, concretiza-se na função fática que abrange os actos e situações onde a presença dos intervenientes é mais importante do que o que dizem, caso dos encontros de convivência.

Por referência a este último item ("Crescimento"): 2,2 X (col. III), poderemos já extrair algumas breves ilações: i). semelhança entre os índices de "Crescimento" (do volume de 1899) e de colaboração "Lúdico-Cultural" (col. III: 2,2 <> 2,4)"; ii). altos valores quantitativos, absolutos, registados por esta secção (coluna II, 122/291) em relação a cada uma das outras ("Enciclopédia", "Formação": 036/192 e 016/156).

Duas ideias directrizes tomam forma, a mais evidente confirmando, com a ampliação do segundo número, a boa aceitação do empreendimento e, a outra, mostrando com o crescimento da secção "Lúdico-Cultural" haver um grande potencial de público que pretende colaborar, v.g., dar-se a conhecer como autor de nome expresso.

Entre os demais aspectos respeitantes à composição das três secções, isso mesmo se deduz da discriminação dos dados extraídos do primeiro volume (de 1895) expostos nos quadros que abaixo se apresentam.

Quadros II

A. Enciclopédia

Género \ Vol.	Primeiro Vol. (1895)			Segundo Vol. (1899)		
Origem=>	Soma	Outros	C. Verde	Soma	Outros	C. Verde
Científico	15	15	00	11	11	00
Cultural	05	02	03	56	54	02
Administrativo	01	01	00	09	09	00
Político	04	02	02	04	04	00
Ecológico	00	00	00	04	04	00
Histórico	02	01	01	21	04	17
Etnico	06	01	05	08	07	01
Técnico	02	01	01	12	11	01
Prático	00	--	--	38	38	00
Saneamento	01	00	01	29	27	02
Parciais	**36** (21%)	**23** (13%)	**13** (8%)	**192** (30%)	**169** (26%)	**23** (4%)

B. Formação

Género \ Vol.	Primeiro Vol. (1895)			Segundo Vol. (1899)		
Origem=>	Soma	Outros	C. Verde	Soma	Outros	C. Verde
Ético	01	01	00	05	04	01
Moral	07	06	01	86	80	06
Social	02	01	01	05	01	04
Cívico	01	--	01	14	12	02
Religioso	02	02	00	25	16	09
Intelectual	03	01	02	21	01	20
Parciais	**16** (9%)	**11** (6%)	**05** (3%)	**156** (25%)	**114** (18%)	**42** (7%)

C. Lúdico-Cultural

Género \ Vol.	Primeiro Vol. (1895)			Segundo Vol. (1899)		
Origem=>	Soma	Outros	C. Verde	Soma	Outros	C. Verde
Poético	30	06	24	89	48	41
Narrativo	15	04	11	19	09	10
Dramático	01	00	01	01	01	00
Musical	08	00	08	08	00	08
Iconográfico	00	--	--	02	00	02
HumorAnedot	11	00	11	18	10	08
Cifra:						
Charadistic	30	02	28	72	28	44
Enigmática	09	00	09	32	09	23
Acróstica	00	--	--	03	01	02
Anagramát	02	00	02	11	01	10
Arithmmog	00	--	--	27	15	12
Logográphic	16	00	16	01	00	01
Criptogram	00	00	00	03	00	03
Salt Cavalo	00	--	--	01	00	01
Parciais	**122** (70%)	**012** (7%)	**110** (63%)	**287** (45%)	**123** (19%)	**164** (26%)
Totais	**174** (100,0%)	**046** (26%)	**128** (74%)	**635** (100%)	**406** (64%)	**229** (36%)

Como seria de prever, os itens atribuídos a colaboradores cabo-verdianos ("C.V") ficam por cerca da terça parte nas secções "A. Enciclopédia" ("Parciais": 36, sendo 23 de "Outros" e 13 de "C.V") e "B. Formação" ("Parciais": 16, sendo 11 de "Outros" e 5 de "C.V"). Em coerência, nestas secções os dois géneros mais concorridos agravam de maneira radical o desequilíbrio anotado, com os quantitativos em "Científico/Soma" (A. Enciclopédia): 15 textos todos de "Outros" e "Moral/Soma" (B. Formação): 7 textos, sendo 6 de "Outros" e 1 de "C.V".

As condições civilizacionais e o espaço-tempo do país (no fim do séc. XIX) são de molde a justificarem a prevalência daqueles dois sectores (Enciclopédia e Formação), como saber de referência a ser difundido e como normativo proposto, no primeiro caso para informação geral sobre os movimentos e estado da ciência e, no segundo, para a concretização de uma finalidade pedagógica na formação pública mediante exemplos morais respeitáveis.

Fazendo contraste com esta situação de carência societária, receptiva, a secção que agrega os itens lúdicos e culturais põe em evidência, como sugerimos mais acima, um nível da intelectualidade que, pela apetência participativa, revela ser elevado, dotado de engenho e de gosto apurado, pelo que demonstram os textos que se lhes devem.

Para nos confinarmos aos implícitos no lema proposto nos objectivos do *Almanach* ("Instruir, educar e recrear"), e porque a selecção-crítica das colaborações fora atributo da Direcção, dispensamo-nos da seriação valorativa, estética, formal, dos textos em si e entre géneros literários ditos "maiores" e "menores". E insistimos na ideia de rigorosa coerência do *Almanach* sob o clausulado do tópico de referência para a área de que agora nos ocuparemos, "recrear" (Primeiro vol. 1895).

Ora, por definição banal, o objectivo "recrear<>lúdico" é bem mais realizável nos géneros "subliterários", ditos "menores", do que nos ditos "maiores", "nobres" (poesia, narrativa, dramática), factos que justificam tanto a ocorrência de uns e de outros como a proporção em que se repartem (cf., p.ex., "Charada": 30; "Enigma": 9;

"Logogripho": 16, em relação a "Poesia": 30 e a "Narrativa": 15).

Por outro lado, como seria previsível na linha do que se nos oferece observar desde meados do séc. XIX, a poesia de colaboradores cabo-verdianos destaca-se pelo elevado número de ocorrências ("Soma": 30, sendo 6 de "Outros" e 24 de "C.V"). E, não sendo lugar para entrarmos em procedimentos analíticos, importa no entanto anotar o facto de ocorrerem casos poéticos ambíguos, formalmente compostos em obediência ao modelo oficinal de apurado rigor versificatório, mas claramente etiquetados de "subliterários", tema a que regressaremos em lugar oportuno.

Idêntica sinalização de interesse deve ser aposta ao género "Narrativa", de algum modo conotador de novidade e de gosto emergente num contexto cultural onde tem sido usual só se falar de "Poesia", traduzindo afinal um panorama que, embora menos expressivo ("Soma": 15, sendo 04 de "Outros" e 11 de "C.V"), segue de perto, se não os números, pelo menos a quase proporção dos textos poéticos. E também aqui se justifica anotar, em comentário breve, a ocorrência de textos que mereceriam ser considerados composição narrativa, literária, por elaboração formal, no entanto incluídos em géneros não literários, de acordo com as suas temáticas de intenção pragmática.

Em sentido inverso, deslocámos para a área literária do "dramático" um texto que tende para o anedotário, para a graça espirituosa sobre um assunto histórico, de autoria indefinida. Como, apesar disso, parece acertado considerá-lo um palimpsesto de mão cabo-verdiana, a deslo-cação para o literário contempla a sua bem conseguida forma na sempre difícil arte das falas dialogantes.

Assinalável, embora não surpreendente, por sobretudo confirmar a regra, é a parte averbada pela rubrica mu-sical, totalmente ocupada por autores cabo-verdianos, com as suas 8 ocorrências assim distribuídas: 5 cingidas às pautas musicais, 1 acompanhada da letra em língua crioula, 1 outra com a letra de "Avé Maria" e 1 outra ainda com o "Hymno dos Operários/ S. João".

No "humor-anedotário" (com 11 ocorrências, todas de autores cabo-verdianos) incluem-se a anedota comum, o texto de desafronta com réplica mordaz à observação humilhante, ou a breve descrição-relato de uma ocor-rência cómico-burlesca. Em todos os casos e temáticas parecem traduzir um aspecto do carácter crioulo, a espi-rituosidade e veia parodiante, agora quase elidida da lite-ratura contemporânea, certamente devido à grande prevalência, desde há várias décadas, de sucessivos realismos avassalados pela gravidade de empenhamentos ideológicos de vária ordem.

As espécies que correm sob a etiqueta designada "Cifra", conforme a exigência de descodificação-decifração, são também quase totalmente de colaboração crioula (55 em 57 ocorrências), fazendo do "passatempo" mais um dos indicadores de aferição do gosto cabo-verdiano, tal como se verifica em todas as partes do mundo.

Se as formas de composição "Anagrama" são ilustrati-vas do engenho e da arte da palavra, no sentido da "fun-ção poética" (Iakobson) (Total: 2, ambas de autores C.V.), as restantes espécies, "Charada" (Total: 30, sendo 28 de C.V.), "Enigma" (Total: 9, sendo todas de C.V.), "Logogrifo" (Total: 16, sendo todas de C.V.), por seu lado constituem uma demonstração de capacidade de abstracção, de raciocínio de tipologia analógica, de argúcia e de saber de âmbito enciclopédico, vale dizer de fina cultura e de engenho do intelectual cabo-verdiano.

Retomando uma sugestão anterior relativa ao predomínio de cabo-verdianos neste primeiro volume (de 1895), atribuível a uma eventualmente restrita divulgação, por dificuldades logísticas de publicidade e apelo, duas principais lições se podem extrair, ambas de sentido positivo. Tudo parece passar-se, à luz do que também fica consignado no lema, como se as matérias das secções "A. Enciclopédia" e "B. Formação" obedecessem a um projecto do Cónego Teixeira direccionado para a "instrução" técnica e a "educação" de âmbito cívico do cabo-verdiano, na linha de uma vocação pedagógica que largamente se demonstra com a sua *praxis* de professor de humanidades.

No tocante aos conteúdos da secção "C. Lúdico-Cultura", ainda nesta mesma linha de execução do projecto, os dados indicam que a bitola de aferição do adestramento da intelectualidade da nação crioula se situa em alta fasquia, demonstrado uma capacidade efectiva em sustentar, intramuros, um projecto da grandeza do *Almanach*, equivalente a um desafio simbólico tão audacioso quanto o temor que causou à concorrência.

Quanto ao segundo volume (de 1899, que agora passaremos a comentar, com os dados do Quadro II), teremos em consideração, antes de mais, as citações encomiásticas dos leitores, sobretudo estrangeiros da área lusófona. Das suas manifestações relativas à recepção muito favorável do primeiro volume será possível deduzir, com a fiança das palavras do Director, terem vindo muitas delas daqueles que se tornaram colaboradores da segunda edição. Em situação de alargamento e diversificação dos participantes, o primeiro e mais óbvio resultado é a redistribuição da proporcionalidade dos nacionais para valores menos expressivos.

Com esta interpretação eliminamos a ideia hipotética de este decréscimo se poder atribuir a um défice de qualidade dos textos cabo-verdianos, em face dos apresentados pelos colaboradores lusófonos não nacionais, hipótese que a simples análise dos textos não teria, aliás, dificuldade em negar. (Por razões de clareza, dizemos "colaboradores lusófonos não nacionais"; por razões de abrangência diríamos "Outros"). Sendo certo que, na prática, todos os não cabo-verdianos se integrarão em "Outros", é evidente que nesta etiqueta se acolhe todo o remanescente de itens de escopo histórico, enciclopédico ou cultural, indexados ou não a uma assinatura autorial (p.ex., João de Deus, Pinheiro Chagas, Henri Lasserre)[11].

Tal como vimos no primeiro volume, também neste segundo volume a secção "A. Enciclopédia" se encontra

---

[11] Mesmo que, por razões de simplificação discursiva, utilizemos regularmente o termo "colaboradores", estes nomes são essencialmente figuras creditadas que a Direcção do *Almanach* convoca para nele comparecerem. Em termos de rigor nocional, "colaboradores" são as personagens (vivas) que investem pessoalmente na volição participativa.

dominada, na quase totalidade, pelos materiais de "Outros", com alterações e lugares de ocorrência indiciadores de sentidos que convém esclarecer (e interpretar em momento oportuno). Entre o primeiro e o segundo volumes, o único caso de decréscimo ocorrerá em "Científico", de 15 para 11 (11: sendo todos de "Outros") enquanto vários registam crescimentos mais ou menos significativos, como "Cultural", de 5 para 56 (56: sendo 54 de "Outros" e 2 de "C.V"); "Administrativo", de 1 para 9 (9: sendo todos de "Outros"); "Ecológico", de 0 para 4 (4: sendo todos de "Outros"); "Técnico", de 2 para 12 (12: sendo 11 de "Outros" e 1 de "C.V"); "Prático", de 0 para 38 (38: sendo todos de "Outros"); "Saneamento", de 1 para 29 (29: sendo 27 de "Outros" e 2 de "C.V")[12].

Se tomarmos o *Almanach* como empreendimento de assinalável envergadura, tendo ainda por outro lado em conta a vocação pedagógica do seu editor, seremos levados a admitir que a descida verificada em "Científico", em conjugação com o enorme crescimento de "Cultural", aponta para uma selecção de materiais-conteúdos da ordem do reajuste da estratégia directiva da publicação (que não se pode confirmar nem infirmar).

Embora tenhamos integrado este item ("Científico") em "A. Enciclopédia", não é por isso que ele deixa de também poder integrar-se dentro do paradigma "B. Formação", se o tomarmos pelo lado pragmático, na perspectiva do crescimento dos itens "Técnico", "Prático" e "Sanea-

---

[12] As repetições vocabulares fazem parte da técnica mnemónica que facilita a compreensão dos números.

mento". O inverso também se pode dizer, aceitando que "Formação" se compagina com a informação de "A. Enciclopédia", para lhe conferir um alcance de cunho pedagógico nas coisas da vida concreta (como o "Administrativo" e o "Político"), para matizar as incidências nas matéria mais abstractas. A ordenação em secções não anula, portanto, a interpenetração funcional e os objectivos dos itens que as compõem.

Fica assim também apontada a justificação para o que consideramos ser o notável crescimento do item "Histórico", com uma subida (do primeiro para o segundo volume) de 2 para 21 ocorrências (21: sendo 4 de "Outros" e 17 de "C.V"). Em termos gerais, a evolução registada pode obedecer a uma finalidade que transborda de "A. Enciclopédia" para "B. Formação", em ordem a um paradigma que encerra, mesmo transversalmente, alguma coisa de implicações étnicas.

Associando o teor "Étnico" ao "Administrativo", que também mereceu ser contemplado pelo crescimento de 1 para 9 (9: sendo embora todos de "Outros"), não se correrão os riscos do exagero ao admitir-se que aquele salto do "Histórico" de 1 para 17 textos (de autores "C.V") releva de uma consciência que a nação crioula exprime de forma conclusiva, simultaneamente étnica e política.

Em todos os textos deste item ("Histórico") são veiculadas informações e dados de interesse civilizacional, com apontamentos relativos a edificações várias, ao processo evolutivo do Seminário-Lyceu, a povoações das diversas ilhas, a melhoramentos que se concretizaram ao longo dos tempos, a equipamentos técnicos. E os registos enunciativos não se poupam nunca à expressão do colorido que aflora no sentimento de respeito pelo património nacional, de comprazimento, para além do interesse testemunhal relativo à elaboração da história social e cultural do país.

Em convergência global com o referido ao item "Científico" (que se vê ter perdido a notoriedade que granjeia no primeiro volume), em "B. Formação" o item "Ético" que, como aquele, tende para a abstracção, não regista o relevante crescimento dos restantes. Guinda-se de 1 para 5 ocorrências (5: sendo 4 de "Outros" e 1 de "C.V"), ao passo que em "Moral" o crescimento é enorme, passando de 7 para 86 (86: sendo 80 de "Outros" e 6 de "C.V"); cresce no "Social" de 2 para 5 (5: sendo 1 de "Outros" e 4 de "C.V"); no "Cívico", de 1 para 14 (14: sendo 12 de "Outros" e 2 de "C.V"); no "Religioso", de 2 para 25 (25: sendo 16 de "Outros" e 9 de "C.V"); no "Intelectual", de 3 para 21 (21: sendo 1 de "Outros" e 20 de "C.V").

Ainda aqui se repercute a ideia que sustentámos de reagulhamento estratégico do *Almanach*, no sentido da sobrevalorização da pedagogia em relação à informação, ou da "B. Formação" face a "A. Enciclopédia". Admitimo-lo com base no item "Cultural", e agora todas as subidas registadas o parecem confirmar em domínios complementares, uns subjectivos ("Moral", "Religioso") e outros objectivos ("Cívico", "Social"). Por na maioria dos casos se deverem principalmente a "Outros", mais se lhes acentua o carácter de textos do paradigma "exemplaridade", de elevado valor performativo, reiterativo do que ocorre no item "Social", onde os textos de cabo-verdianos são em número superior ao de "Outros", embora de fraca representatividade (Total: 5, sendo 4 de "C.V.").

Em certo sentido, o principal destaque a fazer nesta secção pertence por inteiro ao item "Intelectual", onde (como notámos em outro lugar) agrupamos uma diversidade de domínios (científico, pedagógico) e de campos, tais como, música, língua/linguagem (crioulo, português/ fonologia, escrita, bom uso, métodos) e línguas africanas. Devemos entender o crescimento do primeiro para o segundo volume, de 3 para 21 ocorrências (21: sendo 1 de "Outros" e 20 de "C.V"), como mais um comprovativo da evolução por que ia passando a consciência crioula que então se sedimentava.

No que respeita à língua-linguagem, expunha-se, com o empenhamento pedagógico do Cónego Teixeira, o interesse pela ideia precursora do bilinguismo protagonizado pelo português e pelo crioulo que, deste modo, se exercitava na escrita, condição necessária para a sua plena valorização como língua vernácula de autenticação matricial.

Na secção "C. Lúdico-Cultural" tornam-se mais evidentes as diferenças registadas entre os dois números, com o género "Poético" a crescer de 30 para 89 ocorrências (89: sendo 48 de "Outros" e 41 de "C.V"); com o "Narrativo" a evoluir de 15 para 19 itens (19: sendo 9 de "Outros" e 10 de "C.V"), o "Dramático" a manter uma fraca expressão e o "Musical" a conservar as 8 ocorrências, o "Iconográfico" a comparecer timidamente com 2 textos (de autores "C.V") e o "Humor-Anedotário" a crescer de 11 para 18 (18: sendo 10 de "Outros" e 8 de "C.V").

Como se indicou, a presença da colaboração dos estrangeiros lusófonos implica a redistribuição da ordem dos valores globais, sem no entanto deslustrar o concurso da participação cabo-verdiana que, no género mais importante, "Poético", se vê crescer de 24 para 41 textos entre o primeiro e segundo volumes. No que concerne o item "Humor-Anedotário", e apesar do crescimento verificado, a colaboração dos cabo-verdianos foi negativa, baixando de 11 para 8 textos.

Nos géneros colocados sob a etiqueta "Cifra" a tendência vai manifestamente em favor da participação crioula, a despeito do registo de estrangeiros. Em "Charadistica" o crescimento entre volumes é de 30 para 72 (72: sendo 28 de "Outros" e 44 de "C.V"); "Enigmática", de 9 para 32 (32: sendo 9 de "outros" e 23 de "C.V"); "Anagramática", de 2 para 11 (11: sendo 1 de "Outros" e 10 de "C.V"); "Arithmmogramas", de 0 para 27 (27: sendo 15 de "Outros" e 12 de "C.V"). Nos itens quase inexpressivos, a "Acróstica" passa de 0 para 3 (3: 1 de "Outros" e 2 de "C.V"), enquanto o item "Logografico" cai de 16 para 1 (1: de "C.V") e o "Salto de Cavalo" passa de 0 para 1 (1: de "Outros"). Ainda a merecer anotação é o surgimento (no segundo volume) do género "Criptograma" com 3 ocorrências, todas devidas a autor cabo-verdiano.

Na linha das considerações antes expostas sobre o género "Poética", também agora devemos confirmar, com os dados da etiqueta "Cifra", o que se verificou no primeiro volume. A apetência lúdica do cabo-verdiano é evidente nesta forma que põe à prova a arte e engenho aplicados ao exercício da abstracção e da codificação de sentidos por via analógica. Serve de exemplo a "Anagramática" que aplica em rigor o trabalho da "função poética", perfazendo exactamente o que nela se propõe, a "projecção do eixo da selecção lexical sobre o eixo da combinação frásica". Mesmo que as ocorrências se cinjam à forma sequenciada de nomes[13], nem por isso deixa de convocar o engenho (neo-barroco) posto ao serviço de um objecto panegírico, social e civicamente comprometido, mediante a disseminação nele do nome pessoal que se pretende celebrar ou então homenagear.

Um procedimento complementar, útil na apreciação da globalidade dos dados, para tornar mais sensível a detecção das variações proporcionais, consiste na valoração em termos percentuais dos quantitativos antes apresentados.

Quadro III

	Primeiro Vol. (1895)			Segundo Vol. (1899)		
	Soma	Outros	C. Verde	Soma	Outros	C. Verde
Enciclopédia	21%	13%	8%	30%	26%	4%
Formação	9%	6%	3%	25%	18%	7%
Lúdico–Cult.	70%	7%	63%	45%	19%	26%
Totais	100%	26%	74%	100,0%	63%	37%

Se, segundo os dados (colunas "Soma"), na secção "Enciclopédia" o crescimento entre os volumes de 1895 e 1899 foi de 10% (21% < 30%), e se em "Formação" foi de

---

[13] Anagramas há que retiram dos nomes dispostos em pilha as letras com que formam um outro nome. Só não constituem um caso de pura decifração por imprimirem a "negrito" as letras a reter.

15% (9% < 24%), os registados em "Lúdico-Cultura" teriam de padecer uma redução de 25% (71% > 46%). Mas também se pode verificar que a redistribuição destes 46% (de "Lúdico-Cultura", do volume de 1899) atribui à colaboração cabo-verdiana a percentagem mais elevada em relação a "Outros", ou seja, 27% contra 19%.

Nas questões estatísticas, os dados são oportunos pelo que descrevem, falando por si, mas fazem-no em uma linguagem que se torna insípida se não forem trabalhados por um mínimo de interpretação, e é para a interpretação que devem servir. Ou seja, relendo ainda o "Quadro II" em função do que se torna mais nítido no "Quadro III", no tocante à área "Lúdico-Cultura", teremos:

1. No *Almanach* de 1895, a percentagem das colaborações cabo-verdianas é de 63%, relativa a 110 objectos publicados (enquanto "Outros" com 7% registam o quantitativo de 12 objectos);

2. No de 1899, essa percentagem das colaborações cabo-verdianas baixa para 26%, mas registando uma evolução de 110 para 164 objectos publicados (a "Outros" com 19% pertencem 123 objectos apenas);

3. No *Almanach* de 1895, por mais importantes que sejam os valores relativos, expressos pela parte cabo-verdiana (os citados 63% em face de "Outros" com 7%), em termos absolutos nada terão de excepcional. Como parecem provar as dificuldades por que passou a edição do *Almanach* de 1895, repercutidas na falta de meios adequados ao convite à participação nele, as colaborações no primeiro

volume não podiam deixar de se cingir à esfera "paroquial", à exclusiva matriz do universo crioulo.

4. Considerados ainda em termos absolutos, mas agora sob um enfoque que compagine a quantidade de objectos publicados e a sua variedade genológica, temos de reconhecer a excepcional disponibilidade que, por outro lado, a mesma intelectualidade crioula revela para com o *Almanach*, inteiramente apetrechada para responder ao apelo de colaboração;

5. Os dados do *Almanach* de 1899 só confirmam essa qualificação, em termos relativos, ao ombrearem com "Outros" em situação de concorrência quanto a valores registados. E, em termos absolutos, esses valores parecem exprimir uma apetência para a produção que, longe de se ter esgotado na primeira participação, terá aumentado de produtividade de um ano para o outro[14].

4. Colaboradores, Objectos

Por mais interesse que possam oferecer os elementos que temos vindo a coligir, a sua conexão aos tópicos "produção/produtividade" implica a necessidade de os ligar à instância autorial. Revelem-se mais empenhados

---

[14] Admitimos por princípio de deôntica, à luz das exigências críticas do Director (cf. citações no corpo do nosso estudo), quanto à selecção dos trabalhos, não haver aqui lugar para sequer se insinuar a ideia de concessão de facilidades às produções autárquicas, crioulas, espécie de nepotismo impensável.

na comunicação informativa, ou nitidamente motivados pelo acto criativo, todos os autores emergem animados por investimentos pessoais que, nos exactos limites do género, valem como factores individuais de consolidação do território e da pertença cabo-verdiana. Assim cremos ser, com a majoração imperativa de as realidades cultural e social, que os dados refractam, deverem ser projectadas sobre uma territorialidade em arquipélago, fazendo de cada região uma ilha (e não a inversa).

Tendo em conta estas anotações, recorremos a um procedimento que, no essencial, oferece uma imagem do *Almanach* (1895, 1899) conformada a um número mínimo de parâmetros, a fim de tornar mais perceptível a apreensão de conjunto. Mesmo admitindo que uma qualquer leitura de dados imprime, sobre os resultados obtidos, os condicionalismos dos seus pressupostos teóricos e método utilizado, eles ficam neste caso livres de tal risco, tal é a simplicidade dos procedimentos usados.

Um modo incisivo de entrada na leitura da informação sobre as colaborações pode consistir na observação dos dados que abaixo se resumem[15].

---

[15] A apresentação até às décimas percentuais deve-se à necessidade de contabilizar valores menores de 0,5% (caso de 1 texto de "Ilhéu Branco").

Quadro IV

Datas //	1895	1899	1895	1899	Colaboradores	1895	1899	Textos
Ilhas //	Senhoras		Homens		Parciais	Textos		Parciais
Boavista	1	1	14	4	20 (8,5%)	17	8	25 (7,0%)
Brava	0	3	2	5	10 (4,3%)	3	12	15 (4,2%)
Cabo Verde	2	3	42	43	90 (38,5%)	46	83	129 (36,1%)
Fogo	0	0	2	3	5 (2,1%)	2	5	7 (1,9%)
Ilhéu Branco	0	--	1	--	1 (0,4%)	1	--	1 (0,3%)
Maio	0	1	1	1	3 (1,3%)	1	8	9 (2,5%)
S. Nicolau	0	0	5	20	25 (10,7%)	10	32	42 (11,8%)
S. Vicente	0	0	1	1	2 (0,9%)	2	1	3 (0,9%)
Sal	0	0	1	2	3 (1,3%)	3	4	7 (1,9%)
Santiago	0	0	3	6	9 (3,8%)	8	14	22 (6,2%)
Sto. Antão	6	6	21	33	66 (28,2%)	35	62	97 (27,2%)
Parciais	9	14	93	118		128	229	
Totais	23		211		234 (100,0%)	357		100,00%

Por ordem de entrada, notemos que o valor do item "Senhoras" pouco excede uma décima parte do registado por "Homens" (23/211) nos anos somados de 1895 e 1899. Os dados indicadores mostram serem os contingentes de "Senhoras" maioritariamente oriundos de "Cabo Verde" (5) e de "Sto. Antão" (12), mas com a particularidade notável de esta segunda origem mais do que duplicar a primeira. Em face das restantes Ilhas, delas se salienta apesar de tudo a "Brava" com 3 "Senhoras".

Considerando agora o agupamento de autores, "Senhoras+Homens", o panorama alarga-se em ordem à definição de uma escala quase constante de Ilhas de significativa produção, quer em valores numéricos, quer em índices de produtividade, considerados os itens "Textos" e "Autores" em "Produtividade". No resumo estabelecido no quadro seguinte, os dados respeitantes ao conjunto das seis primeiras Ilhas tornam perceptíveis as mais importantes movimentações[16].

---

[16] Sublinhemos: "Índice P", índice de produtividade; "Índice C", índice de crescimento.

Quadro V

Domínios	Produtividade			Crescimento		
Anos	1895	1899		1895	1899	
Itens	Textos	Autores	Índice P	Textos	Textos	Índice C
"Cabo Verde"	129	90	1,4	46	83	< 80%
"Sto. Antão"	97	66	1,5	35	62	< 77%
"S. Nicolau"	42	25	1,7	10	32	< 220%
"Boavista"	25	20	1,3	17	8	> 53%
"Santiago"	22	9	2,4	8	14	< 75%
"Brava"	15	10	1,5	3	12	< 300%
"Maio"	9	3		1	8	
"Fogo"	7	5		2	5	
"S. Vicente"	3	2		2	1	
"Sal"	7	3		3	4	
"Ilhéu Branco	1	1		1	---	

Jogando com os dados pode-se estabelecer uma hierarquia decrescente de "Cabo Verde" para "Brava" em valores absolutos, tanto de "Textos" como de "Autores", com a troca de lugares entre "Santiago" e "Brava" quanto a "Autores" respectivamente 9 e 10. E é exactamente a discrepância devida a "Santiago", acima de "Brava" em "Textos" (22/15) e abaixo em "Autores" (9/10), que poderá justificar a intervenção do "Índice de Produtividade" como responsável pela discrepância.

Na coluna "Índice P", onde se enumeram os "Índices de produtividade", é evidente a alteração da hierarquia, cabendo o primeiro lugar exactamente aos 2,4 de "Santiago", seguido pelo franco decréscimo em 1,7 de "S. Nicolau", e depois pelos valores de 1,5 de "Brava" e "Sto. Antão", e ainda pelos de 1,4 e 1,3 de, respectivamente, "Cabo Verde" e "Boavista". Quantitativos de "produção" e "Produtividade" constituem, assim, um par de indicadores tão significativos quanto a variação de perspectivas, a ponto de deslocarem "Cabo Verde" de primeiro para penúltimo lugar do "Índice P".

Um outro operador de variação de perspectiva e sentido interpretativo, revalidando a anterior hierarquia (em "Produtividade/Textos"), é fornecido em "Crescimento" que, no tocante a 1895, se desdobra entre 46 textos de "Cabo Verde" e 3 de "Brava". E assim igualmente em 1899, com "Cabo Verde" a registar 83 textos, mas com a discrepância de ser agora a "Boavista" a deslizar para o fim da escala, com 8 textos.

Estas duas descidas para fim de escalas, em aparência idênticas (1895: "Brava, com 3 textos", e 1899: "Boavista", com de 8 textos) reconciliam-se no entanto com leituras diametralmente opostas. Conforme demonstram os valores percentuais em "Índice C", é a "Brava" que, apesar da descida, regista a maior proporção de crescimento, com 300%, enquanto "Boavista" confirma o seu lugar no fim da escala, acusando a única evolução negativa de 53% (por descida de 17 textos/1895 para 8 textos/1899). Quanto às restantes Ilhas, a escala ordena-se em sentido decrescente com "S. Nicolau" a registar uma proporção de crescimento em 220%, e bastante depois o conjunto formado por "Cabo Verde" (80%), "Sto. Antão" (77%), e "Santiago" (75%).

A primeira lição que se deverá extrair destas interpretações assenta na mobilidade devida a algumas Ilhas: i) se cabe a "Cabo Verde" e "Brava" definirem os extremos em "Produtividade/Textos", e a "Cabo Verde" e "Santiago" em "Produtividade/Autores", as posições invertem-se ("Santiago" e "Cabo Verde") em "Produtividade/ Índice P".

Os lugares extremos pertencem de novo a "Cabo Verde" e "Brava" em "Crescimento/Textos/1895", enquanto em 1899 pertence a "Boavista", que, como vimos acima, se desloca para último lugar.

Os distintos ângulos de enfoque, de acordo com a prática do método, põem em evidência pelo menos duas características básicas do campo de estudo. Por um lado, revelam a surpreendente riqueza, em diversidade genológica, dos objectos que se encontram em circulação e, por outro, a evidente escassez, em termos quantitativos, desses objectos uma vez operada a sua distribuição pelas Ilhas de origem.

Tira-se de "Cabo Verde"[17] uma prova *a contrario*, assumindo-se que a proeminência de que goza se deve ao facto de, num único bloco, agregar o diverso e, assim, aumentar a cota que se lhe encontra afecta para níveis de elevada ponderação. Dois métodos podem por isso ser utilizados. Um pode incentivar a magnificação dos resultados, privilegiando uma visão de conjunto, por reunião da totalidade das produções no único bloco chamado "Arquipélago de Cabo Verde" contraposto a "Outros". O outro procurará ser analítico, visando uma radiografia cultural repartida por cada uma das Ilhas. Este segundo método parece ser no entanto o que satisfará a intenção dos colaboradores que, em muito significativa maioria, fizeram acompanhar o seu nome da identificação da Ilha--lugar de origem.

---

[17] "Cabo Verde", em vez do nome da ilha ou do lugar: há autores que apenas indicam o país.

Da opção pelo método analítico resulta a necessidade da preparação dos dados, no geral de leitura fastidiosa, constantes nos quadros que abaixo se incluem, elaborados com base nos seguintes procedimentos:

i) guardar a indicação "Anónimo", mesmo nos casos em que não seria problemática a dedução segura do nome de um determinado autor;

ii) incluir na secção "Cabo Verde" as colaborações de cabo-verdianos residentes fora do Arquipélago (indicando-se esse país estrangeiro);

iii) considerar que "Cabo Verde" significa um campo de agregação dos colaboradores de todas as Ilhas, assim autenticados por preferirem a menção generalista;

iv) incluir em determinada Ilha o colaborador que, em uma ocorrência, apôs o seu nome e, em outra, indicou apenas "Cabo Verde";

v) uniformizar o nome do autor, no caso de em várias ocorrências haver discrepâncias que não suscitem dúvidas;

vi) manter a indicação "Ilhéu Branco", admitindo que tal proveniência, em vez de uma Ilha mais representativa, resulta de um acto deliberado talvez para engendrar o humor;

vii) resumir as diversas colaborações de um autor numa única ocorrência do seu nome, por dever de concisão; ex: "Hesperitano |-3 X Anagrama, Acróstico, Enigma", caso em que o autor participa três vezes com "Anagramas", uma vez com um "Acróstico" e outra vez um "Enigma";

viii) sublinhar os nomes de "Senhoras" colaboradoras;

ix) compor os quadros das "colaborações/Ilhas" e de "anos do *Almanach* 1895/1899" em paralelo para se tornarem sensíveis as variações por observação da mancha gráfica;

x) apresentar os referentes-"Ilhas" por ordem alfabética, por se tratar de uma descrição simplesmente empírica, não interpretativa.

ALMANACH LUSO-AFRICANO

Quadros VI

Almanach de 1895			Almanach de 1899		
Boavista					
Senhoras: 1	Homens: 14	Textos: 17	Senhoras:1	Homens: 4	Textos: 8
Nomes		Géneros	Nomes		Géneros
A. M. Carvalho		– Logógrifo	A. C. L.		– Anedota
A. P.		– Anedota	A. S. D'Oliveira		– 3 X Charada, Música
Anónimo		– Música	Isménia Lara		– Charada
António J. Teixeira		– Moral	Júlio d'E. Carvalho		– Anagrama
Baptista Ramos		– História	N. Ferrão		– Poesia
Berinho		– Narrativa			
Epiphanio Almeida		– Logógrifo			
Frederico d'Oliveira		– Logógrifo			
Isménia Lara		– Charada			
João & Affonso		– Narrativa			
Livramento Silva		– Música			
Luiz de Carvalho		– 2 X Charada			
Nuno Marreca		– Logógrifo			
S. A. Fortes		– Enigma, Social			
Salgado Osório		– Logógrifo			
Brava					
Senhoras: 0	Homens: 2	Textos: 3	Senhoras: 3	Homens: 5	Textos: 12
Nomes		Géneros	Nomes		Géneros
Eugénio P. Tavares		– 2 X Poesia	Anónimo		– Charada
Freitas da Costa		– História	Anónimo		– Enigma
			Antónia Pusich		– Poesia
			Estevão		– Poesia
			Eugénio PaulaTavares		– 2 X Aritmog., Poesia
			J. Ninguém		– Poesia
			Sara Mendes		– Narrativa
			Uma Desconhecida		– 2 XCharad, Aritmog.
Cabo Verde					
Senhoras: 2	Homens: 42	Textos: 46	Senhoras: 3	Homens: 43	Textos: 83
Nomes		Géneros	Nomes		Géneros
A. C.		– Narrativa	A. Costa (Angola)		– 2 X Charada
A. da C.		– Intelectual	A. da C. T.		– 5 X História
A. M. C.		– Logógrifo			9 X Intelectual,
A. M. Almeida Netto		– Intelectua			Ético, Moral, Poesia
A. Marejas		– Charada	A. da C.		– Música, Poesia
A. Maria		– Música	A. de S. Pinto		– História
A. P.		– Anedota	A. Ferrer		– Enigma
Affonso Leite		– Charada	A. S. Oliveira		– Música
Anónimo		– Anedota	Alfredo Monteiro		– Charada
Anónimo		– Anedota	Anónimo		– Intelectual
Anónimo		– Anedota	Anónimo		– Intelectual
Anónimo		– Anedota	Anónimo		– História
Anónimo		– Música	Anónimo		– História
Anónimo		– Música	Anónimo		– Música
Anónimo		– Narrativa	C.(Angola)		– Anagrama
Archimedes		– Charada	C. T.		– 2 X Enigma, Charad.
D. Fuas Rapé		– Logógrifo	Carlos Ribeiro N. Ferrão		– Poesia
D. Fusca Vidal		– Enigma	Celerina A.V.Gudula		– Aritmograma
D. P.		– Anedota	Cº. J. da Silva Caetano		– História
Eugénio Pinto		– Anedota	Ernesto de Vasconcellos		– História
Eugénio S. Pinto		– Logógrifo	Esperança de Jesus		– Poesia
Fernandes Costa		– Poesia	Euphrasia Cesaria		– Enigma
Florencio A. da Cruz		– Música	Francisco Arrobas Crato		– Narrativa

ALMANACH LUSO-AFRICANO

Frederico A. Oliveira	– Anedota	Hesperitano	– 3 X Anagrama, Acróstico, Enigma
Freitas da Costa	– História		
Gualberto Pinto	– Charada	Isidoro de Castro	– Enigma
João A. Martins	– Étnico, Narrativa	J. A. Pinto	– 3 X História
João B. Nobre Leite	– Anedota	J. S. Afra(Lisboa)	– Social
José Alexandre Pinto	– Narrativa	José Augusto Martins	– Narrativa
José Lopes	– Poesia	**José [Lopes (da Silva)]**	– 6 X Poesia
L. (Guiné)	– História	José Quintino	– Anedota
L. Silva	– Música	L. da Fonseca(Moçamb.)	– 3 X Charada, Aritmograma
Leão Pinto	– Charada		
Livramento Silva	– Intelectual	Luis Loff Nogueira	– Narrativa
Marcelino Barros(Guiné)	– Étnico	M. B. Maninho(Afr. Oc.)	– Aritmograma
<u>Maria de Carvalho</u>	– Logogrifo, Charada	M. M. Alves da Silva	– Intelectual
Nhosinho	– Charada	Marcelino Barros (Guiné)	– 3 X Intelectual
Nicodemo dos Reis	– História	O. L.	– Intelectual
P. P. Tavares	– Poesia	P. d'Oliveira	– Enigma
Pedro António Oliveira	– Poesia	Pe. Almada Junior	– Moral
Pedro Leite A.M.Boavida	– Narrativa	Pe. M. A. M.	– Moral, Cívico
T. da C.	– Música	Quirino Avelino Jesus	– História
Teixeira da Costa	– Técnica	Salomão (Angola)	– Charada
<u>Uma Sertaneja</u>	– Poesia	Um Naturalista	– Anedota
		Um Patriota	– Poesia
		Um Pigmeu	– Enigma
		X	– História
		Xico Bananeira	– Anagrama
		Xico C.	– Poesia
		XPTP	– Poesia

Fogo

Senhora: 0	Homem: 2	Textos: 2	Senhoras: 0	Homens: 3	Textos: 5
Nomes		Géneros	Nomes		Géneros
Joaquim Freitas Abreu		– Charada	**Joaquim Freitas Abreu**		– 3 X Charada
J. F.		– Charada	Manuel de Jesus Teixeira		– Charada
			Simão S. Barbosa		– Charada

Ilhéu Branco

Senhora: 0	Homem: 1	Textos: 1	Senhoras: --	Homens: --	Textos --
Nomes		Géneros	Nomes		Géneros
Lagarto Velho		– Enigma	---		---

Maio

Senhora: 0	Homens: 1	Textos: 1	Senhoras: 1	Homens: 1	Textos: 8
Nomes		Géneros	Nomes		Géneros
João Q. Santos		– Charada	<u>Adelina Cabral Varella</u>		– 4 XCharad, Anagram Enigma, Narrativa
			José Quintino Santos		– Anagrama

S. Nicolau

Senhoras: 0	Homens: 5	Texto: 10	Senhoras: 0	Homens: 20	Textos: 32
Nomes		Géneros	Nomes		Géneros
Chico Bananeira		– Enigma	Alexandre d'Almeida		– Narrativa
L. A. de Brito		– Logogrifo	Pedro Monteiro Cardoso		– Narrativa
Manuel A. A. Junior		– Anagrama	José T. Gomes		– Charada
P. Pereira Tavares		– 5 XPoesia, Charada	Anibal B.		– Enigma
Xico Margarida		– Enigma	António R.Lopesda Silva		– Anedota
			Cº.Oliveira Bouças		– 4 X Religioso, Ético, Narrativa
			Cº. S. T. Machado		– Aritmograma
			Coripe		– 2 X Enigma
			Curioso		– Charada
			Ed. Ch. St. Aubin		– 3 X Criptograma

ALMANACH LUSO-AFRICANO

			Eduardo Lopes	– Poesia
			J. O. P.	– Charada
			João da Mata Carvalho	– Moral
			José António da Graça	– Narrativa
			M.	– Enigma
			M. A. Brito	– 2X Enigma, Anagrama
			Maninho	– Poesia
			P. P. Tavares	– Poesia
			Porphirio P. Tavares	– 3 X Poesia
			Silva Caetano	– Acróstico

S. Vicente

Senhoras: 0	Homens: 1	Textos: 2	Senhoras: 0	Homens: 1	Textos: 1
Nomes		Géneros	Nomes		Géneros
António d'Oliveira		– Poesia, Charada	João Baptista Leite		– Música

Sal

Senhoras: 0	Homens: 1	Textos: 3	Senhoras: 0	Homens: 2	Textos: 4
Nomes		Géneros	Nomes		Géneros
A. S. d'Oliveira		– Enigma, Anedota, Charada	A. S. d'Oliveira		– Charada
			J. Simas		– 3 X Charada

Santiago

Senhoras: 0	Homens: 3	Textos: 8	Senhoras: 0	Homens: 6	Textos: 14
Nomes		Géneros	Nomes		Géneros
António Duarte Graça		– 2 X Poesia	A. C.		– Intelectual, Poesia
H. O. Costa Andrade		– 2 X Política, Narrativa	A. E. F. Mesquita		– Enigma, Aritmogram
			A. Sarmento		– 5 X Poesia, Anedota
Pedro António Oliveira		– Narrativa, Poesia, Logografio	Adelo Nobre Martins		– Charada
			H. O. Costa Andrade		– 2 X Social
			Ignotus		– Poesia

Sto. Antão

Senhoras: 6	Homens: 21	Textos: 35	Senhoras: 6	Homens: 32	Textos: 62
Nomes		Géneros	Nomes		Géneros
A. da C.		– Logografio	A. Tinoco		– Logografio
A. J. Leite		– Poesia	Amancio		– 2 X Charada, Enigma
A. Spencer		– 2 X Charada			
A. Tinoco		– Charada	Ancio		– Enigma
Abílio Neves		– Logografio	Anónimo		– Enigma
Amancio		– 2 X Charada, Enigma	Anónimo		– Música
			Antónia da Costa		– Poesia
Antónia da Costa		– 2 X Logografio	António J.S.B. Veiga		– Intelectual
Cyrilo Pinto		– Charada	António Maria		– 2 X Música, Aritmograma
Etelvina Costa		– Logografio			
Fidelino Pinto		– Charada	António P. Teixeira		– Anagrama
Fortunata da Graça		– Enigma	Benjamim Lobo		– Charada
Francisco F. Hopffer		– Saneamento	Cara de Fuinha		– Charada
Humilde Camponesa		– 3 X Poesia, Narrativa	Draco		– 2 X Intelectual, Enigma, 3 X Charada, Aritmogr.
João B. Silva Araujo		– Narrativa			
Joãozinho		– Charada	Elesbon		– Charada
Julio d'Almeida		– Poesia	Erbon		– Charada
Luis F. Gonzaga Santos		– Poesia	Etelvina Costa		– Aritmograma
Macaquinho		– Charada	F. A. d'Oliveira		– Anedota, Charada
Manuel Silva		– Social	F. Pinto		– Charada
Maria da Costa		– Poesia	F. Wahon		– Enigma, Charada
Mariana Pinto		– Charada	F....		– Charada

O Solitário	– Poesia	Fernando	– Charada
Pá Róró Banganha	– Enigma	Fidelis Pinto	– Social
Pyrilampo	– 2 X Charada	**Fortunata da Graça**	Enigma
Silva Araujo	– Anagrama	**Francisco F. Hopffer**	– 2 X Saneamento
T. da C.	– Logogrifo	Frederico A. d'Oliveira	– Aritmograma
XXX	– Charada	**Humilde Camponesa**	– 3 X Poesia
		J. J. Rodrigues	– Anedota, Charada
		Januário (Leite)	– 3 X Poesia
		João Baptista Lima	– Anedota
		Julião d'Almeida	– Charada
		Manuel António	– Técnica
		<u>Maria da Costa</u>	– Poesia
		<u>Obscura Paulense</u>	– 2 X Poesia
		P. M.	– 2 X Religioso
		Pe. Joaquim A. Moraes	– Religioso
		Pe. M. M.	– Cívico, Religioso, Cultural
		Pe. Miguel	– Religioso, Cultural
		Um Logista (Europeu)	– Narrativa
		X	– 2 X História

Menção prioritária no comentário aos Quadros merece de novo a presença das "Senhoras", em listagem completa Isménia Lara ("Boavista", 1895 e 1899: Charadas); Maria de Carvalho ("Cabo Verde", 1895: Logogrifo e Charada); Uma Sertaneja ("Cabo Verde", 1895: Poesia); Antónia da Costa ("Sto. Antão", 1895: 2 X Logogrifo; 1899: Poesia); Etelvina Costa ("Sto Antão", 1895: Logogrifo; 1899: Aritmograma); Fortunata da Graça ("Sto. Antão", 1895 e 1899: Enigmas); Humilde Camponesa ("Sto. Antão", 1895: 3 X Poesia e Narrativa; 1899: 3 x Poesia)[18]; Maria da Costa ("Sto. Antão", 1895 e 1899: Poesias); Mariana Pinto ("Sto. Antão", 1895: Charada); Antónia Pusich ("Brava", 1899: Poesia); Sara Mendes ("Brava", 1899: Narrativa); Uma Desconhecida ("Brava", 1899: 2 X Charada e Aritmograma); Celerina A.V.

---

[18] Os dois primeiro poemas de "Humilde Camponesa (Gertrudes Ferreira Lima)", de 1895, têm por local de referência "Lisboa", local que por motivos óbvios substituímos por "Sto. Antão".

Gudula ("Cabo Verde", 1899: Aritmograma); Esperança de Jesus ("Cabo Verde", 1899: Poesia); Euphrasia Cesaria ("Cabo Verde", 1899: Enigma); Adelina Cabral Varella ("Maio", 1899: 4 X Charada, Anagrama, Enigma, Narrativa); Obscura Paulense ("Sto. Antão", 1899: 2 X Poesia).

Provêm apenas de "Boavista" e de "Sto. Antão" as que fazem da colaboração um facto de constância, participando nos *Almanach* de 1895 e 1899: Isménia Lara ("Boavista") e Antónia da Costa, Etelvina Costa, Fortunata da Graça, Humilde Camponesa e Maria da Costa (todas de "Sto. Antão"). Apenas Mariana Pinto, também de "Sto. Antão", não colabora no ano de 1899.

Dois nomes merecem ser postos em alto relevo. Em primeiro lugar, e como seria previsível para os entendidos, Humilde Camponesa que apresenta 6 Poesias, revelando no entanto a faceta incomum da Narrativa (1 texto). Depois Adelina Cabral Varella, de "Maio", que somente publica em 1899, registando uma das mais profícuas colaborações, sendo uma delas Narrativa. E, de modo geral, não deixa de surpreender a recorrência dos géneros "Cifra", reveladora da apetência manifestada pelas "Senhoras" para composições que, em vez da gravidade da atitude poética, mobilizam o lúdico/jogo e a agudeza dos exercícios de espírito.

O protagonismo de Adelina Cabral Varella, de uma Ilha excluída das Ilhas contabilizadas em "Quadro V", merece ainda uma apreciação que ajuda a esclarecer os lugares ocupados por "Santiago". No seu ano de colaboração (1899), Adelina Varella regista 7 num total dos 8 textos atribuídos a "Maio", a segunda ocorrência de mais alta produtividade[19] entre todas as colaborações nos dois números do *Almanach*.

Em larga medida, reside no factor produtividade dos autores a oscilação de "sobe e desce" que se detecta entre "Santiago" e "Brava". Acresce a circunstância de, contra o que seria previsível à conta da tradição intelectual desta Ilha, se ter traduzido em escassos números a presença de "Brava" em 1895. E assim se justifica também o caso de "Santiago", em 1895, com 3 "Homens" e 8 produções, deles sobressaindo Hipólito Olympio da Costa Andrade (3 textos), e em 1899, com 6 "Homens" e 14 textos, destacando-se por sua vez A. Sarmento com 1 Anedota e 5 Poesias.

5. Objectos Criativos: Literários, Outros

Bem integrado na "escola" romântica ainda vigorosa nestes tempos tardios (como sucede sempre em contextos culturais periféricos), o *corpus* de Poesia disseminada nos *Almanach* de 1895 e 1899 nada tem de monolítico, quer em conteúdo, quer em modelos versificatórios. Dá-se a ver (e a ler) uma vasta gama de temáticas e de assuntos conexos, de motivações criativas, de funções endereçadas a destinatários polarizados ou não, de oficina de escrita, de recursos poético-versificatórios e de virtuosismo na arte da escrita.

---

[19] Em "Cabo Verde", A. da C. T. (António da Costa Teixeita?) regista 5 textos de "História", 9 de "Intelectual" e 1 em cada um dos itens "Ético", "Moral", "Poesia".

Uma literatura em período nascente e em fase de constituição não seria propícia às irrupções da genialidade, de autores cuja "consciência possível" (Goldmann) lhes concedesse o mérito da grande antecipação temporal. Como fazem os conterrâneos de hoje, praticavam a literatura do possível, registando nomes que o público leitor viria a consagrar. Tomado globalmente, esse *corpus* de estética e poética estabilizadas autoriza uma sistematização de temáticas-assuntos que, em recorte de especificação, se pode ordenar em paradigmas de sentido predominante:

1. Semântico:
   i) "reflexão", filosófica ou meditativa, religiosa ou laica, sobre a vida, optimista ou pessimista, esperançosa ou desiludida;
   ii) "hino de louvor" à mãe, ou a figuras de afecto, ou à vida envolvida de bucolismo;
   iii) "fugacidade", vida transitória e sentimento de saudade, em certos casos, lamentoso;
   iv) "devaneio" lírico-bucólico, de alma sensível a pequenos pormenores da natureza;
   v) "comiseração" pelos desvalidos da vida e da sorte, por vezes endereçando à ordem social a responsabilidade-culpa e, no fim, incentivando a caridade divina;
   vi) "fado-autobiografia" do poeta, malfadado, proscrito, amesquinhado, de mal com a vida de desenganos.

2. Funcional:

i) "celebração" fúnebre, oratória de sentidos confessionais, responso a entes queridos;

ii) "panegírico" em homenagem a Mestres e figuras de referência ética e moral, que se distingem por serem merecedoras de gratidão, ou de Mestres a discípulos;

iii) "saudação grata" de adeus à terra em que se esteve, ou em que se viveu;

iv) "canto da terra", em expansão lírica (à terra cabo--verdiana), a mais amada;

v) "meditação" optimista sobre o noivado;

vi) "evocação-relato" de passeio bucólico, de tempo de menino na Escola;

vii) "diálogo" confessional entre o lírico (amador) e o pragmático (amada).

3. Oficinal

i) "glosa" de um "mote";

ii) "balada" de melodia e embalo pela tristeza;

iii) "cantiga" em redondilha maior (setessílabo), de louvor à vida;

iv) "cantiga" em redondilha menor (pentassílabo), de brejeirice e louvor à amada;

v) "Cantar de amigo", endecassílabo e hexassílabo[20], moralista, esperançoso;

---

[20] Notável este procedimento, acessível às análises valorativas, de naturalização das formas poéticas, por redução dos versos alexandrino e redondilha maior a uma medida que satisfaça as exigências da poética cabo-verdiana.

vi) "manilha" em crioulo, em tradução literal e livre para português[21].

Por não se integrarem nos objectivos de uma explanação sociológica, como temos vindo a fazer, prescindimos das abordagens analíticas. Os textos e os autores são apenas tomados como material empírico no travejamento das imagens que descrevam, em traços largos, as dominantes e os pontos de vista das consciências sócio-literárias vivenciadas da/na época representada pelo *Almanach*.

Na ordem económica-civilizacional do Ocidente em que Cabo Verde se integrava[22], mais a Norte a Europa vivenciava um tempo finissecular, de desencantos, enquanto no Arquipélago as motivações românticas em período terminal parecem-nos, ao contrário, exprimir o tempo do amadurecimento necessário à entrada na História própria sua. Sem novidades em relação às ideias hoje melhor informadas sobre o romantismo crioulo, os

---

[21] Num poema que atribuímos a Eugénio Paula Tavares, com versão original em crioulo e duas versões em português, uma literal e outra livre (é esta versão livre que nos levou a anexar ao poeta a autoria de uma composição originariamente popular).

[22] Temos em conta o lado objectivo da realidade cabo-verdiana: o seu papel histórico nas rotas atlânticas, a formação colonial, a orientação dos fluxos migratórios e os retornos com hábitos técnico-civilizacionais e económicos, a arquitectura da sua sociedade, sociedade de valores fundiários e de serviços: consciência da propriedade privada, da compra e venda da força de trabalho, da formação individualista por meio da instrução pública, do aparelho administrativo onde a alfândega faz figura de instância de soberania, etc..

temas rastreados nos "Poemas" do *Almanach*, e acima sumariados em categorias operacionais, satisfazem a um tempo as componentes modais "ética" e "deôntica" da sociedade e dos poetas que nela estruturam a sua identificação.

Dos conteúdos dos poemas deduz-se um estado de espírito já liberto das estruturas tradicionais (morgadios, esclavagismo, latifundismos opressivos) e uma diversidade de sentimentos que, ao descreverem a densidade subjectiva da pessoa enunciadora, da sua humanidade, se dão a entender como vivências em sentido de partilha. Conotam, entre outras substâncias, a relação social activa, ao modo de aplicação cívica[23], necessária ao surgimento da ideia de cidadania (em palavras de uso actual), no interior da nação que consolidava a sua consciência identitária (questão a que nos referiremos em outro lugar).

Mas o mais notório, do nosso ponto de vista, será por certo o paradigma oficial, pelo que esclarece sobre o conceito de escrita e de mestria no trabalho que ela implica. Deste enfoque conceptual sobressai a consciência da linguagem em funcionalidades que transcendem a vulgar comunicação de mensagens ou, dito de outro modo, negligenciam o primado da veiculação de ideias em favor do trabalho de engendramento de sentidos.

Tanto como os conteúdos poéticos, que fornecem a bitola da densidade humana das consciências modernas,

---

[23] Cf. a este respeito, Norbert Elias, *La civilisations des moeurs*, Paris, Calmann-Levy, 1973.

no contexto cabo-verdiano, assim também a ostentação (que nos poemas se faz) da oficina produtora dá a ver outro aspecto dessa consciência moderna. Exibe-se essa mestria como sinalética de amadurecimento, fundamental nas sociedades de escrita, neste caso conotadora do sistema civilizacional-cultural que se consolida ao lado do sistema tradicional de registo da oralidade.

A negação do preconceito do monolitismo poético romântico devido à diversidade das temáticas, o comprometimento cívico decorrente das funções atribuídas aos textos e o estatuto civilizacional "superior" confirmado pela escrita, são qualidades do objecto em apreço, os textos, além de outros aspectos que se podem ainda sumariamente invocar.

No plano oficial não são raros os poemas interessados pelo diálogo com outras culturas e outros tempos, intertextualizando, cabo-verdianizando, formas conhecidas, como a "balada", a "glosa" de um mote, a "cantiga" medieval. No da escrita funcional, são exemplares os textos de aprimorado dizer poético para encenarem (e narrarem) as pequenas coisas do quotidiano, um passeio, um tempo de vida escolar ou um episódio doméstico tocado pelo humor ou comicidade, longe de quaisquer sentimentalismos.

Conforme demonstram os quantitativos rastreados, é proporcionalmente reduzido o *corpus* de textos narrativos e, entre estes, os de intencionalidade literária. Com uma ou outra excepção, os sentidos que neles predominam tendem a submeter-se ao primado do "referente" de "intenção" ligada ao quotidiano. Como postulam as teorias, para se poder atribuir a estes textos um franco estatuto literário deveria haver maneira de sustentar que esses "referentes" e "intenções" valeriam como "referências" e "intencionalidades", em resultado da sua independência em relação aos contextos pragmáticos escolares dos jovens autores, o que não é ainda o caso.

Com a mesma data e local, dois textos servem de ilustração dos caminhos iniciais da escrita narrativa, quanto às questão levantadas de teoria e autonomia de conteúdo:

UM PASSEIO A FANJÃ	A TEMPESTADE
A meu irmão A. D'Almeida	

UM PASSEIO A FANJÃ

A meu irmão A. D'Almeida

Que prazer quando virealizado o projecto do passeio à Fanjã. Havia muito tempo que desejava conhecer aquelle sítio que me tinha gabado tanto.

Logo de madrugada tinha o meu burrinho preparado, tendo escolhido o melhor para poder ir adiante de todos. Eramos vinte.

Puzemo-nos a caminho, e, apenas chegados a Maniche, houve uma engraçada queda que causou gargalhada franca.

Seguindo sempre por hortas de mandioca e de canna, chegámos à Agua das Patas, onde há uma linda propriedade com arvores de fructo e de sombra.

Faltava-nos subir a íngreme ladeira do «Cachaço»; mas ficámos pagos da nossa fadiga com a bella vistague dalli desfructámos.

Olhando para baixo avistámos, ao fundo do valle, a villa de Ribeira Brava com a sua bella Igreja destacando-se no meio das casas.

Chegados finalmente à Fanjã, pude admirar os extensos e ferteis campos cobertos de verdejantes culturas.

Com o ar fresco da manhã e com o passeio tinha-se-nos desperlado o appetite e todos almoçámos á campesina. Depois do almoço cabritamos pelas várzeas com mil cabriolas e jogos, paparicando sempre. Regressámos ao pôr do sol, cheios de viva satisfação.

Alexandre d'Almeida
(Caboverdiano)

S. Nicolau, 1898 (*Almanach*, vol. II, p. 443).

A TEMPESTADE

O céo estava puro e o ar sereno. Eis senão quando apparece uma nuvem annunciadora do furacão. O espaço, então alumiado pelo clarão da lua, tornou-se escuro, ameaçador. Um relâmpago, rasgando a nuvem, fuzilou, medonho. Ouvia-se do quando em quando um forte ribombar de trovões e a chuva augmentava cada vez mais alagando os campos e fazendo das ribeiras caudalosos rios. Parecia que tudo acabava! Era meia noite. O eco alimpava-se pouco a pouco, reflectindo alguma vez a claridade da lua. A força do vento, o fuzilar dos relâmpagos, o ribombar dos trovões e o resoar da chuva, tudo amortecia-se progressivamente, quando despontou alfim no oriente o sol dourado, espargindo luz n'um céu d'anil. Reanimara-se toda a natureza. E nos campos e nos prados ouvem-se gorgeios festivos que as avezinhas trinam ao seu Creador

Pedro Monteiro Cardozo
(caboverdeano)

Seminário, 31/1/1898. (*Id.*, p. 440)

As realidades da experiência, "geografia e passeio" e "metereologia e espectáculo", prestam-se ao "relato" e "descrição" de efeitos evidentes. Embora de "intenção" que se pretende "verídica", conforme aos factos de duas "realidades" crioulas, nos dois textos prevalece, desigualmente, a "intencionalidade" em forma de exibição de exercícios de escrita directamente conectada com a *origo*, um autor. No primeiro, detecta-se ainda a ambivalência entre o comunicar um facto da realidade e o tomar essa realidade como um material necessário à construção (literária) da história. No segundo, a realidade é já plenamente um simples material consumido em acto de escrita criativa, prescindindo da boa ordem linear, causal, manipulando o tempo (clarão da lua/noite => sol dourado) e associando os fenómenos à sensibilidade (romântica) do observador.

Se o primeiro ainda se preleva do que comunica (ao seu "irmão"), o segundo já se basta pelo que é, um e outro mostrando, no entanto, encontrar-se já formada a competência para o conto ficcional, num tempo ainda sem horizonte de espectativa favorável à prática deste género literário. E talvez seja por esse motivo que boa parte das "Narrativas" tenda para a forma "descrição" que, como se sabe, tem por limites estéticos a coerência interna que lhe confere unidade e autonomia.

São textos que, diria Barthes, funcionam como lugares de repouso e de luxo, com o mérito da qualidade para figurarem como catálises de narrativas-história (literárias), em consideração pelo que revelam, mais uma vez, de primores na arte da linguagem.

Insistimos no tópico "arte da linguagem" por crermos ser-lhe devido o essencial das colaborações coligidas em "Miscellanea", nos dois volumes do *Almanach*. Em razão dos critérios que a abordagem sociológica aconselha, impunha-se-nos fazer coincidir a "intenção" e o "fim" (pragmático) ou a "intencionalidade e a "finalidade" (literária) em cada textos considerado. E é assim que (como notámos acima), embora integradas nos itens "Moral", "Cívico", "Social", "Religiosos", colaborações há que também merecem o atributo literário. Pelas matérias e pela competência da autoria são, aliás, exemplos de finura em arte literária narrativa e lógica muitos dos textos do item "Religioso" de tipo "Sermonária", "Alegoria", "Hagiografia".

Assim também em vários casos de "Cifra", onde constam textos que só a titulagem determina esse género de integração, no entanto merecedores da catalogação "Poesia". Citemos como prova, atendendo ao seu simbolismo nas letras cabo-verdianas, o caso de Eugénio Tavares. Em 1895, regista 2 Poesias e, em 1899, apenas 1 Poesia, mas com a particularidade de oferecer 2 Aritmogramas. Escreve-se assim o primeiro, mais breve:

ARITHMOGRAMMA. – N.º 16
(Ao. Sr. António Simplicio de Oliveira)

Quando, ás vezes, medito,
Fronte curvada ao jugo dos pezares,
Vem ella, – a branca fada, – do infinito,
Suave como a briza nos palmares,
Passar– me pela fronte a nivea mão....
Inslillando– me'na alma a inspiração... 1,2, 3, 6.

Envolve-me um sonhar
Como uma grande nuvem transparente...
Vae a lua vogando de vagar...
Passa a cantar a múrmura corrente...
Elevam-se litanias soluçantes
De entro as ramas das arvores gigantes! 6,5, 6, 5, 4, 6, 3.

Parece vir rompendo
A madrugada! Eleva-se um rumor
Que nos vae, pouco a pouco, desprendendo
A phantasia e o juvenil ardor!
E profunda, e vibrante e sonorosa
Enche os ares a deusa harmoniosa...
    Brava.

                  Eugénio P. Tavares

(*Almanach*, vol. II, p. 166)

No tocante à questão central que estas genologias implicam, entre o não-literário do título "Aritmograma" e o literário em que o texto pode ser integrado, Jacinto do Prado Coelho convoca a categoria temporal de "diacrónico" e o ponto de vista do público, para que se possa problematizar como convém a fronteira dos paradigmas em questão. Antes de mais, a dicotomia "literário" VS "não-literário" deve-se matizar por valorização dos géneros ditos "paraliterário", "literário marginal" e "subliterário", em atenção ao cânone da "literatura legítima" para, depois, se reconhecer que as fronteiras daquela dicotomia (x VS y) não se revelam estáveis ao longo dos tempos e dos lugares:

> o romance policial [...] a princípio *marginal*, foi em alguns casos legitimado (Simenon, por ex.) [...] A «história aos quadradinhos» está em curso de legitimação. A marginalização inicial de obras e autores provém, por vezes, duma censura moral: pôs-se num *guetto* o erórico-pornográfico (Sade; Henry Miller; o Bocage dos poemas proibidos), mas a literatura clandestina acaba por ser admitida em sociedades permissivas, logo *legitimada* [...] o estabelecimento das categorias acima referidas não tem necessariamente que ver com juízos de valor estético-literário: há *subliteratura* no sector da *literatura legítima*, e nem sempre a obra de *literatura marginal* está condenada ao labéu de *subliterária*[24].

---

[24] Jacinto do Prado Coelho, "Introdução Á Sociologia da Leitura Literária", in AA.VV., *Problemática da Leitura – aspectos sociológicos e pedagógicos*, Lisboa, inic/Clepul, 1980, p. 14.

Resumindo a lição do Mestre, teremos, i) o operador de "qualidade estética" pode chamar ao literário a obra não-literária, assim como escalonar o paradigma do literário em literatura legítima e subliteratura; ii) o "alargamento" do cânone literário pode legitimar o marginal erótico-pornográfico e, ainda, iii) o "deslocamento" temporal das fronteiras do cânone literário pode chamar ao literário a também marginal "história aos quadradinhos". E porque de "deslocamento" se trata, sucede ainda que um género, em um tempo considerado literário, possa, em outro tempo, vir a ser tomado por marginal ou por subliterário (certo epistolário moralista que deixaria de ser literário *legítimo*).

6. Clausuras

No extremo destes postulados abre-se o caminho para as derradeiras considerações englobantes. Admitamos ter sido o "alargamento" das fronteiras do literário, a partir das décadas de 1940-1950, forçado pelos empenhamentos ideológico-políticos nessa altura vigentes, empenhamento que, em determinadas sociedades promoveu a legitimação literária dos textos poéticos de incitamento à luta, de teor panfletário, de canto de motivação mobilizadora.

Segundo os mesmos princípios teóricos, e na mesma ordem de ideias dominantes de época, nada impede que, no específico sistema literário cabo-verdiano novecentista, se considerassem integrados no campo literário os espécimes reunidos em "Cifra". Se nem todos merecem o estatuto literário aplicável (cremos) ao de Engénio Paula Tavares, uma larga maioria merecerá no mínimo a qualidade (não valorativa) de *subliterário*.

Especulando um pouco, três hipótese podem ser formuladas:

1. Se o autor de poemas também compõe "Aritmo-gramas" e "Enigmas" é porque estas formas são dignas da sua ocupação literária (são para ele "lite-rárias") ou,

2. não sendo dignas da ocupação "literária", confi-guram um lugar ainda próprio da sua competência (lugar *subliterário*), com a particularidade de lhe proporcionar um espaço lúdico maior do que em poesia ou,

3. somando as duas hipóteses, o autor almeja um destinatário que reúna em um só as duas figuras, a do leitor do texto e a do comparsa num jogo de finura de espírito.

As colaborações registadas no Quadro II/"C. Lúdico--Cultural" (e discriminadas no Quadro VI) são ainda esclarecedoras de uma particularidade concreta. Em 1895 e 1899 os conjuntos de objectos literários ditos legíti-mos ("Poético", "Narrativo", Dramático", "Musical") perfazem, respectivamente, 44 e 59 textos, enquanto os nomeados "Cifra", registam 55 e 95. O diferencial [(44+59) 103 => 150 (55+95)] tem de ser interpretado em sentido positivo (conselho da historiografia literária). Ao nível dos dados concretos, a hipótese mais simples consiste em tomá-los por moda propiciadora de diálogos que se podem prolongar no tempo[25], intelectualmente exigentes, quer em raciocínios, quer em trabalho (de investimento literário) das linguagens.

Retomando as propostas de J. do Prado Coelho, podemos fazer intervir o operador de maior força explicativa, a saber, o critério estético-literário "não necessariamente [...] com juízo[s] de valor". Afirmámos ser nítido, em observação empírica, em vários textos dos itens "Narrativa", "Religioso", "Moral", "Cívico", "Social", o investimento com primores de qualidade (estético--literária) afins dos expostos pelos textos de "Cifra". Sucede ainda que, nestes, autores há que se atribuem pseudónimos v.g., "Um Pigmeu", "Lagarto Velho", "D. Fuas Rapé", "D. Fusca Vidal", "Xico Bananeira", "Macaquinho", "Pirilampo", "Cara de Fuinha", todos conotadores de sentidos que duplicam as qualidades de jogo, jogo (lúdico) implicado nos objectos a decifrar, e jogo de humor com grandes efeitos sugeridos pelo que de patusco têm os nomes que os sujeitos se atribuem.

Os jogos[26], ora emparceirados (nobres: xadrez, damas, cartas, ou étnicos: uri, pião, berlinde, macaca), ora solitários como os passatempos, são atributos de todos os povos e lugares, pertencendo às espécies do *Almanach*

---

[25] Testemunhados pelo *Almanac de Lembranças Luso-Brasileiro*.

[26] Sobre o jogo, cf. Huizinga, *Homo Ludens*, São Paulo, Perspectiva, 1971; Roger Caillois, *Les Jeux et les Hommes*, Paris, Gallimard, 1958; Honorat Aguessy, "Visions et Perceptions Traditionnelles", in *Introduction à la culture africaine*, Paris, 10/18-UGE, 1977.

exprimirem as dominantes intelectuais e lúdicas do crioulo centrado na sua época. Graças à seriedade criativa que acompanha o jogo[27], seriedade que, nos *Almanach*, se encontra apensa ao exemplo de Eugénio P. Tavares, dir-se-á da "Cifra" que, muitas vezes, merece a tal qualidade estético-literária sem implicação de valor (literário) de legitimação. E, reciprocamente, por permuta de efeito, uma vez considerados dentro do campo literário, os jogos intensificam o que já se sabe ser próprio da literatura legítima, o teor lúdico (de prazer sofrido) de que se impregna o exercício das linguagens literárias.

O *Almanach Luso-Africano* agrega por isso um valor simbólico de tripla leitura. A nível dos conteúdos diremos, com David Mourão Ferreira, que pela secção utilitária ele é um Documento de finitude decretada pelo desuso da informação instrutiva (*docere*). Pela Miscellanea configura o Monumento que preserva (avisa, *monere*), para além das oscilações do gosto, a memória activa incrustada no presente (literário). A nível da sua materialidade é, como procurámos demonstrar em todas as interpretações parcelares do trabalho, um ícone de maturidade da consciência cabo-verdiana, em forma de livro(s), dando testemunho da enormidade da empresa editorial e da qualidade da colaboração nele inclusa, naquele tempo, lugar, condições objectivas e vicissitudes.

---

[27] Diz-se que Picasso afirmava pintar com a seridade com que as crianças brincam.

EDIÇÃO FAC-SIMILADA

Almanach Luso-Africano

ALMANACH
Luso-Africano
ILLUSTRADO
PARA
1895
CONTENDO VARIAS
TABELLAS E REGULAMENTOS
DE
UTILIDADE PUBLICA E PRATICA
Calendario, — miscellanea litteraria, scientifica, recreativa, historica, musical, etc., etc.

DIRECTOR
Antonio Manuel da Costa Teixeira

1.º anno

LISBOA
LIVRARIA DE ANTONIO MARIA PEREIRA
50, 52—Rua Augusta—52, 54
1894

Typographia da livraria de Antonio Maria PEREIRA
Premiada na Exposição Industrial de Lisboa de 1888
6, 8 — Apostolos — 9, 11
LISBOA
—
1894

Ao Illmo *e Ex.*[mo]

Presidente da Commissão Executiva

DA

Exposição Insular e Colonial

NO

Palacio de Crystal Portuense

(1894)

———

A' ILL.[ma] E EX.[ma]

SOCIEDADE DE GEOGRAPHIA

DE

LISBOA

CARTÃO DE APRESENTAÇÃO

No intuito de, n'esta provincia de Cabo-Verde e por toda a Africa portugueza, diffundir e fazer propagar a instrucção pratica; — crear, fomentar e desenvolver o gosto pela litteratura recreativa, modelada pelos mais puros e seguros principios da vernaculidade e bom gosto, do civismo e da boa educação, deixando tomar rasgado vôo o talentoso espirito do africano, — dar a conhecer lá fóra, com a maxima fidelidade historica e são criterio, o que ha por estas tão vastas como ricas Colonias, em que crêmos ver a prosperidade futura de Portugal, e o que é necessario fazer para que se dê essa prosperidade, que será ao mesmo tempo reciproca, estreitando-se cada vez mais o laço cinco vezes secular que tão gloriosamente nos une á Metrópole, cuja attenção rasgadamente protectora se deve pronunciar sem receio, e exercer de vez; — vae Cabo-Verde, provincia africana que decerto não marcha á rectaguarda do progresso, a que avidamente aspira, encetar n'este anno a publicação de uma *Revis-*

ta annual, sob a fórma attrahente de almanach, que se apresenta humilde, implorando a poderosa protecção de todos os que se interessam devotadamente pelo verdadeiro e omnimodo progresso das Colonias africanas, e sob o titulo de

Almanach Luso-Africano

cujo programma é : — *Instruir, educar e recrear.*

—

Nasceu a ideia d'esta publicação em setembro de 93, e comquanto desejassemos pôl-a desde logo em pratica para que o 1.º volume podesse figurar na «Exposição Insular e Colonial», commemorativa do 5.º centenario de 1). Henrique, na cidade do Porto, não nos foi isso possivel de modo algum pela escassez do tempo e outras difficuldades supervenientes.

Não queremos porém inaugurar a nossa publicação sem a ligarmos á memoria da enthusiastica celebração do 5.º anniversario do Infante D. Henrique, esse primeiro amigo da Africa, esse iniciador «da cruzada das descobertas e commettimentos maritimos, que, marcando uma epocha brilhante na historia nacional, tão profundamente influiu no estado da civilisação do mundo.»

E se á Metrópole, africanos, coube a justa glória de celebrar uma epocha, que só a Ella pertence, por singular e afoita, — singular na historia dos mundos, singular e afoita na irradiação da civilisação por ignotos mares; — a nós cabe-nos tambem commemoral-a, gratos, pelo beneficio que d'essa civilisação para nós resulta.

E com este modesto basalto, que offerecemos para o monumento ao inclito infante, correspondemos — «ao generoso appello que nos endereçaram, e vamos em patriotica peregrinação saudar o berço do gigante historico, collocar uma coroa no seu sepulchro e contemplar o rochedo onde elle meditava e amadurecia os seus planos, em que a um tempo eram factores principaes, os mais poderosos para dominar os corações, — a religião, em que se alicerçam as nossas esperanças, a patria, a que dedicamos todos os nossos affectos.»

* *

Tem duas partes o *Luso-Africano*:

1.ª — Noticias diversas sobre tabellas e regulamentos, uteis na vida pratica, e taboas chronologicas.

2.ª — Miscellanea: — Sciencia popular — Historia — Geographia — Litteratura — Philosophia — Poesia — Artes — Agricultura elementar e pratica — Ethnographia — Moral — Educação — Musicas (indigenas) — Medicina pratica — Instrucção publica — Composições enigmaticas — Religião — Descripções — Lingua portugueza — Legislação — Biographias — Pensamentos — Bibliographia — Industria — Conselhos uteis — Dialectos indigenas — Curiosidades — Annuncios.

A todos, portanto, que estimam a vulgarisação recreativa dos melhores principios litterarios, scientificos, artisticos, industriaes, agricolas, moraes, civis e religiosos, e aos africanos, especialmente, pertence a arriscada por difficil, gratissima por sympathica, dedicada por interessante, e gloriosa tarefa de collaborar no presente annuario, concorrendo com todos os seus dotes intellectuaes e moraes para o seu maximo desenvolvimento e prosperidade.

Para todos estes, portanto, appellamos, como appellamos para essa intelligente galeria dos collaboradores do *Almanach de lembranças Luso-Brazileiro*, para que tenhamos mais um livrinho, que nos recreie e nos aligeire as horas d'enfado, instruindo-nos e educando-nos.

EXPEDIENTE

Correspondentes geraes em Cabo-Verde

Sant'Antão

Joaquim Ignacio Ferreira Nobre.
D. Gertrudes Ferreira Lima.
Manuel Silva Almeida.

S. Vicente

Antonio Duarte Silva.
Manuel Ramos Souza.

S. Nicolau

João Marques Lopes.
Padre Antonio da Luz Nereu.

Sal

Alfredo de Souza Pinto.
Julio Simas Vera-Cruz.

Maio

José Quintino dos Santos.

Sant'Iago

Servulo de P. Medina e Vasconcellos.
José Lopes da Silva.
Antonio Pedro Silves Ferreira.
Pedro Antonio d'Oliveira.

Fogo

Joaquim José d'Abreu.
Joaquim de Macedo.

Brava

Eugenio de Paula Tavares.
Padre André Firmino.

Madeira—S. Thomé—Principe—Angola e Moçambique

Convidam-se os cavalheiros africanos que se quizerem prestar para tal encargo.

Guiné

Padre Henrique Lopes Cardoso.
Julio Pereira (Bolama).
Padre Antonio Duarte da Graça (Cacheu).

—

Pedimos aos ex.mos correspondentes o favor de nos fornecerem algumas photographias e desenhos de logares, edificios, arvores e animaes, bem como, aos que pintam, os costumes dos povos.

E pedimos tambem a todos os ex.mos collaboradores nos queiram enviar o seu retrato, em cartão-visita, ou miniatura, com algumas notas biographicas, sendo possivel.

—

Aos missionarios rogamos nos queiram informar sobre os costumes e tudo mais que interesse ao nosso programma.

São esses soldados da fé quem melhor póde contribuir para a verdadeira historia e ethnographia dos povos.

—

Pedimos informações para a parte burocratica, tabellas locaes e calendarios especiaes.

—

Serão recebidas e publicadas com particular interesse todas as informações que esclareçam outras menos exactas, a respeito de logares, pessoas e costumes.

—

Os artigos devem ser dirigidos á redacção, já em linguados, adaptados á imprensa, e em papel commercial ou paquete. As decifrações devem vir sempre á parte.

—

Não podemos nem devemos deixar de agradecer aqui e publicamente aos cavalheiros que, tão dedicadamente, nos auxiliaram nos trababalhos para a organisação d'este primeiro volume, esperando continuar a merecer-lhes igual favor.

Toda a correspondencia litteraria deve ser dirigida á direcção do *Almanach Luso-Africano* — Ilha da Boa-Vista (Cabo-Verde).

—

A que respeite á administração deve ser dirigida ao editor Antonio Maria Pereira, Rua Augusta, 54 (Livraria) — Lisboa.

BUROCRACIA

(CABO-VERDE)

Circulo de Barlavento
Ilha de Santo Antão

(SÉDE DA COMARCA)

Concelho da Ribeira Grande

Juiz de Direito — Augusto Cesar Raposo.
Delegado — Jayme Pinto.
Conservador — O mesmo.
Ajudante privativo — Leão Nobre.
Escrivães de direito — Antonio José Estrella e Manuel Lopes da Silva.
Advogados — José Luiz de Mello, Aurelio Martins, Antonio S. Lima Ramos, Julio Daniel Firmino, Rodolpho F. Lima, Deocleciano Nobre, Roberto Duarte Silva e Antonio Miz.
Juiz ordinario — Pedro José Moraes.
Sub-delegado — Adolpho P. Ferreira.
Escrivão — Manuel da Costa Oliveira.
Administrador do Concelho — Carlos R. N. Ferrão.
Secretario — João Z. Mello.
Presidente da camara — Joaquim I. Ferreira Nobre.
Secretario da camara — Deocleciano Nobre.
Thesoureiro da camara — João C. dos Santos.
Delegado de saude — Bernardo José Oliveira.
Escrivão de fazenda — Aniceto F. Martins.
Recebedor — Aurelio A. Martins.
Director da alfandega — O mesmo.
1.º escrivão da alfandega — José Luiz de Mello.
Director do correio — Aurelio A. Martins.
Patrão-mór — Verissimo José da Costa.
Vigario foraneo — Padre Julio José Delgado.
Parocho de N. S. do Rosario — O mesmo.
Idem de Santo Antonio (Paul) — O mesmo.
Idem do Santo Crucifixo — Padre Antonio J. Almeida.
Idem de S. Pedro — O mesmo.
Idem de S. João Baptista — Padre Francisco C. Duarte.

São Vicente

Administrador do concelho—Francisco T. Almeida.
Secretario—Luiz C. Monteiro.
Presidente da Camara—Carlos A. S. Xavier.
Secretario—Antonio I. Nobre.
Thesoureiro da camara—Antonio C. Monteiro Junior.
Delegado de saude—Joaquim A. da Costa Miz.
Observatorio meteorologico—Jacintho A. Medina
Escrivão de fazenda—Joseph Brandão.
Recebedor do concelho—Sebastião José Barbosa.
Director da alfandega—Joaquim H. Duarte Ferreira.
1.º escrivão da alfandega—Antonio C. dos Santos.
Capitão dos portos—Carlos A. S. Xavier.
Patrão-mór—Antonio C. Monteiro.
Administrador dos correios—Roberto D. Silva.
Director do correio—O mesmo.
Juiz ordinario—Augusto Pereira Vera Cruz.
Sub-delegado—Manuel S. João Ferreira Vaz.
Escrivão—Antonio P. Eremita Cruz.
Commandante da 2.ª companhia—Antonio F. P. de Sá Nogueira.
Director do hospital—Joaquim A. da Costa Miz.
Vigario foraneo—Padre Pedro F. Rosario.
Parocho de N. S. da Luz—O mesmo.

São Nicolau

Bispo da Diocese—D. Joaquim A. Barros.
Secretario particular—Conego Oliveira Bouças.
CABIDO—*Deão*—Berardo Costa.
Chantre—Dr. Ferreira da Silva.
Thesoureiro-mór—Jòsé Felix Machado.
Mestre escola—Dr. Manuel A. Ramalho.
Conegos—Joaquim da Silva Caetano, Antonio M. Barcellos, Oliveira Bouças e Pinto Cardoso.
Camara ecclesiastica—Conego Silva Caetano.
Thesoureiro da Bulla—O mesmo.
SEMINARIO—*Reitor*—O Prelado.
Vice-reitor—Dr. Ferreira da Silva.
Prefeito—Padre Antonio Loureiro.

PROFESSORES

Instrucção primaria—João Marques Lopes
Portuguez—Conego J. F. Machado.

Franeez—Augusto Ferreira Lima.
Latim—Conego Barcellos.
Inglez—Ed. Ch. St. Aubyn.
Desenho—D. Thomaz d'Almeida.
Gymnastica—Dr. Ferreira da Silva.
Geographia—Conego Silva.
Historia—O mesmo.
Philosophia—Dr. Ferreira da Silva.
Mathematica—Pádre A. Loureiro.
Introducção—O mesmo.
Legislação—Dr. Ferreira da Silva.
Litteratura—Conego Silva.
Theologia—Dr. Ferreira da Silva, Conego Ramalho, Conego Bouças e Conego Cardoso.
Administrador do concelho—Arsenio D. Firmino.
Secretario—Pedro José Firmino.
Presidente da camara—João Marques Lopes.
Secretario—Antonio Lopes da Silva.
Thesoureiro da camara—Pedro Lopes da Silva.
Delegado de saude—José Antonio R. Pinto Rosario.
Escrivão de fazenda—Antonio M. Faria Beirão.
Recebedor do concelho—Pedro José Pinto.
Director da alfandega—José da Costa Lejo.
Escrivão da alfandega—Eduardo M. Lopes.
Director do correio—José da Costa Lejo.
Patrão-mór—O mesmo.
Juiz ordinario—Pedro F. Figueiredo.
Sub-delegado—Raphael M. Oliveira.
Escrivão—Antonio Gomes Duarte.

Ilha do Sal

Administrador do concelho—Alexandre José Vera Cruz.
Secretario—Julio Simas Vera Cruz.
Presidente da camara—Augusto da Silva Tavares.
Secretario—Julio Simas Vera Cruz.
Delegado de saude—Vago.
Escrivão de fazenda—Egydio Lopes.
Recebedor do concelho—Alfredo Sousa Pinto.
Director da alfandega—O mesmo.
Escrivão da alfandega—Egydio Lopes.
Director do correio—Alfredo Sousa Pinto.
Juiz ordinario—Alexandre José Vera Cruz.
Sub-delegado—Julio Simas Vera Cruz.

Escrivão—Luiz Antonio Nunes.
Patrão-mór—Julio Ferreira d'Almeida.
Vigario foraneo—Padre H. Lopes Silva.
Parocho de N. S. das Dôres—O mesmo.

Bôa-Vista

Administrador do concelho—Pedro Rogerio Leite.
Secretario—Severo Antonio Fortes.
Presidente da camara—José Alexandre Pinto.
Secretario—Antonio José Carvalho.
Thesoureiro da camara—José Benholiel.
Delegado de saude—João G. Pinto.
Escrivão de fazenda—Antonio F. Lima.
Recebedor do concelho—José A. Pinto.
Director da alfandega—O mesmo.
Escrivão da alfandega—Antonio F. Lima.
Director do correio—José A. Pinto.
Patrão-mór—Francisco José da Silva Santos.
Juiz ordinario—Pedro Rogerio Leite.
Sub-delegado—Severo Antonio Fortes.
Escrivão—Manuel Candido Almeida.
Vigario foraneo—Padre Antonio Manuel C. Teixeira.
Parocho de Santa Isabel—O mesmo.
Idem de S. João Baptista—O mesmo.

Circulo de Sotavento
Sant'Iago

(CAPITAL DA PROVINCIA — SÉDE DA COMARCA)

Governador geral—Conselheiro Fernando M. Menezes.
Secretario particular—Antonio C. P. dos Santos.
     »   *geral*—José M. da Silva Canedo.
Official maior—Carlos A. Castro.
Chefe da repartição militar—José Francisco da Rosa.
Director da Imprensa Nacional—João José Tavares.
Observatorio meteorologico—Eugenio S. Diogo.
Chefe do serviço de saude—Dr. Costa Loreno.
Pharmaceutico—Eugenio S. Diogo.
Director d'obras publicas—Frederico A. Torres.
Conductores de 1.ª classe—Ernesto S. Andrade e D. Thomaz d'Almeida.
Secretario de fazenda—Eugenio A. Carvalho.

Thesoureiro geral—Leão V. Vasconcellos.
Encarregado de fazenda militar— J. L. da Costa Monteiro.
1.º escripturario sub-chefe—Francisco Paula Brito.
Juiz de Direito—Bernardo N. Garcia.
Delegado—Eduardo S. Magalhães.
Conservador—O mesmo.
Agente privativo—J. J. Roiz Prado.
Escrivães de direito— Gomes Correia, José Baptista Barreiros e José Vaz.
Chefe do commando militar—O governador geral.
Commandante da 1.ª companhia—Marcellino P. da Costa.
Director do hospital—Dr. Costa Lereno.
Tribunal de contas—*membros*—Pedro M. Freitas Abreu, Hypolito O. Costa Andrade e Antonio Pedro Silves Ferreira.

Concelho da Praia

Administrador do concelho—Diogo R. L. C. R. Teixeira.
Secretario—Seraphim S. H. Dupret.
Presidente da camara—Henrique V. Vasconcellos.
Secretario— Jorge A. Brito Bastos.
Escrivão de fazenda— José T. Freitas.
Recebedor do concelho—Leopoldo A. Alfama.
Director da alfandega—Pedro A. M. Azèvedo.
1.º escrivão da alfandega—Joaquim Pedro Frederico.
Director do correio—Arthur P. do Quental.
Patrão-mór—Francisco Antonio Alfama.
Vigario foraneo, 1.ª vara—Padre João Aguiar.
  » » *2.ª* » —Conego Luciano L. Lobo.
Parocho de N. S. da Graça—Padre João Aguiar.
  » *de Jesus*—Padre Nicolau G. Ferreira.
  » *de S. João*—Padre Antonio I. dos Santos.
  » *da Luz*—Padre Sotero G. Ferreira.
  » *de S. Thiago*—Padre Izidoro M. da Veiga.
  » *de S. Nicolau*—Padre Pedro R. Tavares.
  » *de S. Lourenço*—Conego Luciano L. Lobo.
  » *de S. Salvador*—Padre José Antonio dos Santos.

Concelho de Santa Catharina

Administrador do concelho—Elias C. C. Ferreira Pinto.
Secretario—Aureliano de B. Soares.
Presidente da camara—Matheus José G. Fortes.

Secretario—Manuel Pedro Quejas.
Delegado de saude—Domingos J. de Menezes.
Escrivão de fazenda—Paulo Xavier Crato.
Recebedor do concelho—Francisco Paula Medina.
Chefe do posto fiscal—Mendonça.
Director do correio—Francisco P. Medina.
Juiz ordinario—Izidoro L. Fidalgo.
Sub-delegado—Francisco P. Medina.
Escrivão—Pedro Antonio Oliveira.
Vigario foraneo, 3.ª vara—Conego José Pedro Delgado.
Parocho de Santa Catharina—Padre João da Fonseca.
   »   *de S. Miguel*—Conego José Pedro Delgado.
   »   *de Santo Amaro*—Padre João da Cruz e Silva.

Ilha do Maio

Delegado do governo—José Q. dos Santos.
Dito do administrador do concelho—João B. Bento.
Dito do escrivão de fazenda—João Q. dos Santos.
Dito do recebedor do concelho—Luiz A. Frederico.
Director da alfandega—Vago.
Escrivão da alfandega—José Q. dos Santos.
Director do correio—O mesmo.
Patrão-mór—Luiz A. Frederico.
Juiz ordinario—João José Evora.
Vigario foraneo—Padre Manuel Augusto de Jesus.
Parocho de N. S. da Luz—O mesmo.

Ilha do Fogo

Administrador do concelho—João B. Vieira Vasconcellos.
Secretario—Joaquim de Freitas Abreu.
Presidente da camara—João Monteiro de Macedo.
Secretario—João V. Monteiro.
Delegado de saude—Caetano F. Xavier Bussuet.
Escrivão de fazenda—Luiz Augusto Freitas.
Recebedor do concelho—Annibal B. Vicente.
Director da alfandega—O mesmo.
Escrivão da alfandega—Joaquim Macedo.
Director do correio—Annibal B. Vicente.
Juiz ordinario—José S. Monteiro.
Sub-delegado—Antonio de Sousa Macedo.
Escrivão—Antonio da Cunha Ribeiro.

Vigario foraneo—Padre L. Figueira da Silva.
Parocho de N. S. da Conceição—O mesmo.
» *de S. Lourenço*—O mesmo.
» *de Santa Catharina*—O mesmo.
» *d'Ajuda*—Padre João Monteiro.

Ilha Brava

Administrador do concelho—Boaventura Martins.
Secretario—Henrique José d'Oliveira.
Presidente da camara—Julio José Maria Feijó.
Delegado de saude—José Miz Vera Cruz.
Escrivão de fazenda—José Antonio Martins.
Recebedor do concelho—João B. A. R. Fernandes.
Director da alfandega—O mesmo.
Escrivão da alfandega—José Antonio Martins.
Director do correio—João B. A. R. Fernandes.
Patrão-mór—João das Neves Leitão.
Juiz ordinario—José Faria d'Andrade.
Escrivão—Henrique José Oliveira.
Vigario foraneo—Padre André Firmino.
Parocho de S. João Baptista—O mesmo.
» *do Monte*—O mesmo.

—*—

IMPOSTO DO SELLO

Algumas disposições de uso mais commum

(Decreto de 26 de novembro de 1885)

PAPEIS SUJEITOS A SELLO, A TINTA DE OLEO, ANTES
DE ESCRIPTOS OU AO DE ESTAMPILHA

Passaporte a nacional para fóra do Reino e possessões Ultramarinas.................	1$000
Passaporte a estrangeiros, para fóra do Reino e possessões Ultramarinas...............	1$000
Bilhete de residencia ou referenda, permittindo a residencia a estrangeiros :	
Por tres mezes...........................	50
Por seis mezes..........................	100
Por nove mezes..........................	150
Por um anno	200

Licença para conservar aberta a porta da casa de jogo licito, depois da hora de recolher, cada anno................................... 10$000

Licença para ter aberta a loja ou armazem de venda de generos, até 11 horas, de inverno, e meia noite de verão.... .... 5$000

Licença para leilão de mobilia em casa particular, em Lisboa e Porto, valiosa por cinco dias........................:............ .. .. 3$000

Licença para leilão em qualquer casa, loja, armazem de venda, ou em qualquer local publico em Lisboa e Porto, pelo mesmo tempo...................................... 1$000

Licença para cada leilão, nas praças do commercio, de lettras a risco maritimo........ 1$000

Licença para uso de armas defezas, em Lisboa e Porto, por cada anno.............. 2$400

Licenças que ficam mencionadas, relativas a anno, poder-se-hão conceder por tres, seis, nove e doze mezes e as taxas dos sellos serão proporcionaes ao tempo por que as mesmas licenças se passaram.

Licenças para venda de bilhetes e cautellas de loterias estrangeiras, cada anno........ 50$000

Esta licença só vigorará por um anno, mas poderá ser successivamente prorogada, pagando-se novo imposto.

PAPEIS SUJEITOS AO SELLO DE ESTAMPILHA

Termos e autos judiciaes, além do sello especial que fôr devido conforme as tabellas n.os 1 e 2, se o tiver, por cada termo ou auto.. 500

Testamentos publicos e autos d'approvação de testamentos cerrados, por cada um.... 500

Em cada nota de registrado, de averbamento ou cancellamento, que nas conservatorias se puzer nos documentos entregues ás partes, além do sello do papel.............. 80

Assento de casamento, ou nascimento ou baptisado, nos livros de registo civil ou parochial, cada um................. 80

Este sello será collocado só no livro do registo parochial, que fôr remettido á Camara Ecclesiastica.

PAPEIS SUJEITOS A SELLO A TINTA DE OLEO, ANTES
DE ESCRIPTOS, OU AO DE ESTAMPILHA

Recibos entre particulares, ou entre particulares e
o Estado, a camaras municipaes, estabelecimentos de
piedade ou beneficencia, sendo passados por escripto
particular :

De 2$000 a 100$000....................	20
De mais de 100$000 até 1:000$000........	50
De mais de 1:000$000....................	200
Quando o valor não fôr conhecido.........	200

Vale ou ordem do correio, titulo de mutuo,
confissão de divida, etc.:

De 5$000 réis até 20$000	20
De mais de 20$000 réis até 50$000.......	40
De mais de 50$000 réis até 100$000.......	60
De mais de 100$000 réis até 500$, inclusivè.	100

Augmentando 100 réis por cada 500$000 réis ou fra-
cção de 500$000 réis.

PAPEIS QUE DEVEM SER ESCRIPTOS EM PAPEL SELLADO

Letras da terra, livranças, notas promissorias, ordens e letras saccadas entre praças do Reino e ilhas
adjacentes, escriptos de qualquer natureza, tudo isto,
sendo á vista e até oito dias de prazo :

De 5$000 até 20$000....................	20
De mais de 20$000 réis até 50$000........	50
De mais de 50$000 réis até 300$000........	100
De mais de 300$000 réis até 500$000, inclusivè	200
Por cada 500$000 ou fracção de 500$000 réis	
a mais............................	100

Isenções do imposto do sello

(As de uso mais commum)

TABELLA N.º 3

As dispensas de pregões nos casamentos de consciencia.

As dispensas matrimoniaes concedidas a contrahentes pobres.

Os breves de dispensa de edade e legitimidade á ordem, para os alumnos pobres, que tiverem frequentado gratuitamente os seminarios, ou tenham sido subsidiados pelo cofre da bulla da cruzada.

Os assentos de registo civil ou parochial de pessoas pobres, devendo quem os lavrar, declarar á margem, que foram gratuitos os actos a que se referem, por falta de meios d'essas pessoas.

As notas dos bancos.

Os diplomas d'approvação, ou confirmação de estatutos das sociedades ou estabelecimentos de piedade, instrucção ou beneficencia.

Os recibos das quotisações periodicas e das joias dos socios dos mesmos estabelecimentos.

Os das transacções das suas caixas economicas.

Os das suas transacções por emprestimos sobre penhores.

Os bilhetes de residencia passados a pobres.

Cheques ao portador por depositos nas caixas economicas, nos monte pios ou quaesquer estabelecimentos de beneficencia, passados até á quantia de 10$000 réis, inclusivè.

Os recibos passados nas letras, nos escriptos commerciaes e nos vales do correio, já sellados.

As contas dos estabelecimentos de beneficencia e piedade, e os recibos passados por estes estabelecimentos.

As correspondencias e os annuncios de qualquer publicação scientifica ou litteraria.

Os recibos passados aos assignantes dos jornaes litterarios ou politicos, ou por annuncios e communicados.

Attestados de pobreza, petições e memoriaes para esmolas.

Os processos de inventario orphanologico, cujo valor não exceda a 60$000 réis.

As operações realisadas entre caixas economicas e os respectivos depositantes quando o maximo deposito individual fructifero não possa ser superior a 500$000.

Os diplomas de nomeação de professores d'instrucção primaria.

As cartas de jogar nacionaes, que se exportarem para paizes estrangeiros.

As listas de leilões.

As cartas d'approvação das parteiras.

As cartas geraes dos alumnos do collegio militar.

As cartas passadas pelas camaras ecclesiasticas aos encommendados e coadjutores parochiaes.

Os processos eleitoraes.

Os recibos ou folhas de pagamento de vencimentos que tenham a natureza de prets, ferias ou soldadas.

Livros da receita e despeza das juntas da parochia.

Os vales do correio nominaes.

As letras de cambio sacadas em praças estrangeiras, acceitas no Reino e ilhas, pagaveis em praças estrangeiras, não negociadas em parte alguma da monarchia.

Bilhetes de espectaculos publicos em beneficios de estabelecimentos ou associações de beneficencia, legalmente constituidos, ou de victimas de calamidades publicas.

Cartazes, annuncios e quaesquer outros escriptos, impressos, estampados ou lithographados, que se affixarem nas entradas dos hoteis, hospedarias, kiosques e outros logares que possam ser vedados ao publico.

(Esta isenção é exclusivamente applicavel aos que forem postos na parte interior.)

Annuncios affixados nos bufetes, restaurantes, botequins, ou em quaesquer outros estabelecimentos, dentro ou fóra do recinto das estações de caminho de ferro, quando unicamente disserem respeito aos objectos expostos á venda ou consumo pelos proprios donos ou possuidores d'esses estabelecimentos.

Quaesquer diplomas ou papeis que não estejam comprehendidos nas tabellas n.ᵒˢ 1 e 2 ou que forem declarados isentos por leis especiaes.

—*—

SERVIÇO POSTAL

(ULTRAMARINO)

Vales do correio

E' auctorisada a remessa de fundos por meio de vales do correio do continente do reino e das ilhas adjacentes para as provincias de Angola, Cabo-Verde,

Guiné, S. Thomé e Principe e Moçambique e vice-versa, devendo, para mais regular e conveniente execução d'este serviço, fixar-se successiva e opportunamente a data em que elle deverá principiar em cada uma das ditas provincias, e podendo, outrosim, em casos extraordinarios, ser suspenso total ou parcialmente em qualquer d'elles.

São auctorisados a emittir vales pagaveis no continente do reino ou nas ilhas adjacentes :

1.º Na provincia de Angola os correios de Loanda, Benguella e Mossamedes ;

2.º Na provincia de Cabo-Verde os correios da Praia e de S. Vicente ;

3.º Na provincia da Guiné o correio de Bolama ;

4.º Na provincia de S. Thomé e Principe o correio de S. Thomé;

5.º Na provincia de Moçambique os correios de Moçambique, Quelimane e Lourenço Marques.

As repartições postaes de cada provincia podem, quando as necessidades publicas o aconselharem, ser auctorisadas a receber de particulares dinheiro para ser convertido, na estação postal respectivamente auctorisada a emittir vales na conformidade d'este artigo, em vales pagaveis no continente do reino ou nas ilhas adjacentes.

São auctorisadas a receber fundos para o effeito da conversão de que trata este paragrapho todas as direcções do correio provinciaes e as delegações respectivas, nas localidades onde existem delegações da thesouraria geral.

Os vales não podem representar fracções inferiores a 5 réis.

Os vales do correio emittidos quer no continente do reino e ilhas adjacentes, quer nas provincias ultramarinas serão passados em réis fortes.

Os vales emittidos em Lisboa para serem pagos em qualquer provincia ultramarina ou emittidos no ultramar para serem pagos no continente do reino ou nas ilhas adjacentes são validos por um anno contado da

23

data da emissão, prescrevendo, no fim d'este praso, a sua importancia a favor da fazenda nacional.

Exceptuam-se para a contagem do praso de que trata este artigo, os vales sobre os quaes tenha havido algum processo, reclamação ou despacho, contando-se para estes o praso de cinco annos, dá data d'este processo, reclamação ou despacho.

A importancia dos vales prescriptos pertencerá á metropole ou á provincia ultramarina respectiva, conforme houverem sido emittidos em uma ou outra.

Os vales emittidos nas provincias ultramarinas para serem pagos no continente do reino ou nas ilhas adjacentes não são entregues aos tomadores, são enviados *em subscripto fechado e registado* á quinta repartição da direcção geral dos correios, telegraphos e pharoes juntamente com os respectivos avisos, dos quaes não serão separados, para ahi serem conferidos e visados. Feita esta operação pela fórma indicada no artigo 8.º serão separados os vales dos avisos, enviando-se aquelles aos destinatarios e estes aos encarregados do pagamento.

Os vales passados em Lisboa para serem pagos em qualquer provincia ultramarina serão enviados a descoberto e com as formalidades do registo pela primeira mala directamente aos destinatarios, os avisos de emissão, cortados dos mesmos vales, serão enviados em sobrescripto fechado ao encarregado do pagamento.

O pagamento dos vales fazer-se-ha no continente do reino e nas ilhas adjacentes em harmonia com os preceitos estabelecidos para o pagamento dos vales de correio nacionaes.

O pagamento dos vales nas provincias ultramarinas será feito mediante recibo assignado pelo destinatario.

Os vales emittidos em Lisboa para serem pagos no ultramar ou emittidos nas provincias ultramarinas para serem pagos no continente do reino ou nas ilhas adjacentes, podem ser endossados, preenchendo-se os dizeres do verso dos mesmos vales.

Os tomadores de vales podem ser reembolsados nas localidades em que se tiver effectuado a emissão, das quantias representadas pelos mesmos vales, fazendo pará isso, dentro do praso de um anno, contado da data da emissão, o competente requerimento documentado com o recibo do vale dirigido:

a) A' direcção geral dos correios para os vales emittidos em Lisboa;

b) A' administração dos correios da capital da pro vincia, para os vales emittidos na mesma provin cia.

Em caso de perda ou inutilisação, o tomador ou o destinatario requererá a substituição do vale, e juntará ao requerimento o recibo do mesmo vale.

Instrucções

I — Podem ser recebidos fundos, com destino aos correios da Praia e de S. Vicente de Cabo Verde, em todas as estações do continente e das ilhas adjacentes auctorisadas a emittir *vales do serviço interno.*

II — As quantidades recebidas fóra de Lisboa serão para ali enviadas, bem como as importancias dos respectivos premios e sellos, em *vales de serviço*, emittidos a favor do fiel chefe da primeira secção da repartição postal da administração dos correios e telegraphos de Lisboa.

III — Os premios e sellos que os tomadores teem de pagar são :

Até 4$995 réis, premio 100 réis; de 5$000 premio 100 réis, sello 20 réis; de mais de 5$000 réis até 10$000 réis premio 200 réis, sello 20; de mais de 10$000 a 15$000 réis, premio 300 réis, sello 20 réis; de mais de 15$000 réis a 20$000 réis, premio 400 réis, sello 20 réis; de 20$000 a 25$000 réis, premio 500 réis, sello 40 réis; de 25$000 réis a 30$000 réis, premio 600 réis, sello 40 réis ; de mais de 30$000 a 35$000 réis, premio 700 réis, sello 40 réis; de mais de 35$000 réis a 40$000 réis. premio 800 réis, sello 40 réis; de 40$000 réis a 45$000 réis, premio 900 réis, sello 40 réis; de mais de 45$000 réis a 50$000 réis premio 1$000 réis, sello 40 réis.

Nas estações postaes de Cabo Verde, pagam-se mais 50 réis, por cada 5$000 réis ou fracção.

Vales do correio interinsulares

CABO VERDE

(Port. prov. 6.ª, 22-1-92)

São auctorisados a emittir vales do correio pagaveis dentro da provincia:

Todas as direcções do correio e as delegações respectivas da Ribeira Brava (S. Nicolau) e da povoação de S. João Baptista (Brava).

E são auctorisados a pagal-os:

A thesouraria geral, a sua delegação na cidade do Mindello (S. Vicente), a dos concelhos da Ribeira Grande (Santo Antão), do Fogo e da Brava.

Os vales de quantia não excedente a 5$000 réis são pagos a tres dias de vista, e a oito os de quantia superior.

O valor maximo de cada vale, pagavel na thesouraria geral e na sua delegação do Mindello, é fixado em 50$000 réis, e em 20$000 réis nas outras estações.

O premio da emissão é de 50 réis por 5$000 réis ou fracção.

Estações postaes (Portugal)
onde podem ser pagos os vales ultramarinos

Abrantes	Aljustrel	Armamar
Agueda	Almada	Arouca
Aguiar da Beira	Almeida	Arraiolos
Alandroal	Almeirim	Arronches
Albergaria a Velha	Almodovar	Arruda
Albufeira	Alter do Chão	Aveiro
Alcacer do Sal	Alvaiasere	Aviz
Alcobaça	Alvito	Azambuja
Alcochete	Amarante	Baião
Alcoutim	Amares	Barcellos
Aldeia Gallega do Ribatejo	Anadia	Barquinha
Alemquer	Ancião	Barrancos
Alfandega da Fé	Angra do Heroismo	Barreiro
Alijó	Arcos de Val de Vez	Batalha
Aljezur	Arganil	Beja
		Belmonte
		Benavente

Boticas	Espozende	Louzada
Borba	Estarreja	Mação
Bouças (Matosinhos)	Estremoz	Macedo de Cavalleiros
Braga	Evora	Machico (Mad.ª)
Bragança	Fafe	Macieira de Cambra
Cabeceir. de Basto	Faro	
Cadaval	Feira	Mafra
Caldas da Rainha	Felgueiras	Magdalena (Açores)
Calheta (Madeira)	Ferreira	
Calheta (Açores)	Ferreira do Zezere	Maia
Camara de Lobos	Figueira de Castello Rodrigo	Mangualde
Caminha	Figueira da Foz	Manteigas
Campo Maior	Figueiró dos Vinhos	Marco de Canavezes
Cantanhede		
Carrazeda de Anciães	Fornos d'Algodres	Marvão
Carregal do Sal	Freixo de Espada á Cinta.	Mealhada
Cartaxo	Fronteira	Meda
Cascaes	Funchal	Melgaço
Castello Branco	Fundão	Mertola
Castello de Paiva	Gavião	Mesão Frio
Castello de Víde	Goes	Mira
Castro Daire	Gollegã	Miranda do Corvo
Castro Marim	Gondomar	Miranda do Douro
Castro Verde	Gouveia	Mirandella
Ceia	Grandola	Mogadouro
Celorico de Basto	Guarda	Moimenta da Beira
Celorico da Beira	Guimarães	Moita
Certã	Horta (Açores)	Monsão
Cezimbra	Idanha a Nova	Monchique
Chamusca	Ilhavo	Moncorvo
Chaves	Lagens (Açores)	Mondim de Basto
Cintra	Lagoa	Mondim da Beira
Coimbra	Lagoa de S. Miguel (Açores)	Monforte
Condeixa		Montalegre
Constancia	Lagos	Montemór o Novo
Coruche	Lamego	Montemór o Velho
Corvo (Açores)	Leiria	Móra
Covilhã	Lisboa	Mortagua
Crato	Loulé	Moura
Cuba	Lourinhã	Mourão
Elvas	Louzã	Murça

Nellas
Nordeste (Açores)
Niza
Obidos
Odemira
Oeiras
Oleiros
Olhão
Oliveira de Azemeis
Oliveira do Bairro
Oliveira de Frades
Oliveira do Hospital
Ourique
Ovar
Paços de Ferreira
Pampilhosa
Paredes
Paredes de Coura
Pedrogão Grande
Penacova
Penafiel
Penalva do Castello
Penamacor
Penedono
Penella
Peniche
Peso da Regua
Pinhel
Pombal
Ponta Delgada
Ponta do Sol (M.)
Ponte da Barca
Ponte de Lima
Ponte de Sor
Portalegre
Portel
Porto
Porto Moniz (Madeira)

Porto de Moz
Porto Santo (Açores)
Povoa de Lanhoso
Povoa de Varzim
Povoação (Açores)
Praia da Victoria
Proença a Nova
Redondo
Regueṅgos de Monsarás
Rezende
Ribeira Grande (Açores)
Ribeira de Pena
Rio Maior
Sabrosa
Sabugal
Salvaterra de Magos
Sant'Anna (Madeira)
Santa Comba Dão
Santa Cruz (Açores)
Santa Cruz (Madeira)
Santa Martha de Penaguião
Santarem
Santo André de Poiares
Santo Thyrso
S. João de Areias
S. João da Pesqueira
S. Pedro do Sul
S. Roque (Açores)
S. Thiago de Cacem
S. Vicente (Madeira)
S. Vicente da Beira

Sardoal
Satam
Seixal
Sernancelhe
Serpa
Setubal
Sever do Vouga
Silves
Sinfães
Soure
Souzel
Tábua
Tabuaço
Tarouca
Tavira
Terras do Bouro
Thomar
Tondella
Torres Novas
Torres Vedras
Trancoso
Vagos
Valença
Valle Passos
Vallongo
Vélas (Açores)
Vianna do Alemtejo
Vianna do Castello
Vidigueira
Vieira
Villa do Bispo
Villa do Conde
Villa Flor
Villa Franca (Açores)
Villa Franca de Xira
Villa Nova de Cerveira
Villa Nova de Famalicão

Villa Nova de Foscôa	Villa N. de Portimão	Villa de Rei
Villa Nova de Gaia	Villa do Porto (Açores)	Villa V. de Rodão
Villa Nova de Ourem	Villa P. d'Aguiar	Villa Verde
Villa Nova de Paiva	Villa Real	Villa Viçosa
	Villla R. de Santo Antonio	Vimioso
		Vinhaes
		Vizeu
		Vouzella

—*—

Malas

Tabella de signaes de procedencia, chegada e sahida de malas

CABO-VERDE

Signaes	Côres	Procedencia, chegada e partida
	Centro branco e rebordos encarnados.................	Europa
	Bandeira branca, circulo encarnado.................	Sotavento
	Bandeira branca, circulo azul.	Barlavento
	Triangulo superior encarnado, inferior amarello..........	Interior
	Bandeira amarella...........	Portos do Sul
	Galhardete azul.............	Chegada
	Galhardete encarnado........	Partida

Instrucções

O signal da chegada demora collocado por uma hora.
O da sahida colloca-se 5 horas antes do encerramento.
Havendo mais de uma mala a sahir, colloca-se o signal da partida por baixo dos do destino.
O mesmo processo para as malas chegadas.

—*—

Portes

Correspondencias entre as ilhas de Cabo-Verde

Cartas cada 10 gr.	Jornaes, periodicos cintados	Impressos, lithographias ou gravuras, cintados	(Registo) — Aviso de recepção	Premio do registo	Manuscriptos e amostras cintadas
Cada 10 gr. ou fracção	Cada 40 gram.	Cada 30 gram.	Cada volume além do porte	Cada volume	Cada 30 gram.
25	5	20	40	100	20

A correspondencia não franqueada, ou com franquia insufficiente, paga o dobro do porte respectivo.

Correspondencias permutadas

entre Portugal, Açores e Madeira
e Cabo-Verde, Guiné, S. Thomé, Principe, Angola, Moçambique, India, Macau, Timor e vice-versa

1.º--Por navios nac. ou estrang. que transportam malas gratuitamente

Cartas	Bilhetes postaes	Bilhetes postaes resposta paga	Jornaes, impressos e amostras	Manuscriptos		Premio de registo	Cartas de valor declarado	Aviso de recepção
Cada 15 gram.	Cada	Cada	Cada 50 gr.	Até 500 grammas	Cada 50 a mais	Cada volume além do porte	Cada 100$000 além do porte e registo	Cada
50	10	20	5	50	5	50	250	25

Cartas não franqueadas — cada 15 grammas 100 réis.
Franquia insufficiente o dobro do valor do que falta.

---

2 º—Por navios estrang. que não transportam malas gratuitamente

Cartas	Bilhetes postaes	Bilhetes postaes resposta paga	Jornaes e impressos	Amostras		Manuscriptos		Premio de registo	Aviso de recepção
Cada 15 gram.	Cada	Cada	Cada 50 grammas	Até 100 grammas	Cada 50 a mais	Até 250 grammas	Cada 50 a mais	Cada volume além do porte	Cada
100	30	60	20	40	20	100	20	50	50

Cartas não franqueadas — cada 15 grammas 200 réis.
Franquia insufficiente o dobro do valor do que falta.

Observações.—Os portes d'uma provincia ou possessão para outra são os mesmos da tabella supra.

TABELLA DAS PASSAGENS

NOS VAPORES DA «EMPREZA NACIONAL» (AFRICA)

De Lisboa para

Milhas	Portos	Classes		
		1.ª	2.ª	3.ª
524	Madeira	22$500	17$000	5$000
1044	S. Vicente	45$000	30$000	22$500
148	Sant'Iago	45$000	30$000	22$500
552	Guiné	68$000	53$000	27$000
1600	Principe	91$000	68$000	30$000
77	S. Thomé	91$000	68$000	30$000
	Zaire	114$000	83$000	34$000
612	Ambriz.........	114$000	83$000	34$000
56	Loanda	114$000	83$000	34$000
156	N. Redondo.....	121$000	91$000	38$000
80	Benguella......	121$000	91$000	38$000
180	Mossamedes	129$000	99$000	42$000

Da Madeira para

1044	S. Vicente	45$000	30$000	22$500
148	Sant'Iago	45$000	30$000	22$500
552	Guiné	51$000	42$000	20$000
1600	Principe	68$000	60$000	27$000
77	S. Thomé	68$000	60$000	27$000
	Zaire	99$000	68$000	34$000
612	Ambriz	99$000	68$000	30$000
56	Loanda	99$000	68$000	30$000
156	N. Redondo	106$000	76$000	34$000
80	Benguella......	106$000	76$000	34$000
180	Mossamedes	114$000	84$000	38$000

De S. Vicente para

Milhas	Portos	Classes		
		1.ª	2.ª	3.ª
148	Sant'Iago	8$000	6$000	2$500
552	Guiné	20$000	12$000	6$000
1600	Principe........	54$000	45$000	24$000
77	S. Thomé	54$000	45$000	24$000
	Zaire	76$000	53$000	27$000
612	Ambriz	76$000	53$000	27$000
56	Loanda	76$000	53$000	27$000
156	N. Redondo.....	83$000	57$000	30$000
80	Benguella	83$000	57$000	30$000
180	Mossamedes ...	91$000	62$000	34$000

De Sant'Iago para

552	Guiné	51$000	9$000	5$000
1600	Principe	54$000	45$000	24$000
77	S. Thomé	54$000	45$000	24$000.
	Zaire	76$000	53$000	27$000
612	Ambriz	76$000	53$000	27$000
56	Loanda	76$000	53$000	27$000
156	N. Redondo	83$000	57$000	30$000
80	Benguella	83$000	57$000	30$000
180	Mossamedes	91$000	62$000	54$000

Da Guiné para

1600	Principe	54$000	45$000	24$000
77	S. Thomé	54$000	45$000	24$000
	Zaire	76$000	53$000	27$000
612	Ambriz	76$000	53$000	27$000
56	Loauda	76$000	53$000	27$000
156	N. Redondo.....	83$000	57$000	30$000
80	Benguella	83$000	57$000	30$000
180	Mossamedes	91$000	62$000	34$000

(AFR.) 2

Do Principe para

Milhas	Portos	Classes		
		1.ª	2.ª	3.ª
77	S. Thomé	6$800	4$500	2$000
	Zaire	30$000	19$000	9$000
612	Ambriz	30$000	19$000	9$000
56	Loanda	30$000	19$000	9$000
156	N. Redondo	41$000	25$000	12$000
80	Benguella.	41$000	25$000	12$000
180	Mossamedes	51$000	32$000	15$000

De S. Thomé para

	Zaire	30$000	19$000	9$000
612	Ambriz	30$000	19$000	9$000
56	Loanda	30$000	19$000	9$000
156	N. Redondo	41$000	25$000	12$000
80	Benguella.	41$000	25$000	12$000
180	Mossamedes	51$000	32$000	15$000

Do Zaire para

612	Ambriz	6$000	4$500	2$500
56	Loanda	6$000	4$500	2$500
156	N. Redondo	17$000	12$000	5$000
80	Benguella.	17$000	12$000	5$000
180	Mossamedes	27$000	20$000	9$000

Do Ambriz para

56	Loanda	6$000	4$500	2$500
156	N. Redondo	17$000	12$000	5$000
80	Benguella.	17$000	12$000	5$000
180	Mossamedes	27$000	20$000	9$000

De Loanda para

Milhas	Portos	Classes		
		1.ª	2.ª	3.ª
156	N. Redondo....	12$000	7$000	4$000
80	Benguella.....	12$000	7$000	4$000
180	Mossamedes ..	23$000	15$000	7$500
De N. Redondo para				
80	Benguella.. ..	6$000	4$500	2$500
180	Mossamedes ...	12$000	7$000	4$000
De Benguella para				
180	Mossamedes ...	12$000	7$000	4$000

Menores até 3 annos, livres; de 2 a 5, 1/4 de passagem; de 5 a 12, 1/2 passagem.

———

O passageiro que quizer ir só n'um camarote, pagará os outros beliches, com desconto de 20 p. c.

———

Bagagem livre de cada passageiro:
1.ª ou 2.ª classe .... 1/2 metro cubico
3.ª classe .... 1/4   »   »

———

As mercadorias e bagagens em excesso do marcado, pagarão por metro cubico: 1:000 kilos, ou 1:000 litros, uma passagem de 2.ª classe.

—*—

TABELLA DAS PASSAGENS

NOS VAPORES DA «EMPREZA NACIONAL» (CABO VERDE)

De S. Vicente para

Milhas	Portos	Classes		
		1.ª	2.ª	3.ª
23,0	Santo Antão...	2$400	1$800	$800
72,0	S. Nicolau . . .	4$500	3$000	1$800
77,0	Sal...	6$500	4$500	2$000
28,0	Boa-Vista.....	7$500	5$500	2$400
52,0	Maio	8$000	6$000	2$400
22,0	S. Thiago.....	9$000	7$000	2$400
62,0	Fogo	10$000	7$500	3$000
9,0	Brava	10$000	7$500	3$000
	Bissau........	28$000	17$000	8$400
	Bolama	29$000	18$000	9$400

De Sant'Antão para

Milhas	Portos	Classes		
72,0	S. Nicolau.....	3$000	2$000	1$000
77,0	Sal..........	6$500	4$500	2$000
28,0	Boa-Vista.....	6$500	4$500	2$000
52,0	Maio	8$000	6$000	2$400
22,0	S. Thiago	9$000	7$000	2$400
62,0	Fogo	10$000	7$500	3$000
9,0	Brava	10$000	7$500	3$000
	Bissau.	28$000	17$000	8$400
	Bolama	29$000	18$000	9$400

De S. Nicolau para

Milhas	Portos	Classes		
		1.ª	2.ª	3.ª
77,0	Sal..........	4$000	3$000	1$000
28,0	Boa-Vista	4$500	3$000	1$000
52,0	Maio........	7$000	5$000	1$800
22,0	S. Thiago....	8$000	6$000	1$800
62,0	Fogo	8$500	6$000	2$500
9,0	Brava	9$000	7$000	2$800
	Bissau	28$000	17$000	8$400
	Bolama	29$000	18$000	9$400

Da Brava para

Milhas	Portos	Classes		
	Bissau	18$000	10$000	5$000
	Bolama	19$000	11$000	6$000

De Sal para

Milhas	Portos	Classes		
28,0	Boa-Vista	2$000	1$500	$800
52,0	Maio	6$500	4$500	2$300
22,0	S. Thiago.....	7$500	5$500	1$500
62,0	Fogo	8$000	5$500	2$000
9,0	Brava	8$500	6$000	2$400
	Bissau	28$000	17$000	8$400
	Bolama	29$000	18$000	9$400

De Boa Vista para

Milhas	Portos	Classes		
52,0	Maio	4$000	3$000	1$500
22,0	S. Thiago.....	6$500	4$500	1$500
62,0	Fogo	7$500	5$000	1$800
9,0	Brava	8$000	5$500	2$000
	Bissau........	25$000	15$000	8$000
	Bolama	27$000	16$000	9$000

De Maio para

Milhares	Portos	Classes		
		1.ª	2.ª	3.ª
22,0	S. Thiago.....	2$000	1$500	$800
62,0	Fogo	6$000	4$000	1$500
9,0	Brava	7$000	5$000	2$000
	Bissau	21$000	12$500	6$800
	Bolama	22$000	13$500	7$800

De Sant'Iago para

Milhares	Portos	1.ª	2.ª	3.ª
62,0	Fogo	4$000	2$500	1$200
9,0	Brava	4$500	3$000	1$600
	Bissau........	19$000	11$000	6$000
	Bolama	20$000	12$000	7$000

De Fogo para

Milhares	Portos	1.ª	2.ª	3.ª
9,0	Brava	1$000	$700	$400
	Bissau	19$000	11$000	6$000
	Bolama	20$000	12$000	7$000

De Bissau para

Portos	1.ª	2.ª	3.ª
Bolama	4$500	3$000	1$500

—*—

Itinerario das carreiras dos vapores da Empreza Nacional

ENTRE LISBOA E AFRICA OCCIDENTAL

Portos — Decreto de 21 de Julho de 1893)	Carreira do dia 6		Carreira do dia 23	
	Sahida do Norte	Chegada do Sul	Sahida do Norte	Chegada do Sul
Lisboa	6 de cada	4 do 3.º mez	23 de cada	20 do 3.º mez
Madeira	8 »	—	—	18 »
S. Vicente	12 »	—	—	13 »
S. Thiago	13 »	27 2.º »	30 —	12 »
Principe	22 »	—	—	4 »
S. Thomé	23 a 25 »	17 a 19 »	8 a 10 »	31 a 3 »
Cabinda	27 »	15 »	12 »	29 2.º »
Ambrizete	28 »	—	—	28 »
Ambriz	29 »	—	—	27 »
Loanda	30 a 2 »	12 a 14 »	14 a 16 »	24 a 26 »
Novo Redondo		11 »	17 »	—
Benguella	4 a 5 »	9 a 10 »	18 a 19 »	23 »
Mossamedes	6 a 8 »	Ultimo ponto	20 a 22 »	Ultimo ponto

Itinerario e horario dos mesmos

ENTRE CABO-VERDE E GUINÉ

Portos (Dec. de 22 de Novembro de 1892)	Descendente				Ascendente			
	Chegada		Sahida		Chegada		Sahida	
	Dia	Hora	Dia	Hora	Dia	Hora	Dia	Hora
S. Vicente................	—	—	14	10 manhã	3	9 tarde	—	—
Santo Antão	14	1 tarde	14	10 tarde	3	2 »	3	6 tarde
S. Nicolau..............	15	6 manhã	15	10 tarde	2	6 »	3	8 manhã
Sal.....................	16	6 »	16	12	2	6 manhã	2	8 »
Boa-Vista	16	3 tarde	16	10 tarde	1	3 tarde	1	12
Maio	17	6 manhã	17	9 manhã	1	6 manhã	1	8 »
S Thiago..............	17	12	18	2 »	30	2 tarde	1	2 »
Tarrafal...............	18	6 manhã	19	10 »	30	6 manhã	30	10 »
Fogo..................	18	2 tarde	19	5 »	29	1 tarde	30	2 »
Brava	19	6 manhã	19	12	29	6 manhã	29	12
Bissau.................	21	6 tarde	23	5 »	25.	9 »	26	5 »
Bolama.................	23	9 manhã	25	5 »	—	—	—	—
S. Thiago..............	28	8 »	28	10 »	—	—	—	—

Alteração d'este horario e itinerario dos vapores pela

(Port. p. 330.º, 19-10-93)

Praia —Cheg. dia 17, 12 h. m. — Sah. dia 17, 10 h. tarde
Fogo — » » 18, 6 » » — » » 18, 12 » m.
Brava — » » 18, 1 » » — » » 18, 12 » tarde
Tarrafal— » » 19, 6 » » — » » 19, 10 » m.

—*—

Caminho de ferro atravez da Africa portugueza (Angola)

TABELLA DAS PASSAGENS

De Cassoneca a Loanda

Estações	Classes		
	1.ª	2.ª	3.ª
Cassoneca............	—	—	—
Cunga	$920	$690	$230
Catete	1$760	1$320	$440
Cabiri	2$800	2$100	$700
Funda.............	3$760	2$820	$940
Quifangondo	4$400	3$300	1$100
Cacuaco	4$760	3$570	1$190
Cidade Alta..........	5$440	4$200	1$360
Loanda	5$600	4$800	1$400
De Loanda a Cassoneca			
Loanda	—	—	—
Cidade Alta..........	$440	$180	$060
Cacuaco	$840	$630	$210
Quifangondo	1$200	$900	$300
Funda	1$840	1$380	$460
Cabiri.............	2$800	2$100	$700
Catete	3$840	2$880	$960
Cunga.............	4$680	3$510	1$170
Cassoneca...........	5$600	4$200	1$400

Pharoes

Coordenadas e alcance dos de Cabo-Verde

Ilhas	Situação	Latitude N.	Longitude O. Green.	Alcance	Côr	Observações
St.º Antão	Lombada de Boi.....	17º 06' 50''	24º 59' 15''	27'	Branca	Canal N.
	Ponta do Sol.........	17º 12' 35''	25º 06' 30''	3'	Encarnada	Villa Maria Pia
S. Vicente	Ilheo de Passaros....	16º 54' 37''	25º 01' 12''	15'	Branca	Porto Grande
	Ponte-Caes...........	—	—	3'	Encarnada	Porto Grande
S. Nicolau	Porto-Velho..........	16º 34' 30''	24º 16' 00''	9'	Branca	Preguiça
	Ponte-Caes...........	—	—	2,5	Encarnada	Preguiça
Boa-Vista .	Ilheo Sal-Rey	16º 08' 30''	22º 57' 12''	9'	Branca	Sal-Rei
Sal	Ponta Sinó					
Maio	Forte de S. José	15º 07' 00''	23º 13' 00''	7'	Encarnada	Porto Inglez
	Ponta Temerosa......	14º 53' 15''	23º 34' 15''	15'	Branca	Praia
S. Thiago	Ponta Este..........	14º 59' 25''	23º 25' 40''	7'	Encarnada	
	Ponta Preta.	15º 18' 06''	23º 47' 40''	9'	Branca	Tarrafal
	Ponte-Caes...........	—	—	3'	Encarnada	Praia
Fogo......	Fortim Carlota......	14º 52' 15''	24º 31' 20''	2'	Encarnada	Porto da Villa
Brava.....	Ponta Jalunga........	14º 51' 00''	24º 44' 30''	2'	Encarnada	Furna

Tabella dos ventos reinantes

DESDE LISBOA ATÉ AO EQUADOR

Latitudes	Situação	NE.	SE.	SO.	NO.
38° 42' N	Lisboa	19 %	17 %	34 %	23 %
	Madeira	24 %	23 %	27 %	20 %
	Canarias	32 %	27 %	18 %	14 %
	C.º Verde	66 %	20 %	4 %	4 %
Entre 10° N. e 5° N.		37 %	24 %	23 %	4 %
Entre 5° N. e o Equador		23 %	52 %	13 %	3 %

Em Cabo-Verde

Ventos	NE.	SE.	SO.	NE.	Calmas
Dias	244	60	24	19	18

—*—

Tabella dos emolumentos da Camara e Auditorios ecclesiasticos da Diocese de Cabo Verde

(Decreto de 9 de agosto de 1855)

ACTOS	TAXA
Camara ecclesiastica	
JUIZ	
Assentada...	50
Inquerito de cada testemunha...	50
Cada sentença interlocutoria...	100
Cada assignatura...	50
Cada assignatura sendo o nome por inteiro..	100
Cada sentença final...	200
Sello	200
Cada assignatura de mandado...	100
ESCRIVÃO	
Autuação...	80
Assentada...	60
Cada intimação sendo no cartorio...	50
Cada intimação sendo fóra do cartorio...	200
Cada certidão...	100
Busca nos livros e autos até 30 annos...	240
Idem de 30 annos para cima, convenção...	
Cada termo de qualquer natureza que seja...	60
Cada termo de Deposito...	120
Cada Provisão...	2$400
Cada carta de Encommendação...	2$400
Cada carta de ordens...	240
Cada mandado de Publicandis...	400
Cada termo de juramento...	120
Cada carta de segredo...	2$400
Raza, por cada lauda de 25 linhas, e cada linha de 25 letras...	60

ACTOS	TAXA

Auditorios ecclesiasticos

JUIZ

Autuação...	50
Inquerito de cada testemunha.................	50
Cada sentença interlocutoria.................	100
Cada assignatura...............................	50
Cada assignatura sendo o nome por inteiro...	100

ESCRIVÃO

Autuação......................................	80
Assentada.....................................	60
Cada termo de qualquer natureza que seja....	60
Cada mandado.................................	80
Cada certidão.................................	100
Cada citação feita no cartorio...............	50
» fóra »	200
Cada busca nos livros até 30 annos.........	240
Idem de 30 annos para cima, convenção.	
Raza, por cada lauda de 25 linhas e cada linha de 25 letras................................	60

CARTORIO
(Decreto de 12 de julho de 1871)

Banhos de 3 denuncias e certidão............	240
Idem de 2 denuncias.........................	100
Idem de 1 denuncia..........................	120
Mandados de publicandis....................	480
Informação sobre requerimentos de parte.....	240
Arvore genealogica...........................	600
Certidão de termo de registo parochial.......	240
Busca até 20 annos..........................	100
» de 20 a 40.............................	160
» de 40, cada anno.....................	40
Não se recebe quando a parte marca a epocha	
Certidão de desobriga........................	120

Tabella de emolumentos parochiaes na diocese de Cabo-Verde

(Decreto de 12 de Julho de 1871)

Funcções	Ao parocho	Ao sachristão	Ao mestre da capella	A' Fabrica	Total
Baptismos					
Na parochial:					
Sem pompa..................	200	100	—	200	500
Com pompa..................	400	200	—	400	1$000
Fóra da parochial...........	2$400	600	—	1$300	4$300
Casamentos					
Na parochial:					
Sem pompa..................	360	120	—	320	800
Com pompa..................	720	240	—	640	1$600
Fóra da parochial...........	2$400	600	—	1$500	4$500
Enterramentos					
Da primeira cruz............	480	160	120	—	760
Da segunda cruz.............	960	320	240	—	1$520
Da casa....................	3$000	1$000	800	—	4$800
Incenso....................	—	—	—	300	300
Ponsos....................	100	050	050	—	200
Encommendações					
A' porta da igreja (cantada)..	200	100	080	—	380
Idem, idem (resada).........	120	060	—	—	180
Officios					
De 9 lições e missa cantada, corpo presente............	3$600	1$600	1$000	—	6$200
Festividades					
Missa cantada na parochial...	720	080	120	—	920
Idem, idem a instrumental....	1$600	400	480	—	2$480
Idem, idem fóra da parochial.	3$000	640	720	—	4$360
Vesperas e Completas........	1$000	600	640	—	2$240
Missa resada...............	300	—	—	—	300
Procissões					
Fóra da igreja..............	1$200	400	400	—	2$000
Aos pobres, tudo *gratis*.					

A cada diacono ou sub-diacono, que venha de fóra, pela assistencia 500 réis, pelo caminho, 2$000 réis.

Tabella dos honorarios medicos

(CABO-VERDE)

n.º	ACTOS	HONORARIOS
1	Cada visita diurna..............	960
	» » nocturna............	1$440
2	» doente a mais na mesma casa	240
3	Consulta verbal em casa do medico : de dia..................	480
	de noite.................	720
4	Consulta por escripto : minimo...	960
	» » » maximo..	4$500
5	Conferencia, a cada medico......	4$500
	Operações :	
6	Pequena cirurgia, pelo assistente durante o tratamento da doença	Mais 50 p. c.
7	Idem, idem, pelo não assistente...	Duplo do n.º 1
8	De grandes apparelhos : minimo.	4$500
	» » » maximo.	9$000
9	Grande cirurgia : minimo........	20$000
	» » maximo	60$000
10	Assistencia a partos, sem intervenção da mão................	Visitas que fizer
11	Assistencia, junto á part........	Cada hora=n.º1
12	Oper. obstetricas...............	N.º 9
13	Idem dequitadura artificial	Quadruplo n.º 1
14	A cada ajudante technico........	25 p. c. dos do op.
15	Visitas fóra, cada kilometro, menos o 1.º	960
16	Assistencia fóra, demorada.......	(convenção)
17	De 50 a 100 visitas, abatem-se...	5 p. c.
	De mais de 100	10 p. c.
18	Attestado	480
	Observação :	

Só são consideradas visitas nocturnas, as feitas desde as 9 horas da noite ás 5 da manhã.

(Decreto de 20 de julho de 1871)

Tabella dos signaes de sino

Serviço d'incendio : — 20 badaladas seguidas

Serviço parochial

SIGNAES	ACTOS E INDICAÇÕES
29 Bs., e 1 Be.	Missa rezada
O mesmo signal e C.	» cantada de Santo
C. 29 Bs. e 1 Be.	» » Requiem
R. de manhã, antes e depois d'Ave-Marias	Dia santificado
R. ao meio dia, » » »	Festa de 1.ª classe no dia seguinte
R. á tarde, » » »	Dia sant. e festa no dia seguinte
R.. 1 Be., e 2 Bs., (3 vezes); 1 Be., no fim	Qualquer funcção festiva, 1.º R.
O mesmo signal, mais » » » »	» » » 2.º R.
O sig. anterior, mais 1 Be., no fim e C.	Começo de » » 3.º R.
R. demorado	Procissão ou o SS. fóra
R. breve	Baptisado
3 Be., R. (bis, com intervallo)	Casamento (á entrada e sahida)
3 Be., por tres vezes com intervallo	Ave-Marias
1 Be., e 3 Bs. (por 3 vezes)	Catechese
O mesmo signal e R.	Sermão
5 Bs., breve sig. tremido, seguido de 3 Be. por 3 ou 2 vezes; C.	Sagrado Viatico, a homem (3 vezes), ou mulher (2 vezes)
5 Bs.; e 3 ou 2 Be.	Ext. Uncção; a homem, ou mulher
3 Be. no sino maior e 1 no menor, por 3 ou 2 vezes, e C.	Enterro de homem ou mulher
C. e 3 Be.	Officio de defunctos
15 Bs.	Terço, ou novena, sem pompa.

ABREVIATURAS.—R.=repique; B.=badalada; Be.=badaladas seguidas; Be.=badaladas espaçadas; C.=chamada de communidade ou irmandade, — que consiste em nove Bs. dadas no sino menor, por tres vezes, mediando uma pequena pausa.

Tabella de nascimentos e occasos do sol

Dias	Janeiro N.	Janeiro O.	Fevereiro N.	Fevereiro O.	Março N.	Março O.	Abril N.	Abril O.	Maio N.	Maio O.	Junho N.	Junho O.
1	6.30	5.30	6.21	5.39	6.10	5.50	5.54	6.06	5.41	6.19	5.32	6.28
5	6.29	5.31	6.20	5.40	6.07	5.53	5.53	6.07	5.40	6.20	5.31	6.29
10	6.28	5.32	6.19	5.41	6.05	5.55	5.50	6 10	5.37	6.23	5.30	6.30
15	6.27	5.33	6.16	5.44	6.02	5.58	5.48	6.12	5.36	6.24	5.30	6.30
20	6.25	5.35	6.13	5.47	6.00	6.00	5.47	6.13	5.35	6.25	5.29	6.31
25	6.24	5.36	6.12	5.48	5.59	6.01	5.44	6.16	5.33	6.27	5.29	6.31
30	6.23	5.37	—	—	5.55	6.05	5.41	6.19	5.32	6.28	5.29	6.31

Dias	Julho N.	Julho O.	Agosto N.	Agosto O.	Setembro N.	Setembro O.	Outubro N.	Outubro O.	Novembro N.	Novembro O.	Dezembro N.	Dezembro O.
1	5.30	6.30	5.37	6.23	5.50	6 10	6.04	5.56	6.17	5.43	6.29	5.31
5	5.31	6.39	5.39	6.21	5.51	6.09	6.06	5.54	6.20	5.40	6.29	5.31
10	5.32	6.28	5.40	6.20	5.54	6.06	6.08	5.52	6.21	5.39	6.30	5.30
15	5.32	6.28	5.43	6.17	5.56	6.04	6.10	5.50	6.23	5.37	6.31	5.29
20	5.33	6.27	5.44	6.16	6.00	6.00	6.12	5.48	6.25	5.35	6.30	5.30
25	5.34	6.26	5.47	6.13	6.01	5.59	6.15	5.45	6.27	5.33	6.30	5.30
30	5.36	6.24	5.48	6.12	6.04	5.56	6.17	5.43	6.28	5.32	6.30	5.30

Tabella dos dias da Lua

Mezes	L. nova	Q. cresc.	L. cheia	Q. ming.
Janeiro	7	14	21	28
Fevereiro	5	13	20	27
Março	7	14	21	29
Abril	6	15	20	28
Maio	5	12	19	27
Junho	3	10	18	26
Julho	3	9	17	25
Agosto	1 e 30	8	16	24
Setembro	29	7	15	22
Outubro	28	6	14	21
Novembro	27	5	13	20
Dezembro	27	5	12	19

—:—

Tabella temporaria das festas moveis

DESDE 1894 A 1900

Anno	Lett. Dom.	A. N.	Epacta	Septuages.	Cinzas	Paschoa	Ascensão	Espirito Santo	Corpus Christo	l. Rom.	Dom. post. P.	1.ª Dom. Adv.
1894	G	14	XXIII	21 jan.	7 fev.	25 mar.	3 maio	13 maio	24 maio	7	28	2 dez.
1895	F	15	IV	10 fev.	27 fev.	14 abr.	23 maio	2 jun.	13 jun.	8	25	1 dez.
1896	ED	16	XV	2 fev.	19 fev.	5 abr.	14 maio	24 maio	4 jun.	9	26	29 nov.
1897	C	17	XXVI	14 fev.	3 mar.	18 abr.	27 maio	6 jun.	17 jun.	10	24	28 nov.
1898	B	18	VII	6 fev.	23 fev.	10 abr.	19 maio	29 maio	9 jun.	11	25	27 nov.
1899	A	19	XVIII	29 jan.	15 fev.	2 abr.	11 maio	21 maio	1 jun.	12	27	3 dez.
1900	G	1	XXIX	11 fev.	28 fev.	15 abr.	24 maio	3 jun.	14 jun.	13	25	2 dez.

1895 — Temporas — Março, 6, 8 e 9. — Junho, 5, 7 e 8. — Setembro, 18, 20 e 21. — Dezembro, 18, 20 e 21.

Festas moveis — Septuag. 10 fev. — Cinzas, 27 fev. — Paschoa, 14 abril. — Ladainhas, 20, 21 e 22 maio. — Ascensão de N. Senhor, 23 maio. — Pentecostes, 2 junho. — SS. Trindade, 9 junho. — Corpo de Deus, 13 junho — Coração de Jesus, 21 junho. — Dom. do advento, 1 dezembro.

Bençãos matrimoniaes — Todos os dias do anno, excepto desde quarta feira de Cinzas até o 1.º Domingo depois da Paschoa e desde a 1.ª dominga do Advento até dia de Reis, em que são prohibidas.

Dispensas e concessões

Diocese de Cabo-Verde

E' de crer que n'este anno se dispense a abstinencia da carne, como nos annos anteriores; por isso publicamos as concessões e condições respectivas e outras dispensas de interesse publico.

1 — E' permittido o uso da comida de carne, na refeição principal de cada dia no tempo da quaresma, exceptuando, além das sextas feiras e sabbados, os dias da quarta-feira de Cinzas, a Vigilia de S. José e da Annunciação da S.S. Virgem e os tres ultimos da Semana Santa;

2 — Fóra do tempo da quaresma só é prohibido o uso de carne nas sextas-feiras e em todas as vigilias;

3 — O uso de temperos de porco, d'ovos e lacticinios não é vedado em tempo algum do anno, exceptuando quarta-feira de Cinzas e os tres ultimos dias da Semana Santa.

4 — E' prohibido usar de carne e peixe na mesma refeição, ou acto de comida, nem mesmo aos domingos.

5 — Aos reverendos parochos e mais sacerdotes devidamente habilitados para confessores é concedida jurisdicção para absolverem de todos os casos reservados, n'este bispado, excepto o da falta de cumprimento dos preceitos quaresmaes, fóra do tempo indultado na concessão anterior.

As dispensas aproveitam sómente áquelles que tomarem bulla, conforme os seus bens e rendimentos. (Past. 15 fev. 1892).

—*—

TABELLA

Das diversas medidas usadas nas ilhas de Cabo-Verde e suas equivalencias no systema metrico

(Port. p. 247.º,7-10-91)

Medidas agrarias

Nomes e valores das medidas	Equivalencia em ares
Ilha de S. Nicolau	
Cazal de 200 lanças quadradas	21,7800
Lança de 9 varas quadradas	0,1089
Lança, 3 varas	3^m,3
Ilha do Fogo (Norte)	
Alqueire com 4 quartas ou 16 onças, ou 840 lanças quadradas	162,6240
Quarta, com 4 onças, ou 210 lanças quadradas	40,6560
Onça, com 52,5 lanças quadradas	10,1640
Lanças, com 4 braças quadradas	0,1936
Ilha do Fogo (Sul)	
Alqueire com 4 quartas, ou 16 onças, ou 960 lanças quadradas	185,8560
Quarta com 4 onças, ou 240 lanças quadradas	96,4640
Onça, com 60 lanças quadradas	11,6160
Ilha Brava	
Alqueire, com 4 quartas, ou 16 onças, ou 14.400 varas quadradas	174,2400
Quarta, com 4 onças, ou 3,600 varas quadradas	43,5600
Onça, ou 900 varas quadradas	10,8900
Vara	0,0121

Nas restantes ilhas — as do systema metrico.

Medidas de capacidade

Nomes e valores das medidas	Equivalencia em litros
Ilha de S. Vicente	
PARA SECCOS	
Meio alqueire	20,630
Quarta	10,315
Meia quarta	5,158
Metade de meia quarta	2,579
Medida (ou oitava)	1,289
Meia medida (ou meia oitava)	0,645
Um quarto de medida	0,323
PARA LIQUIDOS	
Galão	3,700
Canada	1,400
Meia canada (ou garrafa)	0,700
Quartilho	0,350
Meio quartilho	0,175
Ilha de S. Nicolau	
PARA SECCOS	
Meio alqueire	20,871
Quarta	10,436
Meia quarta	5,218
Oitava	2,609
Meia oitava (medida ou selamim)	1,305
PARA LIQUIDOS	
Galão	3,800
Canada (ou duas garrafas)	1,600
Garrafa (ou meia canada)	0,800
Meia garrafa (ou quartilho)	0,400
Quarto de garrafa (ou meio quartilho)	0,200

Ilhas do Sal e Boa-Vista — as do systema metrico-decimal.

Medidas de capacidade

Nomes e valores das medidas	Equivalencia em litros
Ilha de Sant'Iago	
(Praia)	
PARA SECCOS	
Quarta..........................	10,244
Meia quarta......	5,122
Duas oitavas	2,561
Oitava (medida ou selamim).	1,281
Meia oitava (meia medida)	0,641
PARA LIQUIDOS	
Frasco	2,500
Canada	1,460
Meia canada (ou garrafa)...........	0,730
Quartilho (ou meia garrafa)	0,365
Meio quartilho (ou um quarto de garrafa)..	0,183
CONCELHO DE SANTA CATHARINA	
PARA SECCOS	
Meio alqueire	20,868
Quarta	10,434
Meia quarta......	5,217
Oitava (medida ou selamim)............	1,304
Meia oitava (meia medida)	0,652
(Para liquidos, eguaes ás da Praia.) ..	
Ilha do Fogo	
PARA SECCOS	
Quarta	11,056
Meia quarta......................	5,528
Onça (ou duas medidas)	2,764
Meia onça (ou selamim)	1,382

Medidas de capacidade

Nomes e valores das medidas	Equivalencia em litros
Ilha do Fogo	
PARA LIQUIDOS	
Frasco....	2,500
Canada	1,400
Meia canada (garrafa)	0,700
Quartilho (meia garrafa)	0,350
Meio quartilho (um quarto de garrafa)	0,175
Ilha do Maio	
PARA SECCOS	
Quarta	10,337
Meia quarta	5,169
Selamim (ou medida)	1,292
Meio selamim (ou meia medida)	0,646
PARA LIQUIDOS	
Frasco ou galão	2,500
Canada	1,460
Meia canada (ou garrafa)	0,730
Quartilho (ou meia garrafa)	0,365
Meio quartilho (ou um quarto de garrafa)..	0,183
Ilha Brava	
PARA SECCOS	
Quarta	10.700
Meia quarta	5,360
Selamim (ou medida)	1,338
Meio selamim (ou meia medida)	0,669
PARA LIQUIDOS	
Frascos	2,100
Canada	1,400
Meia canada (ou garrafa)	0,700
Quartilho (ou meia garrafa)	0,350
Meio quartilho	0,175

Medidas de capacidade

Nomes e valores das medidas	Equivalencia em litros
Ilha de Santo Antão	
CONCELHO DA RIBEIRA GRANDE	
As do systema metrico, e	
PARA LIQUIDOS	
Galão	3,700
Canada	1,400
Meia canada (ou garrafa)	0,700
Quartilho	0.350
Meio quartilho	0,175
PARA SECCOS	
Quarta	11,360
Meia quarta	5,680
Duas oitavas	2,840
Oitava (medida ou selamim)	1,420
Meia oitava	0.710

Medidas lineares e de peso

Nomes	Equivalente em M. L. e K.
TODAS AS ILHAS	
LINEARES	M.
Vara	1,10
Jarda (americana)	0,88
Covado	0,68
DE PESO	K.
Arroba	14.688
Arratel	0,459
PARA CAL E AREIA	L.
Barrica americana	124,800
PARA MADEIRA	dm^3
Pé americano	2,360

Conversão de pés a. a metros cubicos

Pés	Metros cubicos	Pés	Metros cubicos
1	dm.^{3}		dm.^{3}
1	2,360	200	471,916
2	4,719	300	707,875
3	7,07''	400	943,833
4	9,438	500	1 ^{m3},180
5	11,798	600	1,416
6	14,157	700	1,652
7	16,517	800	1,888
8	18,877	900	2,124
9	21,236	1:000	2,360
10	23,596	2:000	4,719
20	47.192	3:000	7,079
30	70,787	4:000	9,438
40	94,383	5:000	11,798
50	117,979	6:000	14,157
60	141,575	7:000	16,517
70	165,171	8:000	18,877
80	188,767	9:000	21,236
90	212,362	10:000	23,596
100	235,958	—	—

—*—

Tabella geral e especial dos dias santificados, ferias e galas

Mez	Dias santificados	Galas	Ferias
Janeiro. ...	1, 6, 13, 20, 22, 27	1	1, a 6,
Fevereiro...	2, 3, 10, 17, 24	—	25, 26
Março	3, 10, 17, 24, 25, 31	21	21
Abril	7, 11, 12, 14, 21, 28	29	7 a 12 e 19
Maio........	5, 12, 19, 23, 26	—	1, 22
Junho......	2,9,13,16,21,23,24,29,30	—	13, 21,
Julho......	7, 14, 24, 28	31	10, 31
Agosto.....	4, 11, 15, 18, 25	—	
Setembro ...	1, 8, 15, 22. 29	28	1 a 30
Outubro	6, 13, 20, 27.	16	16, 19
Novembro ..	1, 3, 10, 17, 24	—	4, 15,
Dezembro...	1, 8, 15, 22, 25, 29	8	1, 24 a 31

Abreviaturas

Abb.	Abbade	Ir.	Irmão
Af.	Africa	Jes.	Jesuita
Ap.	Apostolo	Jerus.	Jerusalem.
Arbp.	Arcebispo	M.ou m.	Martyr
Aug.	Augustinho	Mm.	Martyres
B	Bispo	N. S.	N.º Senhor
Ben.	Benedictino	N.ª S.ª	N.ª Senhora
C.	Confessor	Oit.	Oitava
Car.	Carmelita	Pp.	Papa
C. N.	Constantinopla	Pad.	Padroeiro
D.	Duplex	Pen.	Penitente
Dm.	» maj.	Pr.	Presbytero
D. 1 C.	» 1.ª cl.	Rel.	Religioso
D. 2 C.	» 2.ª cl.	S.	São
Dc.	Diacono	SS.	Santissimo
Dm.	Dominicano	Ss.	Santos
Dr.	Doutor	S.ª	Santa
Eg.	Egreja	Sen.	Senador
Fr.	Franciscano	Sol.	Solitario
Ing.	Inglaterra	Port.	Portuguez-a
Imp.	Imperador	Jej.	Jejum

ORGANISAÇÃO ADMINISTRATIVA

Para base de um seguro e consciencioso estudo da organisação administrativa d'esta provincia de Cabo-Verde — dirigimos aos leitores que tenham verdadeiro interesse pelo nosso progredimento o seguinte

QUESTIONARIO

Quantos concelhos tem a provincia?
E quantas freguezias em cada concelho?
E cada freguezia, quantas povoações?
— Qual a distancia entre as sédes dos concelhos (nas ilhas, onde ha ou houve mais que um)?
— As distancias entre as sédes das freguezias, e entre as povoações de cada freguezia?
— A população rigorosa (por fogos e almas) de cada freguezia, de cada povoação?
(Para a nota da população, não se deve basear nos calculos officiaes, de cuja exactidão duvidamos. Desejamos uma estatistica do que na realidade existe; e, por isso, rogamos aos leitores queiram dar-se ao trabalho de a fazer particularmente e com dedicado interesse.)
— Estabelecimentos commerciaes e officinas?
— Repartições publicas de cada logar?
— Escholas de ambos os sexos, em cada freguezia e povoação?
— Quaes os ramos d'agricultura e commercio, em cada freguezia e povoação, e quaes os rendimentos reaes, (dados particulares) e officiaes (dados officiaes) de cada freguezia e de cada povoação?

(Cabo-Verde)   T. DA C.

OBSERVANDA

Todas as correspondencias para 1895 devem es
tar na direcção até ao fim de julho.

———

Os artigos devem vir copiados em linguados e
com bôa calligraphia.

———

As composições enigmaticas devem ser copiadas
cada uma em seu linguado, e as respectivas chaves podem vir no fundo do linguado ou separadamente. Sobejando espaço no fim de um artigo,
póde n'elle escrever-se um pensamento, uma ane-
cdota, ou composição enigmatica.

———

O limite maximo, ordinario, para cada artigo é
de pagina e meia; sejam, portanto, breves os artigos, para que não fiquem na gaveta.

———

As composições creoulas devem ser dispostas em
duas columnas. de modo que n'uma se escreva o
creoulo e n'outra, e correspondentemente, a respectiva traducção, que deve ser rigorosamente litteral. A orthographia deve approximar-se quanto
possivel dos elementos maternos das palavras.

———

São musicas indigenas não só as que o povo
inventa, como as compostas por qualquer africano.

Publicar-se-hão quaesquer annuncios pelos preços ordinarios.

Serão annunciados gratuitamente os livros de que recebermos dois exemplares. E serão devolvidos aquelles livros ou annuncios, cuja publicação não julgarmos conveniente á natureza e fim d'esta revista.

———

Uma parte de quaesquer lucros que d'esta publicação acaso provenham será applicada á creação de escólas primarias nas provincias africanas, (proporcionalmente á venda local), e á diffusão de bons livros de instrucção, educação e vida pratica.

CORRESPONDENCIA

(DO GABINETE)

Paulense *(Cabo-Verde)*. — Elle chama-se poeta. E realmente o é. Vejamos:

CANÇÃO

«Paul, Paul, oh terra *sabe*
Pum-pum-pum... Oh sabe!
Pum-pum-pum... oh sabe!
Terra d'incanto... *oh sabe!*

Eu vou para o «Passo» ver a Joninha
Oh *sabe! Pum-pum-pum, oh sabe!*
Mas Joninha não quere a eu, oh mãe!
Quere um «*nhambabo*», 'quelle cara de fuínha.

Quere um *nhambabo*, oh malvadinha!
Pum-pum-pum... eu vou-se embora
P'ra Cabo de Ribeira... oh que dôr!
Ficar sósinho na minha casinha.»

....

Ficamos por aqui, pois são 32 quadrados por este gosto, que o aventureiro e amoroso Paulense foi contando do «Passo» ao Cabo da *Ribeira* (mais de tres leguas), ao som do *pum-pum-pum* do seu tambor. Expliquemos algumas palavras do poeta:

A palavra *sabe* significa: agradavel, bom, satisfeito, gostoso, etc. *Nhambabo* vem provavelmente de nababo (asiatico), e tem a significação de impostor, bazofio, pateta, etc.

O Paulense tem poesia e graça; se estudar, póde ser que venha a figurar na lista dos collaboradores. Estude, pois, e appareça, com assumptos sérios.

Conhece-me? — Não; mas não obsta a que lhe abramos as portas e o acompanhemos até á primeira galeria.

Perola *(Maio)*. — A estreiteza do tempo não nos permittiu attender a tudo. Será melhor contemplado em 96.

63

Besugo *(Algures)*.—Cahiu o besugo na rede. Porque não preferiu a recolhida vida de mastigar o limo? Leia, estude, escreva, guarde, releia e rasgue. Observe finalmente o conselho por algum tempo e depois appareça e consulte.

A. d'O., L. L., L. de B., A. A. *(S. N.)*.—Chegaram tarde e mal apercebidos para o certamen. Preparem-se melhor para 96.

Principiis obsta. — Sim ; é o que deve fazer, abstendo-se de querer figurar tão cedo. Leia e estude com applicação.

Um enthusiasta *(S. Thiago)*.—O enthusiasta envia-nos 500 grammas de papel escripto da primeira á ultima linha em prosa e verso, e pede-nos encarecidamente a publicação da carta que acompanha a papellada.

Deferimos quanto á carta, e do meio kilo fazemos uma trouxa para o Avero.

«Ex.mo Sr.

«A alavanca catadupal da illustração abysmadamente apopletica do somnambulismo rachitico de Victor Hugo, é realmente á tranca mais segura e pyramidal, mais roldanicamente titanica e athletica com que se podem fechar as portas das penumbrosas sombras de caligem tegumentosa da ignorancia. Desde Napoleão a Nabuchodonosor, desde o infante D. Henrique aos Ciclopes da Sicilia, desde Ravachol a Pompeo e desde Wellington a Cesar, teve a ignorancia podido escapar-se pela porta escancarada que separa vertiginosamente essa hepatite-gastrica do magnetismo terciario do clarão vividissimo do progresso architransultra-supra-zenital d'este seculo de luzes.

«Mas não ! Essa onda compactamente subtil de um microbio estericamente transformista, vae ser agora detida nas suas excavações geologicas. Julio Verne, esse astro, tão atramente abumbroso que tanta instrucção ha tão somiticamente espraiado a fluxo e refluxo das marés geo-astronomicas de Flammarion ; Julio Verne, esse apopletico descobridor que trepou pela mahometana escada de Jacob até devassar os abysmos dos mares ultra-submarinos, e se precipitou, qual chimico reagente, nos paramos cavernosos das pleiades estellares; esse homem foi o primeiro que trancou as portas da ignorancia, e v. ex.ª é seu rival.

«O nosso *Almanach* é o cadeado catapultosamente herculeo que vem coroar o monumento de Julio Verne, sellando para sempre essa porta da ignorancia antártica do zodiaco eclíptical para avançarmos além da meta cancertropical do progresso bilateral do socialismo munitario-desconnexalico.

«Nem todos conhecerão o alcance oceanico de uma publicação tão não-plus-ultra ascendental e superfinamente magnetica; mas nós que temos a felicidade de possuir alguns conhecimentos scientificos e historicos, comprehendemos bem a elipse d'essa orbita incommensuravelmente parabolica e pedimos licença para significar assim o nosso enthusiasmo, e estreitar a v. ex.ª em um athletico amplexo de arromba-costellas, asseverando que assim será collaborador assiduamene epileptico d'esse livrinho tão gigante que v. ex.ª irige, quem é — De v. ex.ª creado att. ven.

S. F.»

Pyramidal!!! Acceitamos tudo para o archivo de ulio Verne, menos o abraço, que queremos viver mais alguns dias...

Dá licença? (*B. Vista*).—Franca e plena. E obrigadissimo pelo delicado auxilio que nos prestou nos trabalhos preparatorios.

Não servem?—O quê? Suas sextilhas? Servem sim, para cêstas ou ceirões.

V. W. *(Cabo-Verde)*.—E' muito interessante a secção archivo de raridades», por isso serão com interesse ecebidas as peças que para ella se nos enviarem; nas a que mandou é tão extensa e *chôcha* que só no rchivo de Proserpina é que póde ter logar, como eve.

Africano. — Sim; tem direito pela naturalidade a ser collaborador; mas as suas producções não o podem

(AFR.) 3

guindar ainda a essa altitude, que poderá attingir depois com muita applicação e estudo.

- **Sou caloiro.** — Effectivamente. Olhe, vá aquecendo os bancos do Portuguez até o novo anno, e depois de approvado consulte a vêr...

Berinho *(Cabo-Verde).* — Olhe, meu careca: de *ferru pes* e *clins*, estamos cheios. Outra vida.

Raposa *(Algures).* — Para nada lhe serviu a astucia, pois não o livrou do *orco*.

Julião *(B. Vista).* — Attendido. E agradecemos, acceitando a cooperação particular que nos offerece.

Tenho receio *(S. Thiago).* — Com razão. Apparêça todavia para 96; póde ser que seja então mais feliz.

Inferno ou Paraiso *(Cabo-Verde).* — Por ser virtuoso ficou no meio: no limbo, com a penitencia de um anno, purificando-se entretanto nas aguas de Caldas Aulete, auctor de uma excellente grammatica.

Jhá pecú! — Foi propheta. Cahíu no *ferrupe*, mas appareça, que é possivel desembaraçar-se dos liames do *clim* em 96.

G. Pinto *(Cabo-Verde).* — Obrigadissimo. Esperam novos desenhos; mas olhe que já não ha *quina* para *chim-chim*. As charadas servem de modelo. E o do capacete? Foi de certo esquecido na porta; esperamol-o para 96 com uma duzia de melões.

J. N. *(S. Antão).* — Sentimos o soubesse tão tarde, mas agradecemos a sua boa vontade e d'ella muito esperamos.

Imprudente *(Cabo-Verde).* — Não o foi; apreciámos devidamente as suas producções, como verá no respectivo logar, e aqui publicamos a

ROGATIVA

Não são d'essas ditosas almas puras
As minhas producções tão imprudentes,
Mas, claro juiz, tirae-lhe as penas duras,
Lavae, sendo veniaes, manchas latentes.

T. Maia *(Algures).* — Olá! tambem por cá? Bem vínda seja. Chegou tarde. porém, e só em 96 é que poderá dizer: «Jhá-me c'ahí na ferrupe...; ūme tâ da jhe...

R. L. *(S. Vicente).* — Tem assento franco nas camaras do «Africano», mas não seja tão extenso. Os artigos breves e substanciosos são sempre os mais apreciados além de se conformarem com a indole do livro.

Baginha *(S. Antão).* — E' aqui planta nauseabunda, como sabe. Ora disputaram-lhe o *aroma* as suas lettras. Não se desanime, porém; vá cultivando a horta, que algum geito parece ter para a horticultura litteraria. Mas nada de precipitações, para que não caia no Orco.

Simão *(Algures).* — A descripção das suas proprias façanhas nos fez lembrar o seguinte epitaphio do seculo xv:

Aqui yace Simon Anton
Que mató muito castelon,
E debaxo de su covon
Desafia quantos son.

Escreva sobre outro assumpto, que competencia parece ter, e appareça.

Corvo-grisalho. — A especie é tão admiravel como a sua resolução. Cahiu no *ferrupe.*

Unica-via *(S. Antão).* — Para sermos condescendente, publicamos, como pede, e de preferencia e só por esta via, a sua carta.

«Ill.ᵐᵒ Senhoro.—Tendo eu visto inunciado no «Bultim Carôa Ofecial» a publicação do seu almanaco, tive por bem mandár a vostelencia um cardume de artigos que já tinha laborado para enviarem para o almanaco de lembranças. Seio que estão bem feito, porque o sr. F. Lima, que v. senhoria reverencia conhece, dissse-me que eu podia mandar-se-lhe a voçumecé. Por isso rogo-te o favor de publicar no corrente os meus produtos estagnados, que este cobre esperando da solicitude de vostelencia a graça de publicar tambem esta minha unica via de letra.

Pede deferimento.

E. R. M.

De v. ex.ª

Cr. obrigado e patricio

* * *

Que destino? *(S. Nicolau)*. —Matricula do 1.º anno de Portuguez.

Pyrilampo *(Cabo-Verde)*. — Verá publicadas algumas peças que geito tinham ; mas quanto «Ao acontecimento», desenvolveu o insecto tanta electricidade nas suas phosphorescencias que o mandamos para o logar que facilmente adivinhará, para que o enxofre não asphyxie os leitores.

A. d'O. *(Sal)*. — Para o limbo não ; as batentes lhe estão de par em par abertas sempre, e não se esqueça de nós.

Obscura caboverdeana *(Cabo-Verde)*.—A brevidade do tempo não nos permittiu um deferimento pleno. Agradecemos a sua cooperação apreciavel a todos os respeitos. Avançar sempre no certamen que iniciamos é o seu dever.

Recordação *(S. Antão)*. — Para que não fique descontente comnosco, inserimos n'esta secção a seguinte quadra das suas *Recordações:*

Da coruja uma nenia,
Que o ardil *Freitas* (*) gostava,
Assim como quem ceava
Em a palha que mexia.

E já nos ia esquecendo a nota que o auctor faz corresponder ao asterisco da palavra *Freitas*. Eil-a :

(*) È' um jumento conhecido no Paul… (?)

Villa de D. Maria 2.ª *(S. Thiago)*. — As suas composições não são pallidas nem frias, senão córadas e quentes. Mereceram-nos toda a attenção, como verá no corpo do livrinho, e esperamos que nos visite sempre e cedo, para que não tenham o destino de gaveta algumas d'ellas, como n'este anno aconteceu. E não fiquem ahi esquecidas as chaves enigmaticas.

Um ignorante mindellense *(Cabo-Verde)*. — Parece que o não é pelos versos que mandou, mas escolheu mau assumpto. Appareça para 96, que poderá ser mais feliz.

Suicidio *(Algures)*. — Outra philosophia, meu amigo.

Seminarista. *R. C. (Cabo-Verde)*.—Não seja pressuroso. Estude e leia, seja applicado e prudente ; continue os ensaios em prosa e verso, guarde-os, releia-os de semana a semana, dê-os a alguem a corrigir e appareça. Depois de haver conseguido maior desenvolvimento será merecedor talvez de toda a attenção.

Poeta novel *(S. Vicente)*. — E' realmente admiravel o seu estro e correcção. Uma quadra para amostra :

> Oh campos quem te regou !
> Oh ceus, oh aguas, oh catadupas !
> Oh arves, oh carquejas quem te creou ?
> Deus e não eu nem tu, oh Jucas!

Outro officio, meu amigo ; mas console-se, porque sempre mereceu a menção de uma quadra de *catadupas*.

Coculy *(Cabo-Verde)*. — Deferido, como verá ; e as portas do paraiso patentes lhe serão sempre.

Minhoto. Pede com muita instancia que não o deixemos no limbo. Fazemos-lhe a vontade. Ahi vae :

SAUDADE

> Minho, meu Minho, oh rio formoso,
> Que amor ditoso em tuas bellas margens
> Não gosei feliz, e das paisagens
> As folhagens, onde salta o mariposo ?

Agora nai Africa tão longe,
Como o pobre monje no jardim captivo,
Suspirando afflictivo,
Po ti meu Minho de mim tão longe...

Et reliqua ..

J. L. *(S. Nicolau).* — Prometteu e não deu. Esperamos nos visite em 96.

INDICE

DAS

ILL.^mas E EX.^mas COLLABORADORAS

d'este **Almanach**

D. Antonia da Costa, pag. 199—211
D. Etelvina Costa, pag. 132
D. Fortunata da Graça, pag. 104
Humilde Camponeza, pag. 103—120—136—219
D. Ismenia Lara, pag. 163
D. Mimi Carvalho, pag. 138—203
D. Maria da Costa, pag. 98
D. Marianna Pinto, pag. 130
Uma Sertaneja, pag. 88

INDICE

DOS

ILL.ᵐᵒˢ E EX.ᵐᵒˢ COLLABORADORES

d'este Almanach

A

Abylio Neves, pag. 206
A. C., pag. 175—205
A. da C., pag. 104—191
A. F. de Castilho, pag. 152—176
Affonso Leite, pag. 210
A. Garrett, pag. 201—214
A. M., pag. 234
A. M. d'Almeida Netto, pag. 181
Amancio, 111—114—120
Amaral Pimentel, pag. 212
A. Marejas, pag. 108
A. M. C., pag. 125
Antonio D. da Graça, pag. 180—195
Antonio J. Leite, pag. 122
Antonio José Teixeira, pag. 167
Antonio d'Oliveira, pag. 87
Antonio Vieira (P.ᵉ), pag. 222
A. d'Oliveira, pag. 142
A. P., pag. 200—213
A. Paiva (Dr.), pag. 227

ARCHIMEDES, pag. 205
A. S. D'OLIVEIRA, pag. 122—176—192—239
A. SPENCER, pag. 156—230
A. TINOCO, pag. 166

B

BAPTISTA RAMOS, pag. 111
BARROSO (P.ᵉ), pag. 125
BERINHO, pag. 116

C

CONEGO ALVES MENDES, pag. 101—125
C. BOA-VISTÁ, pag. 208
CHICO BANANEIRA, pag. 232
CYRILLO PINTO, pag. 133

D

D. P., pag. 168—192—196—216

E

EDMUNDO PINTO, pag. 136
EPIPHANIO ALMEIDA, pag. 118
E. P. T., pag. 114
EUGENIO P. TAVARES, pag. 102 —134
EUGENIO S. PINTO, pag. 109—204

F

F., pag. 228
FELIX D'AVELLAR BROTÉRO, pag. 169
F. F. HOPFFER (DR.), pag. 139
F. F DA SILVA, pag. 164
FERNANDES COSTA, pag. 234
FIDELLIS PINTO, pag. 147

FREDERIGO A. OLIVEIRA, pag. 131
FREDERICO OLIVEIRA, pag. 168
FREITAS E COSTA (DR.), pag. 134—157

G

G. P., pag. 142
GUALBERTO PINTO, pag. 144

H

HENRIQUE DE BARROS GOMES, pag. 236
H. O. DA COSTA ANDRADE, pag. 128—218

J

JANUARIO, pag. 106—112
J. F., 170
JOÃO E AFFONSO, pag. 217
JOÃO A. MARTINS (DR.), pag. 206—219
JOÃO BAPTISTA SILVA ARAUJO, pag. 227
JOÃO B. NOBRE LEITE, pag. 160
JOÃO DE DEUS, pag. 162
JOÃO DE LEMOS, pag 146
JOÃO Q. DOS SANTOS, pag. 89
JOAQUIM FREITAS ABREU, pag. 95
JOSÉ ALEXANDRE PINTO, pag. 87
JOSÉ ANTONIO FIDALGO, pag. 214
JOSÉ LOPES, pag. 187
J. OSORIO GOULART, pag. 173
JULIO D'ALMEIDA, pag. 158

L

* * * L., pag. 237
L. A. BRITO, pag. 93
LATINO COELHO, pag. 229

Leão Pinto, pag. 189
Louis Veuillot, pag. 188
Luiz Carvalho, pag. 200—208

M

Macaquinho, pag. 198
Manuel Silva, pag. 102
Manuel Alves A. Junior, pag. 96
Marcellino M. de Barros (P.ᵉ), pag. 197
Mocinho, pag. 224

N

Nhosinho Carvalho, pag. 194
Nicodemo dos Reis, pag. 132
Nuno Marreca, pag. 146

P

P., pag. 117
P. A., pag. 116
P. A. M., pag. 203
Pedro A. d'Oliveira, pag. 93—98—155—190
Pedro de Gouveia, pag. 179
P. Pereira Tavares, pag 95—126—130—143—
145—204—221
Pâ Rôrô Barganha, pag. 184
Pyrilampo, pag. 218—236—239

S

S. A. F., pag. 240
S. A. Fortes, pag. 231
Salgado Osorio, pag. 154
S. da C., pag. 148

S. M., pag. 117
Silva Araujo, pag. 216
Solitario (O), pag. 90

T

T. da C., pag. 196
Teixeira da Costa, pag. 193

V

Visconde d'Almeida Garret, pag. 178

X

Xico Margarida, pag. 160

CALENDARIO

JANEIRO

1 T. ✠ Circ. do Senhor.
2 Q. S. Izidoro.
3 Q. S. Anthero.
4 S. ☾ S. Gregorio.
5 S. Simeão Estelita.
6 D. Os Santos Magos.
7 S. S. Theodoro.
8 T. S. Lourenço.
9 Q. S. Julião.
10 Q. S. Paulo.
11 S. ☉ S. Hygino.
12 S. S. Satyro.
13 D. N. S. de Jesus.
14 S. S. Felix.
15 T. S. Amaro.
16 Q. Os Mart. de Marroc.
17 Q. ☽ S. Antão.
18 S. A Cad. de S. Pedro.
19 S. S. Canuto.
20 D. S. Sebastião.
21 S. S. Ignez.
22 T. ✠ S. Vicente.
23 S. S. Raymundo.
24 Q. N. Senhora da Paz.
25 S. ☽ Conv. de S. Paulo.
26 S. S. Polycarpo.
27 D. S. João Chrysost.
28 S. S. Cyrillo.
29 T. S. Franc. de Salles.
30 Q. S. Martinha.
31 Q. S. Pedro Nolasco.

FEVEREIRO

1 S. S. Ignacio.
2 S. ✠ ☾ Purificação de N. Senhora.
3 D. S. Braz.
4 S. S. André Corsino.
5 T. S. Agueda.
6 Q. Chagas de N. S. Jesus Christo.
7 Q. S. Romualdo.
8 S. S. João da Matta.
9 S. ☉ S. Apolonia.
10 D. S. Escolastica.
11 S. S. Lazaro.
12 T. S. Eulalia.
13 Q. S. Gregorio.
14 Q. S. Valentim.
15 S. Trasladação de S. Antonio.
16 S. ☾ S. Porphyrio.
17 D. S. Faustino.
18 S. S. Theotonio.
19 T. S. Conrado.
20 Q. S. Eleuterio.
21 Q. S. Maximiano.
22 S. S. Margarida.
23 S. S. Pedro Damião.
24 D. ☽ S. Mathias.
25 S. S. Cesario.
26 T. S. Torcato.
27 Q. S. Leandro.
28 Q. S. Romão.

MARÇO

1 S. S. Adrião.
2 S. S. Simplicio.
3 D. S. Marinho.
4 S. ☾ S. Casimiro.
5 T. S. Theophilo.
6 Q. S. Ollegario. S. Colleta.
7 Q. S. Thomaz d'Aquino, Dr. da Egreja.
8 S. S. João de Deus.
9 S.S. Francisca Romana.
10 D. S. Militão e 59 comp.
11 ● S. S. Candido.
12 T. S. Gregorio.
13 Q. A. B. Sancha, inf. de Portugal.
14 Q. Traslad. de S. Boaventura.
15 S. S. Zacharias.
16 S. S. Cyriaco.
17 D. S. Patricio.
18 ☽ S. S. Gabriel Archanjo.
19 T. S. José Esposo de Nossa Senhora.
20 Q. S. Martinho Dumiense.
21 Q. S. Bento.
22 S. S. Emygdio.
23 S. S. Felix e seus comp.
24 D. S. Marcos.
25 S. ✠ Annunciação de N. Senhora.
26 ● T. Instituição do SS. Sacramento.
27 Q. S. Roberto.
28 Q. S. Alexandre.
29 S. S. Victorino e seus comp.
30 S. S. João Climaco.
31 D. da Paixão. S. Balbina

78

ABRIL

1 S. S. Macario.
2 ☾ T. S. Francisco de Paula.
3 Q. S. Pancracio.
4 Q. S. Izidoro.
5 S. As Sete Dôres de N. Senhora.
6 S. S. Marcellino.
7 Domingo de Ramos. S. Epiphanio.
8 S. S. Amancio.
9 ● T. Trasladação de S. Monica.
10 Quarta-feira de Trevas. S. Ezequiel.
11 Quinta-feira de Endoenças. S. Leão.
12 ✠ Sexta-feira da Paixão. S. Victor.
13 Sabbado d'Alleluia. S. Hermenegildo.
14 Dom. de Paschoa. Ss. Tiburcio e Valeriano.
15 S. As Ss. Basilissa e Anastacia.
16 ☽ T. S. Engracia.
17 Q. S. Aniceto.
18 Q. S. Gualdino.
19 S. S. Hermogenes.
20 S. S. Ignez de Montepoliciano.
21 D. S. Anselmo.
22 S. N. S. dos Prazeres.
23 T. S. Jorge.
24 Q. S. Fiel.
25 ● Q. S. Marcos Evang.
26 S. S. Pedro de Rates.
27 S. S. Tertulliano.
28 D. Fugida de. N. S.
29 S. S. Pedro.
30 T. S. Catharina.

MAIO

1 Q. S. Filip. e S. Thiago.
2 ⚜ Q. S. Flamina.
3 S. Invenção da Santa Cruz.
4 S. S. Monica.
5 D. A Maternidade de Nossa Senhora.
6 S. Martyrio de S. João Evangelista.
7 T. S. Estanislau.
8 ⊕ Q. Apparição de S. Miguel Archanjo.
9 Q. S. Gregorio Nazianzeno.
10 S. S. Antonio, arceb. de Florença.
11 S. S. Anastacio.
12 D. Patroc. de S. José.
13 S. N. S. dos Martyres.
14 T. S. Gil.
15 Q. S. Isidro, lavrador.
16 ⚜ Q. S. João Nepomuceno.
17 S. S. Paschoal Baylão.
18 S. S. Venancio.
19 D. S. Pedro Celestino.
20 S. Bernardino de Lena.
21 T. S. Manços.
22 Q. S. Ritta de Cassia.
23 ✠ Q. Asc. do Senhor.
24 ⊕ S. N. S. Auxiliadora.
25 S. S. Gregorio VII.
26 D. S. Filippe Nery.
27 S. S. João.
28 T. S. Germano.
29 Q. S. Maximo. S. Theodosia.
30 Q. S. Fernando, Rei de Castella.
31 ⚜ S. S. Petrolina. O B. Diogo Salomonio.

JUNHO

1 S. S. Germano.
2 Domingo do Espirito Santo. S. Marcellino.
3 S. S. Ovidio.
4 T. S. Francisco Caracciolo.
5 Q. S. Marciano.
6 Q. S. Norberto.
7 ⊕ S. S. Roberto.
8 S. S. Syria.
9 D. Os Ss. Primo e Feliciano.
10 S. S. Margarida, rainha d'Escocia.
11 T. S. Onofre.
12 Q. S. João de Fagundo.
13 ✠ Q. Corpo de Deus. S. Antonio de Lisboa.
14 S. S. Basilio Magno.
15 ☽ S. S. Abrahão.
16 D. S. João Francisco Regis.
17 S. A B. Thereza.
18 T. S. Calagero.
19 Q. S. Juliana de Falconeri.
20 Q. S. Silverio.
21 ✠ S. Coração de Jesus.
22 S. ⊕ S. Paulino.
23 D. S. João Sacerdote.
24 ✠ S. Nascimento de S. João Baptista.
25 T. S. Guilherme.
26 Q. Ss. João e Paulo.
27 Q. S. Ladislau, rei de Hungria.
28 S. S. Leão II.
29 ⚜ S. ✠ S. Pedro e S. Paulo.
30 D. A pureza de Nossa Senhora.

JULHO	AGOSTO

JULHO

1 S. Theodorico.
2 T. Visitação de N. Se-
nhora. S. Marcia.
3 Q. S. Jacintho.
4 Q. S. Isabel Rainha de
Portugal.
5 S. O Bemaventurado S.
Miguel dos Santos.
6 🌓 S. S. Domingas.
7 D. S. Pulqueria.
8 S. S. Procopio.
9 T. S. Cyrillo.
10 Q. S. Januario e seus
comp.
11 Q. S. Sabino.
12 S. S. João Gualberto.
13 S. S. Anacleto.
14 D. N. S. do Patrocinio.
15 🌓 S. S. Camillo Lelis.
16 T. N. S. do Carmo.
17 Q. S. Aleixo.
18 Q. S. Marinha.
19 S. As Ss. Justa e Ru-
fina.
20 S. S. Jeronymo Emi-
liano.
21 D. O Anjo Custodio.
22 🌑 S. S. Maria Magda-
lena.
23 T. S. Appollinario.
24 Q. S. Christina.
25 Q. S. Thiago.
26 S. Os Ss. Symphronio,
27 S. S. Pantaleão.
28 🌒 D. S. Anna, mãe de
N. Senhora.
29 S. S. Martha.
30 T. S. Rufino. As Ss.
Maxima e Donatilla.
31 Q. S. Ignacio de Loyo-
la. Gr. gala.

AGOSTO

1 Q. S. Pedro.
2 S. N. Senhora dos An-
jos.
3 S. Inv. de S. Estevão.
4 D. S. Domingos conf.
5 S. 🌑 N. Senhora das
Neves.
6 T. Sant'Iago.
7 Q. S. Caetano.
8 Q. S. Cyriaco.
9 S. S. Romão.
10 S. S. Lourenço.
11 D. N. S. da Boa-Morte.
12 S. S. Clara.
13 🌓 T. Os Ss. Hypolito
e Cassiano.
14 Q. S. Eusebio.
15 Q. Assumpção de N.
Senhora.
16 S. S. Roque.
17 S. S. Mamede.
18 D. S. Joaquim.
19 S. S. Luiz.
20 🌑 T. S. Bernardo.
21 Q. S. Joanna Francisca.
22 Q. S. Thimoteo.
23 S. S. Filippe Benicio.
24 S. S. Bartholomeu.
25 D. O Sagrado Coração
de Maria. S. Luiz Rei
de França.
26 S. S. Zeferino.
27 🌒 T. S. José de Cala-
zans.
28 Q. S. Agostinho.
29 Q. Degollação de S.
João Baptista.
30 S. Fiacrio. S. Rosa de
Lima.
31 S. S. Raymundo No-
nato.

SETEMBRO

1 D. S. Egydio.
2 S. S. Estevão, rei da Hungria.
3 T. S. Eufemia.
4 ☫ Q. S. Rosa de Viterbo.
5 Q. S. Antonio.
6 S. S. Libania.
7 S. S. João.
8 D. Nascimento de N. Senhora. S. Regina.
9 S. S. Sergio.
10 T. S. Nicolau Tolent.
11 Q. S. Theodora.
12 ☽ Q. S. Auta.
13 S. S. Filippe.
14 S. Exaltação da Santa Cruz.
15 D. O Santissimo Nome de Maria.
16 S. Ss. Cornelio e Cypriano.
17 T. S. Pedro d'Arbués.
18 ☮ Q. S. José de Cupertino.
19 Q. S. Januario.
20 S. S. Eustachio.
21 S. S. Matheus.
22 D. Festa das Dores de N. Senhora.
23 S. S. Lino.
24 T. Nossa Senhora das Mercês.
25 ☽ Q. S. Firmino.
26 Q. Os Ss. Cypr. e Just.
27 Q. Os Ss. Cosme e Damião.
28 S. S. Wenceslau. O B. Simão de Roxas.
29 D. S. Miguel Arch.
30 S. S. Jeronymo.

OUTUBRO

1 T. S. Remigio.
2 Q. Os Anjos da Guarda.
3 ☫ Q. S. Candido.
4 S. S. Francisco d'Assis.
5 S. S. Placido.
6 S. Bruno.
7 S. S. Marcos.
8 T. S. Brigida.
9 Q. S. Dionisio.
10 Q. S. Francisco de Borja.
11 ☽ S. Firmino.
12 S. S. Cypriano.
13 D. Nossa Senhora dos Remedios.
14 S. S. Calixto.
15 T. S. Thereza de Jesus.
16 Q. S. Martiniano.
17 Q. S. Edwiges.
18 ☮ S. Lucas Evangelista.
19 S. S. Pedro d'Alcantara.
20 D. S. João Cancio.
21 S. S. Ursula e suas comp.
22 T. S. Maria Salomé.
23 Q. S. João de Capistrano.
24 Q. S. Raphael Archanjo.
25 ☾ S. Os Ss. Chrispim e Chrispiniano.
26 S. S. Evaristo.
27 D. S. Elesbão.
28 S. S. Simão e S. Judas.
29 Trasladação de Santa Isabel. rainha de Portugal.
30 Q. S. Serapião.
31 Q. S. Quintino.

81

NOVEMBRO

1 S. ✠ Festa de todos os Santos.
2 ✾ S. Commemoração dos finados.
3 D. S. Malaquias.
4 S. S. Carlos Burromeu.
5 T. S. Zacharias.
6 Q. S. Severo.
7 Q. S. Florencio.
8 S. S. Severiano.
9 ☽ S. S. Theodoro.
10 D. O Patrocinio de N. Senhora.
11 S. S. Martinho.
12 T. S. Diogo.
13 Q. S. Estanislau Kostka.
14 Q. Trasl. de S. Paulo.
15 S. Dedicação da Real Basilica do SS. Coração de Jesus.
16 ✾ S. O B. Gonçalo de Lagos.
17 D. S. Gregorio.
18 S. Dedicação da Basilica dos Santos Ap.
19 T. S. Isabel, rainha da Hungria.
20 Q. S. Felix.
21 Q. Apresentação de N. Senhora.
22 S. S. Cecilia.
23 S. S. Clemente.
24 ☾ D. S. Romão.
25 S. S. Catharina.
26 T. S. Pedro Alexandrino.
27 Q. S. Margarida.
28 Q. S. Gregorio.
29 S. S. Saturnino.
30 S. Santo André.

DEZEMBRO

1 D. S. Eloy.
2 ✾ S. S. Aurelia. S. Romana.
3 T. S. Francisco Xavier.
4 Q. S. Barbara.
5 Q. S. Geraldo.
6 S. S. Nicolau.
7 S. S. Ambrozio.
8 D. ✠ Immaculada Conceição de N. Senhora.
9 ☽ S. S. Leocadia.
10 T. S. Melchiades.
11 Q. S. Damaso, Portuguez.
12 Q. S. Justino.
13 S. S. Luzia. S. Braz Marinonio.
14 S. S. Agnello.
15 D. S. Eusebio.
16 ✾ S. S. Adelaide. S. Sebastião Maggi.
17 T. S. Lazaro. S. Bartholomeu.
18 Q. N. Senhora do O'.
19 Q. S. Fausta, mãe de S. Anastacia.
20 S. S. Domingos.
21 S. S. Thomé.
22 D. S. Honorato.
23 S. S. Servulo.
24 ☾ T. S. Gregorio.
25 ✠ Nascimento de N. Senhor Jesus Christo.
26 Q. S. Estevão, Protomartyr.
27 S. S. João, Ap. e Evangelista.
28 S. Os Ss. Innocentes.
29 D. S. Thomaz.
30 S. S. Sabino.
31 ✾ T. S. Silvestre.

PARTE LITTERARIA

VARIEDADES

O algodoeiro. — De todas as plantas conhecidas poucas ha, de certo, mais preciosas e prestadias á humanidade que o algodoeiro.
 Nem é dos tempos modernos que data o conhecimento e importancia d'esta planta textil. O uso do algodão em tecidos é antiquissimo no mundo.
 Já no tempo de Herodoto os indios trajavam roupas de algodão.

No primeiro seculo antes de Jesus Christo havia no Egypto e na Arabia, como asseveram auctores de boa nota, muitas fabricas d'esta especie de tecidos. Gregos e romanos os usaram egualmente.

Os chins ou chinas, esse povo singularissimo entre todos os que habitam a terra, pela originalidade do seu viver e economia interior, começaram a cultivar o algodoeiro depois da conquista dos tartaros no seculo XIII. Pela mesma epocha se realisavam valiosas permutações de algodão na Criméa e na Russia, para onde era importado do Turkestan.

No seculo X os industriosos arabes conseguiram aclimar o algodoeiro na Hespanha; e de tal sorte conseguiram aperfeiçoar a manufactura d'estes tecidos, que os algodões de Granada, principalmente, em breve excederam em reputação os que provinham do Oriente.

Na Italia só mais tarde, isto é, no seculo XIV, segundo a opinião do erudito escriptor d'onde recopilâmos estas breves noticias, principiaram a estabelecerse fabricas de tecidos de algodão, asseverando-se que as primeiras levantadas na famosa peninsula, o foram em Veneza e Milão.

No seculo XVI Bruges e Gand, opulentas cidades dos Paizes Baixos, e hoje da laboriosa Belgica, contavam algumas fabricas.

Foi no meiado do seculo XVIII que se inaugurou esta manufactura em Inglaterra, França e outras nações, e é d'então que vem o prodigioso desenvolvimento d'esta industria, coincidindo com o da cultura do algodoeiro nos Estados Unidos da America, principalmente.

O algodoeiro, que os botanicos denominam *gossypium*, pertence ao genero das malvaceas, tribu das hibisceas, subdividindo-se em muitas especies, que todas tem comtudo por caracteres communs, a flor de duplo calice e cinco pétalas similhantes ás do lyrio, variando na côr entre o branco, o amarello ou côr de ganga, e o avermelhado.

São muitas, como dissemos, as especies de algodoeiro já bem conhecidas; as principaes, porém, são, além das que Linneo classificou, isto é, *gossypium, herbaceum, arboreum, hirsutum, religiosum, e barbadense*, as

seguintes: *gossypium indicum, micranthrum, vitifolium, latifolium e peruvianum,* a que os americanos do norte ainda acrescentam o seu *upland* e o afamado *sea island.*

Comtudo, os praticos mais entendidos julgam que se podem reduzir a tres classes, a que dão os nomes de algodoeiro *herbaceo, arbustivo e arboreo.*

SAUDAÇÃO

AO

ALMANACH LUSO-AFRICANO

Eu te saúdo sympathico livrinho, ao iniciares tua publicação — porque sou portuguez e sou africano.

Eu te saúdo, na grata e profunda convicção de que has-de caminhar sempre na senda marcada pelo teu digno director.

E, saudando-te, abraço teu director, meu amigo, certo de que, promovendo tua publicação, promove o engrandecimento do nosso paiz e acorda estimulos para mais largos commettimentos.

Assim todos os africanos, todos os cabo-verdeanos em particular, lhe apreciem devidamente e imparcialmente a larga concepção e o nobre intuito e lhe secundem a ideia, conforme as forças de cada um.

Que todos comprehendam a vantagem de utilisar as horas d'ocio instruindo e instruindo-se.

Que, finalmente, a vida te seja prospera e fagueira, e, não menos lisongeira, a do nobre director — são os vehementes votos que faz do intimo d'alma o

Vosso admirador

Boa-Vista 1–1.º–94.

José Alexandre Pinto

(CABO-VERDEANO)

CHARADA I

Aqui tens ave bella — 2
Adverbio a derradeira — 1
O todo da charada
Serve para a primeira.

(São Vicente, Cabo Verde) *Antonio d'Oliveira.*

O PORVIR

A meu primo Antonio Januario Leite,
mavioso poeta paulense

Assim como a estrella solitaria e meiga
Refulge brilhante em triste noute escuia,
Branquejando as flores e alcantis da veiga,
O crystal da fonte que suave murmura:

Assim tu, meu vate, lá do teu cantinho,
Onde só devera humilde vegetar
O pobre espinheiro inodoro, mesquinho,
A fronte me vens c'o teu brilho dourar.

Quizera ser qual dextra prodigiosa
Roubar-te pr'a sempre essa tristeza infinda
Essa virgem pallida que, vagarosa,
Mata o viço ás flores des'brochando inda.

Nem sempre a vida é perfumosa estrada,
Ai! ella contém desenganados sonhos!
Mas se innunda a fé noss'alma anuveada,
O jugo, o porvir, se nos tornam rîsonhos.

Por isso, cantor, que sentido gorgeias
Lá n'esse teu ninho solitario, umbroso,
Quem sabe se prestes quebrará as peias
Do teu padecer um destino formoso?

. . . .

E, quando mais tarde de laureis virentes
Te sentires cheio no campo da Gloria
Embora de mim, em solo estranho, auzente
Soarão n'esta alma os echos da victoria.

(Cabo Verde) *Uma sertaneja* (Caboverdeana).

O espectro de Brocken. — Ha no reino de Hano-
ver uma corda de montanhas, chamada o Hartz, que
desde a mais remota antiguidade ha sido, a acreditar
as legendas, o ponto de reunião das feiticeiras de todo
o mundo.

E' sobre o Brocken, a montanha mais elevada da
cordilheira, que todos os annos as feiticeiras celebram
o conciliabulo nocturno. Ellas chegam, montadas em

animaes immundos, e, mais geralmente, em cabos de vassouras.

Fazem uma roda, com o seu amo, Satanaz, no meio e renovam o juramento de fidelidade, depois de terem cumprido toda a sorte de cerimonias infernaes, durante as quaes comem a carne dos suppliciados e das creanças mortas sem baptismo.

Imagina-se facilmente que no cimo do Brocken não ha feiticeiras nem demonios, que nunca ninguem assistiu ás pretendidas cerimonias dos conciliabulos, tão complacentemente descriptas pelos historiadores e que só a superstição povoou de espiritos malfazejos a cadeia de montanhas do Hartz. Comprehende-se, comtudo, como o aspecto singular d'aquellas collinas impressionou o espirito demasiado credulo de certas imaginações apprehensivas, tanto mais que muitas pessoas affirmam com razão terem visto ali espectros.

Mas o facto tem uma facil explicação, dada pela sciencia.

O viajante Hane conta que teve a felicidade de vêr o phenomeno.

O sol erguêra-se havia cêrca de quatro horas, por um tempo sereno: o vento impellia adeante de si, para o lado do oeste, vapores transparentes que ainda não tiveram tempo de condensar-se em nuvens. Pelas quatro horas e um quarto avistou n'aquella direcção uma figura humana de dimensões monstruosas. Um pé de vento ia levando o chapeu ao *touriste*, que levan-. tou o braço para o segurar; a figura colossal fez o mesmo gesto. Hane fez em seguida outro movimento para se abaixar e esta acção foi reproduzida pelo espectro. O viajante chamou então um companheiro. Quando este chegou, avistaram ambos duas figuras collossaes, reproduzindo todos os movimentos que elles faziam.

Eis explicado como aquelle bello phenomeno não tem nada de mysterioso e é simplesmente devido á sombra dos viajantes, projectada nas nuvens que envolvem o pico da montanha.

CHARADA II (novissima)

Anda na cidade esta ave — 1, 2.

(Ilha do Maio—Cabo Verde)   *João Q. Santos.*

MÃE

(Ao meu cunhado e amigo Firmo Ferreira Lima)

«Que vate, que lyra, que sons peregrinos
vos sabem cantar
Oh! mães! só os beijos dos loiros meninos
vos podem louvar!»

G. DANTAS.

O' minha santa mãe d'olhar celeste!
venho entregar te os meus primeiros versos
como em troca dos beijos que me deste.
E' como dar um grão de luz ao ceu,
é como dar um grão d'arela os mares...
não valem todos um dos teus olhares,
não valem todos um só beijo teu!

E. COIMBRA.

Mãe!... é nossa santa amiga,
que os pesares nos mitiga
com um só dos seus olhares!
E' tão grande o seu amor,
como do dia o fulgor
n'amplidão dos ceus e mares!

Só mãe não muda na terra
o amor que seu peito encerra,
esse amor immaculado!
Cada dia é mais crescente,
cada dia é mais ardente,
inabalavel ao fado!

Mãe!... é um anjo do ceu
que o Senhor ao homem deu
para alivio do seu mal!
Mãe, cria o filho nos braços
e depois lhe end'ressa os passos
na senda da sã moral!

Infeliz de quem no berço
rouba o destino perverso
os seus braços protectores!
Infeliz, porque não sabe
quanto amor no peito cabe,
d'uma mãe em nossas dôres!

Mãe!... é na terra uma estrella,
cuja luz fulgente e bella
illumina a nossa sorte!
Sem ella tudo é tristeza,
que nas trevas d'incerteza,
Como a fé, nos foge o norte!

Foi mãe que na minha infancia
toda amor, toda constancia
embalou-me no dormir
E depois, n'uma outra edade,
nas garras d'adversidade,
consolou-me no sentir!

Mãe!.. recebe estes meus versos,
embora na dôr immersos,
em signal de gratidão.
Não são d'um anjo innocente,
mas são do triste vidente
a mais alta inspiração!

(Paul—Cabo Verde)   *O Solitario.*

Um brinde soberbo

Não ha muitos mezes que na qualidade de funccionario publico tivemos occasião de ir exercer um acto da nossa competencia a muitissimos kilometros da séde d'este julgado, e, passando por uma ribeira ladeada de dois enormissimos morros, que bem podiam antes dizer-se *cordilheiras*, pela notavel extensão de qualquer dos dois, observamos á nossa esquerda, sobre o ponto mais elevado, numeroso grupo de individuos, que pelos modos nos pareceu em grande regosijo.

Attrahido pela curiosidade, e ainda por um resto de aventureiro que nos ficou, como acontece a quasi todos que já viajaram muito tempo por diversos paizes, dirigimo-nos á casa da festa, transpondo, não sem grande difficuldade, o invio e ingreme caminho que lá ia dar.

A nossa presença impressionou desagradavelmente áquella sociedade de homens, mulheres e creanças de todas as idades; tivemos de nos compenetrar d'esta verdade, e de conhecer quanto fomos indiscreto!

Um sujeito que usa de botas e colloca ao pescoço uma gravata, e depois cinge á *bandoleira* um objectinho que encerra papeis, porque é que se desvia do seu trilho, e só, sem ser chamado, se apresenta a uma boda?

Foi o que fizemos e do que nos arrependemos de ter feito, logo aos primeiros adjectivos com que fomos mimoseado pelos mais salientes personagens do grupo!

Felizmente a cosinheira da festa era uma boa mulher, nossa conhecida, a qual, ouvindo-nos fallar, porque era indispensavel a nossa presença ali, e adivinhando talvez a intenção d'aquella *irmandade*, apresentou-se immediatamente a cumprimentar-nos, e recommendou-nos á sociedade, declarando em tom bem audivel para todos — que por nós sabermos que ella ali se achava, foi a causa de lá termos ido.

Serenou-se, pois, a situação tão pouco invejavel em que nos tinhamos collocado na melhor boa fé, graças á lembrança d'aquella boa senhora cosinheira, e apesar da adiantada libação que havia já apagado soffrivelmente o raciocinio n'aquellas cabeças.

Serviu-se o jantar, do qual fomos obrigado a tomar parte. Fizeram-nos occupar um dos logares mais distinctos, sobre um *pilão*, onde nos conservamos um tanto contrafeito, isto é, obedecendo a pouca altura da barraca que servia de sala de refeição, em cujo tecto a parte superior do nosso craneo conservou-se sempre em contacto durante a *eternidade* d'aquelles tres quartos de hora !

A casa havia cedido á intensidade do temporal do anno passado; improvisaram aquella construcção *ad hoc*, que explica a razão de se servir o jantar em uma barraca.

Appareceu á meza tudo quanto é da praxe em *banquetes* d'aquella ordem, e tudo muito bem feito. Só faltava o vinho, mas, em compensação, havia aguardente que era uma barbaridade !

O mais expedito e fallante dos convivas, depois de ter feito o seu *lastro* mui rasoavelmente, empunhou um *copasio* meio do *que havia*, e sem mais preparatorios, pronuncia em alta voz o seguinte brinde :

«Senhores e senhoras : empunhando este vaso, vou beber este liquido niveo, para a conformidade mais pura e leal da nobre festa presente, na sublime obcenidade politica da nossa patria e familia.

«Como seria virtuoso o exito sublime da maravilhosa catastrophe nupcial no profundo correr da ternura vertiginosa, espherica, depois do silencio inconcebivel da perfida aleivosia e prostração dos senhores noivos, principes d'esta locomotiva sagrada, dos puros affectos mallogrados da nossa alma atraiçoada pela visão magica da solicitude paternal !

«E portanto, senhores, eu brindo aos paes inéditos dos noivos, aos padrinhos e parentes dos dois involucros, consumados na espectativa gesticular do universo inteiro d'esta propicia sociedade, para que o futuro, este monstro certeiro da liberdade tyrannica da phantasia, se converta em glorias excelsas da mais intrincada permanencia transitoria !

«E achando-me na intensidade maviosa do sentimento clandestino do reverbero de uma tarde succulenta em demasia, vou beber esta pinga na mais tranquilla sagacidade virtuosa, e de accordo com os meus luzidos fundamentos, em proveito dos senhores noivos, possantes em altitude da mais inexperiente controversia politica !

«E' pois, desejando aos enlaçados a effervescencia singular e collectiva da maioria duravel, e para a manutenção grotesca dos lêdos sobrepujantes paes e padrinhos, que envio as mimicas estrophes d'esta reverencia affectuosa em summa capacidade physica !

«Vivam os senhores noivos na melhor importancia, abraçados no monstro sympathico que conseguiram penetrar silenciosos, como um rochedo immovel deslisando pela superficie d'um oceano acerbo de freneticas gesticulações interrompidas !»

Este *acerbo* brinde foi calorosamente applaudido por todos, e por nós tambem, que desejavamos vasculhar a maneira porque o *orador* havia adquirido aquelles *conhecimentos*.

Findo o jantar (dos da primeira mesa), durante o qual ninguem mais se atreveu a levantar a voz para brindar, já estavamos na melhor intimidade com o homem do brinde, o qual, convidando-nos para conversarmos um tanto affastados da massa, já então bastante fóra da ordem, contou-nos que devia a um *estudante* (!) a pratica que tinha de fallar em publico, e apresentou-nos seguidamente um papel que trazia no bolso, aonde se lia em bonita calligraphia o mesmissimo discurso que acabava de pronunciar, do que com a devida permissão, extrahimos copia, para não privarmos aos amadores de coisas d'este genero, o ensejo de conhecerem mais esta.

(Sta Catharina—Cabo-Verde)   *Pedro A. d'Oliveira*.

LOGOGRIPHO I

(Ao meu primo e amigo Manuel N. Ascensão)

Faz-nos receoso — 2, 1, 8, 9.
Esta harmonia — 9, 4, 8, 1, 2.
O tal Senhor — 2, 9, 4, 6, 7, 8, 9.
Deu-me instrumento—7, 4, 7, 8 9.

Para esta vida...
Levar ávante
'Stou no meu posto
Sempre constante

(Seminario de Cabo Verde)   *L. A. de Brito*.

SAUDAÇÃO

A S.ª Ex.ª Rev.ᵐᵃ o Sr. D. Joaquim A. de Barros,
Bispo de Cabo Verde, por occasião
do seu regresso á Diocese em 15 — 6 — 92

Jubilosos, mancebos, cantemos :
Traz a aurora aquell'dia suspirado ;
Com fervor reverente saudemos
Nosso amavel, virtuoso Prelado.

Viva! nosso Prelado e Reitor !
Tributemos respeito e amor
A quem vida nos traz ao viveiro.
Viva! Viva! O brilhante luzeiro!

Celebremos com todo o esplendor
Sua vinda que tanto presamos :
Nossos cantos com todo o fervor
Ao sublime Prelado off'reçamos.

Algum tempo convinha não vel-o
N'este canto pequeno africano :
A' Europa o chamava o desvelo,
O dever, a fé ao Vaticano.

E na choça do pobre chorou-se
N'este canto pequeno african;
A indigencia infeliz contristou-se
N'aquell'ida só vendo um arcano.

Mas o anjo bondoso sorri :
«Ahi tens outra mão; já não chores ;
A ti mesmo a direita estendi
P'ra mais vasta região; não chores.»

Como o Apost'lo das gentes procede;
Santa viagem projecta e ultima,
A' immensa fadiga não cede,
Que a presença de Pedro o anima.

Commandante da tropa aguerrida,
Os mais feros certames não teme ;
Dos imigos da Cruz redemida
A seus golpes qual é que não freme?

Rompe os ares o som pastoral,
Qual trombeta sonora, estridente...
Já o estandarte da fé singular
Se levanta das tropas á frente.

Ao commando tão doce e prudente
Tudo em marcha se põe segura.
E eis, invicto, este chefe potente,
Do imigo accommette a espessura.

Venerando, affectuoso Prelado,
Vós, invicto, sagrado Pastor,
A quem este rebanho é confiado
Por Jesus que lhe tem tanto amor.

Vae campeando o estandarte christão
N'esta praça por vós defendida;
N'ella tendes morteiros, canhão,
E metralha e bombarda temida;

Artilheiros vós tendes submissos,
Defensores da summa verdade.
Metralhae os castellos dos vicios
Que pugnando vão contra a piedade.

Attenção, pois, álerta, coragem
Aos soldados por vós consagrados;
A nós, benção, saudavel aragem,
A nós todos por vós confirmados.

Viva! nosso Prelado e Reitor!
Viva! Viva! o brilhante luzeiro!
Tributemos respeito e amor
A quem vida nos traz ao viveiro...

(Seminario-lyceu de Cabo Verde)

P. Pereira Tavares.

(Caboverdeano).

CHARADA III (NOVISSIMA)

(Ao Ex.ᵐᵒ e Rev.ᵐᵒ Padre Antonio da Costa)

A mulhersinha corre para orar — 2, 2

(Fogo—Cabo Verde.) *Joaquim de Freitas Abreu.*

A oração d'uma velha. — Um bispo, andando na visita de sua diocese, entrou em casa d'uma pobre mulher muito edosa que lhe haviam apontado como edificação, que era, da sua aldeia.

Entre outras coisas elle lhe pergunta, quaes são os livros de piedade que mais vezes lê.

— Senhor, eu não sei ler.

— Mas pelo menos rezaes muitas orações a Deus?

— Senhor, não sei rezar senão o meu rosario: *Padre Nosso, Ave Maria, Credo.* Mas d'ordinario não o acabo embora o comece dez vezes no dia.

— Como assim?

— É que quando começo a dizer *Padre Nosso,* não comprehendo como o bom Deus é tão bom, que chegue a querer que uma pobre creatura, como eu, o chame seu pae, quando eu mal sei a doutrina; e confesso que isto me faz muitas vezes chorar, e depois não acabo o meu rosario.

O bispo, que tambem tinha lagrimas nos olhos, volta-se para os que o acompanhavam:

— Senhores, eis aqui uma oração que vale bem por todas as nossas. Cóntinuae, minha rica, e orae sempre assim.

É La Harpe quem refere este facto.

ANAGRAMMA

(Saudosa recordação d'amizade ao meu presado ex-condiscipulo, patricio e amigo)

Manuel A ɿ ves d'Almada
Luiz Nog ⊐ eira Loff
José R. de ⊃ arvalho
P. Pereir ⊅ Tavares
Tiburcio Augu ⌒ to Manuel Ferreira

Januario ⊂ rrico
Joaquim Perei ⅁ a Furtado
Rodolpho Fer ⅁ eira Pinto
Antonio da S ⊢ lva Gonçalves
João Ro ⊃ ha d'Andrade
Leonard ⊂ F. Gama.

(Seminario de Cabo-Verde) *Manuel A. A. Junior.*

96

SENNE

Foliolos e fructos chamados *folliculos*, dos arbustos da familia das *Leguminosas*, do genero *Cassia*, de que existem algumas variedades. As principaes são *Cassia obovata* e *C. acutifolia*. Estes arbustos habitam no Alto-Egypto, Arabia, Syria, Cabo Verde, etc. O *Cassia obovata* cultiva-se na Hespanha e Italia. O *senne* que se acha no commercio, e que se chama *Senne de Paltha*, é a mistura dos foliolos d'estas especies. Os que provém do *Cassia acutifolia*, é que são os mais estimados, são ovaes, agudos, lanceolados, de 2 a 4 centimetros de comprimento, de côr amarellada por cima e verde por baixo. Os do *C. obovata* são ovaes, mais largos no topo do que no pé, muito obtusos, de comprimento de cerca de 3 centimetros Todos tem sabor amargo. Quanto aos folliculos, que ás vezes estão misturados com foliolos, mas que ordinariamente se acham separados, são largos, de côr escura, lisos, chatos; os folliculos do *C. obovata* são arqueados, os do *C. acutifolia* são mui pouco curvos; teem diversas divisões, e em cada uma d'ellas uma semente; são menos empregados do que os *foliolos*.

O *senne* é um dos purgantes mais seguros e mais frequentemente empregados. Determina ás vezes colicas: previne-se este inconveniente, associando-lhe substancias aromaticas, como a *canella*, a *herva doce*, o *gengibre*, ou outros purgantes menos energicos. O *senne* tem a vantagem de produzir o effeito purgativo quasi immediatamente depois da sua applicação. Dirige principalmente a acção sobre os intestinos delgados.

A IMAGEM DA VIRGEM

(A's ex.^{mas} amigas D. Hermelinda e Amelia Spencer)

—Porque choras, Chiquinho,
Tão triste, coitadinho?
—Porque a minha Virgem
Immac'lada d'origem

Rasgou-me o filhinho
Do doutor *Theophinho.*

—Esse doutor, meu anjo,
Não crê na Virgem pura
E ensina o marmanjo
Ao filho a loucura.

—Mas a Virgem não ralha?
Não lhe castiga a falha?

—Não ralha, não, meu rico
Paciente o chama, espera,
Mas belisca o burrico
Té chegar á via vera.

—Essa via, mamã,
E' a vida christã?

Sim, é o verdadeiro
Caminho do Senhôr,
Que nos leva co'amor
Ao fim derradeiro.

A' da Virgem morada,
Da Virgem immaculada!

—Mas ella não 'stá lá...
Que rota me foi já!...
—Não, rompeu-se a pintura
Da Virgem, mas não Ella,

Que 'stá no céo e vela
Nossa vida futura...

O menino ficou
Pensativo, calado...
E a mãe lhe beijou
O labio carminado.

(Sant'Antão—Cabo Verde)   *D. Maria da Costa.*

LOGOGRIPHO II (POR LETTRAS)

(Aos insignes caçadores da I. da Bôa-Vista)

Esta mulher, — 11, 13, 4, 9.
Que tem corôa, — 3, 12, 13.
Cidade nobre.—1, 2, 11, 4, 2.
Canta, entôa—1, 5, 7, 4, 9.
No ceo, na musica, — 8, 5, 10.
Mas desentôa! —6, 5, 13, 6, 9.

CONCEITO

E' porto do archipelago.

(Santa Catharina — Cabo-Verde)
Pedro Antonio d'Oliveira.

AFRICA

A audacia tem sido sempre o distinctivo do nosso caracter; a fé, o timbre dos nossos heroes. Um campo immenso se estadeia graciosamente á nossa audacia e á nossa fé; Africa por exemplo, Africa que, sem delongas, deve ser lapidada com o esmeril do trabalho e ungido com o oleo da crença.

Africa, a região mysteriosa que parece um enorme jeroglyphico escripto sobre a terra; Africa, a região das castas oppressas e das planuras uniformes, logra actualmente um privilegio bem singular; attrahe na Europa as vistas de todos quantos pensam, porque incende as ambições de todos quantos governam. O mundo policiado convenceu-se, emfim, de que esse bravio e invio territorio, tido e havido qual horrido forno de cal, onde se tostam raças primitivas como os negros ou raças degeneradas como os beduinos, encelleira ubérrimos recursos ao commercio e favoneia amplissimos espaços á civilisação.

É nada mais justo, nada mais digno, que contribuir para que o continente gigante, que n'um dos seus lindes outr'ora serviu de ponto de intercepção no caminho de todas as gentes, venha servir agora nas suas latitudes de ponto de conjuncção ao rasgo de todas as ideias.

O ministerio civilisador da Africa — esse ministerio transcendental e sublime que pende a evocar á vida do pensamento e do direito infinitos entes miserrimos ou envolvidos como fétos ou desencavernados como feras do ventre da natureza,—é ministerio de alta religião e de alta humanidade. E se não póde negar-se que, segundo a lei historica, aos povos superiores incumbe a tutella e a cultura dos povos inferiores, é evidentissimo que similhante ministerio deve recair de molde nas raças latina ou germanica — nas duas grandes raças europeias. Ora, entre os povos da expansiva raça latina, nenhum, por seus feitos e por suas tradicções, mais auctorisado para moderar e polir o continente africano, que o povo portuguez.

Contestam-se taes titulos, é verdade; contestam-se e acalcanham-se. E' verdade tambem, que se acalcanham porque se cubiçam!

99

Mas se, attenta a nossa pequeneza, e ainda o nosso desgoverno, esses titulos como thesouro historico nada valem na banca de certas potestades, que roazmente só costumam cotisar a força, pouco importa. Sobram á honrada e *pequena casa lusitana* outros desembaciados e não menos authenticos brazões. Temos, á beira do continente negro, esta posição geographica indestructivel, que nos facilita relações, sempre penosas, sempre difficilimas, a outros povos mais estranhos e mais distantes da Africa. Temos esta soberba compleição meridional, que nos dá em todas aquellas paragens uma acclimação indispensavel e extremamente avessa aos filhos do norte — os quaes, a summo esforço, conseguirão apenas fundar alli feitorias combalidas ou colonias embryonarias.

Temos esses archipelagos encantados, essas escalas magnificas, esses depositos raros, esses portos segurissimos: os donosos Açores, a esplendida Madeira, o famoso Cabo-Verde, as ferteis e ridentes S. Thomé e Principe que, como um collar maravilhoso, se vão distendendo, esmeralda a esmeralda, desde as alturas de Lisboa até ao golfo de Guiné, para aderecar e abrochar em nós, seus possuidores, a obra festival dos progredimentos africanos. Temos o proprio enlace das ondas e das espumas oceanicas, mais forte que todas as cadeias, que prende á metropole, de costa á contra-costa, os litoraes de Angola e Moçambique. Temos as sympathias dos indigenas que reclamam, a berros, a nossa protecção e repellem afincadamente outra qualquer. Temos, entre notaveis e auspiciosas explorações recentes, a bizarra travessia de Serpa Pinto desde Angola até Pretoria, e a ovantissima travessia de Capello e Ivens desde Mossamedes até Quilimane. E, sobre tudo, e além de tudo, temos a dentro do peito um coração patriotico—pois seria mister arrancar primeiro este coração, para se extinguir radicalmente o proposito firme, inquebrantavel, tenacissimo que conservamos como herança sagrada, de acepilhar por todos os meios e de christianisar com todas as véras os nossos prestigiosos dominios d'Africa.

E ai de nós se o não fizeramos; ai de nós se descuraramos esses dominios—pedaços d'alma da celebérrima nacionalidade portugueza—que para ahi nos fi-

100

caram, quaes restos de um grande naufragio! Seriamos como se não fossemos, ou peior ainda, nada seriamos, embora fossemos; não passariamos de uma ociosa bastardia social, de um d'esses povos, sem significação e sem prestimo, que emquanto lhes não bate a hora derradeira, vegetam languidamente, pobres plantas parasitas! sem ar, sem luz, sem vida, sobre o sepulchro da sua historia.

Façamos, pois, este acto de indeclinavel patriotismo. Façamos cultivo e façamos tambem futuro! Escutemos Africa, satisfaçamos Africa, missionemos Africa, que nos implora o baptismo da civilisação. Urge vibrar esta palavra em todos os tons, reproduzil-a a todas as horas, soltal-a a todos os ventos, encher com ella as sessões do parlamento e embrechar com ella as columnas da imprensa, estampal-a nas leis, embebel-a nas consciencias, diffundil-a nos templos, e mormente estereotypal-a, alastral-a, insculpil-a ao pé da cruz — que é o monumento inicial da liberdade e o florejante labaro civilisador.

(Portugal)   *Conego Alves Mendes.*

MANILHAS

(Canções populares bravenses)

CREOULO DA ILHA BRAVA

Bu átchâ um cruz nâ bu câminho,
Bu ràsâ, bu 'fârêcê;
— Dês purdâ prôbì sê culpa..
Coitádo quem que morrê....

'M atchá-bu djunto cu cruz,
'M pô indoêdjo 'm pedi-bu
Ná cábu de 'm pedi Dês!
— Coitado é quem que 'stà bibo...

Brava, 7 de dezembro, 93.

Traducção litteral

Tu achas uma cruz no teu caminho
Tu reza, tu offerece:
— Deus perdôe (*ao*) pobre suas culpas:
Coitado (*d'*) aquelle que morreu...

Eu achei-te junto com (*a*) cruz
Eu puz (*me de*) joelhos, eu pedi-te
Em cabo (*Em vez*) de eu pedir (*a*) Deus !
— Coitado é quem que está vivo…

Traducção livre

Encontraste uma cruz em teu caminho,
E paraste a resar e a Deus rogaste:
— Perdoae, Senhor! perdoae ao pobresinho
Coitados dos mortos…

Achei-te ajoelhada aos pés da cruz
E suppliquei-te fervorosamente
Em vez de supplicar ao bom Jesus !
— Coitados dos vivos ..

(Cabo-verdeano)   *Eugenio P. Tavares.*

NECROLOGIO

(A' saudosa memoria de J. Silva Almeida)

A morte — fatal consequencia da vida.

Quem diria oh! meu querido irmão, que onze dias depois do teu regresso ao lar que te viu nascer, uma prematura morte te privaria de tamanho goso !

A nossa carinhosa mãe, sonhando immensa ventura, animava-te, por causa dos teus seis annos d'ausencia, como lembrando o tempo em que ella te afastava do seu purissimo peito, depondo-te no fagueiro berço; as nossas irmãs, nossas tias, contemplavam a tua magestosa presença, e diziam : «é o nosso consolo, o nosso amparo!» — A nossa boa avó, patenteava-te a sua maviosa bondade, e tu, esquecendo-nos, disseste-me : «saudades infindas, vou morrer»!… E com estas ternas phrases voaste á eternidade — Infausto término preparaste á festa da tua recepção!

Eras triste, modesto, intelligente; assim tristissimo foi ver-te deixar o mundo na flórea edade de 23 annos, quando vinhas novamente gosar os carinhos da familia que te abraçara soluçando de jubilo… Inexplicavel decreto da Providencia!

N'este livrinho deixo, irmão, estes brevissimos traços á tua memoria, em signal de infinita, eterna saudade e dôr profunda. — Descança em paz que orarei por ti…

(Paul)   *Manuel Silva* (Caboverdeano).

CONFISSÃO

(A' minha querida e boa amiga Anna Alves Loreto)

Quero hoje ser indiscreta
Um segredo revelar,
Aqui baixinho entre nós
(Que ninguem venha escutar)

Bem me recordo: era noite
Caminhava o lindo abril
De galas todo vestido
Muito oloroso e gentil.

Do céu mil flores de prata
Olhavam p'ro manso Tejo
Se retratando nas aguas
Com dislumbrante lampejo.

E contente e pressurosa
Fui á sua habitação,
Risonho 'ar tão amado
Do meu pobre coração.

Cheguei á porta bemdita,
Parei então anhelante,
E uma voz melodiosa
Se fez ouvir á escutante.

Oh, resistir eu não pude!
P'la fechadura espreitei,
Mas espero absolvição
(Que é feia acção bem n'o sei.)

Contemplei, Deus da minh'alma,
Um conjuncto harmonioso
E de poesia e d'amor
Vi um painel luminoso.

Ella, sentada, e aos pés,
Loiro menino gentil,
Contemplando-a risonho
Em pasmaceira infantil.

Sobraçava uma guitarra
Primorosa e luzidia
E sob os dedos de rosa
Espalhava melodia.

Como seus olhos brilhavam
Com dulcissimo fulgor!
E como alegre trinava
O seu bello hymno d'a mor!

Oh, canta sempre, donzella,
Que a vida é mar d'illusões!...
O teu canto feiticeiro
Resuscita os corações.

Nunca te vejo chorar,
Minha donzella querida,
Senão de goso purissimo
Doce flôr de minha vida.

Fevereiro de 1892.

(Sant'Antão)

Humilde Camponeza.

Os almanachs. — A palavra *almanach*, *almanak* ou
almanaque, vem do grego *almenachion*, como se lê em
Eusebio (seculo 3.º), ou do arabe *al-mana* (calculo).

Os almanachs foram conhecidos dos Egypcios, Gregos e Romanos; e dos Indios e Chinezes, primeiro que aquelles, desde tempo immemorial.

A Egreja encarregou-se durante muito tempo da sua

103

redacção para indicar os dias feriados, e eram affixados nos templos, junto ao cirio paschal.

Encontram-se até ao seculo 17.º exemplos d'estas *tabuas paschaes*. Mas o uso dos almanachs annuaes não remonta além da invenção da imprensa.

O de Jorge de Peurbach (Vienna 1457) é o mais antigo.

O «Gran compost de Bergiers» (Paris 1493) é tido como o primeiro impresso em francez. Rabelais publicou em 1533 um *«Almanach calculé sur le meridiona de la noble cité de Lyon»*. Nostradamus começou en 1550 a publicação do que tem este nome.

O primeiro almanach de «Mathieu Laensberg» data de 1636. Não tardou este, porém, a tornar-se um máu livro. um acervo de absurdos e de phantasias ridiculas. Foi para combater a sua influencia perniciosaque se publicou em 1740 o «Bon Messager boiteux de Bale en Suisse,» que teve um successo extraordinario. Ha vinte e tres annos, porém. que o «Mathieu» tinha ainda uma extracção de 100:000 exemplares.

Em França appareceu em 1801 o *Almanach do commercio* por Tynna continuado por Bottin, e reunido em 1857 ao «Annuaire du commerce» de M. M. Didot. O *«Almanach des Muses»* em 1764-1833, cujos editores foram Mathon de La Cour, Santareau de Marsy, Vigée etc. O *Almanach official* (royal, imperial ou national, segundo os tempos) começou alli em 1679, e não tardou a apparecer tambem nos outros paizes. Prussia em 1700, Saxe em 1728, Inglaterra 1730, e hoje quasi todos os estados incluindo a China e o Japão, têem o seu annuario official.

O almanach de «Gotha», assim chamado do nome da cidade onde elle se edita, data de 1763.

A. da C.

ENIGMA I

(A' minha Guilhermina)

A's direitas, sou querer,
Mas querer do coração;
A's avessas, simples galho
D'arvore da tua nação.

(Santo Antão.) *D. Fortunata da Graça.*

(Caboverdeana)

MALVA

Genero da familia das Malvaceas, contém plantas herbaceas, sub-arbustos ou arbustos, que habitam em diversos climas do globo; muitas ha em Cabo-Verde. São todas notaveis por suas propriedades emollientes, de sorte que pódem ser no uso medico, sem inconveniente, substituidas umas pelas outras.

As principaes que se acham nas boticas são: Malva silvestre (Malva sylvestris, L.), e Malva de folhas redondas ou Malva pequena (M. ratundifolia, L.) A malva silvestre tem caules asperos de 60, 90 e mais centimetros de alto; folhas alternas, chanfradas na base, de 5 a 7 lobulos agudos ou um pouco obtusos, crenulados; peciólos longos, pelosos, flores entre azues e purpúreas, com veios de côr escura, sabor mucilaginoso. Usam-se folhas e flores. Emolliente; emprega-se frequentemente em todas as inflamações.

Recordação

Nas longas noites, quando o peito arqueja
e a mente adeja n'amplidão do ar,
quão grato e doce recordar verdades,
ternas saudades, de prazer e amar!

Quão doce e grato recordar frementes,
beijos ardentes de prazer e amor!
quão bello e grato recordar saudoso,
tempo ditoso a que succede a dôr!

Depois, mais tarde se o cynismo acalma
o fogo d'alma que paixão só é,
vem um sorriso indifferente e frio,
gelar sombrio o sentimento e a fé!

E os annos findam, e a vida córre,
e à flor que morre tão pendida assim,
nem pede um canto que lhe lembre ao menos,
dias serenos, d'um gozar sem fim!

(Paul—Sant'Antão) *Dr. Luiz F. Gonzaga dos Santos.*

Foi no espolio do fallecido Dr. Gonzaga que encontrá-mos essa bella poesia, filha d'uma d'essas mornas noites de luar, quando o poeta, no seu vago scismar, sente a tristeza assenhorear-se-lhe da alma, ao rever, do seio da solidão, o saudoso quadro do seu passado...

Januario.

Instituição da imprensa politica n'esta provincia

(CABO VERDE)

Dois grandiosos fins consubstanciados na nobre mis-são da imprensa, um o augmento material dos paizes, outro, o engrandecimento moral dos povos, se desper-taram, alguma vez, n'esta provincia, a idéa do esta-belecimento da imprensa periodica, até hoje não con-seguiram ainda decidir os animos a arrostar com essas difficuldades que a quanto é util se antolham no có-meço.

Ha obstaculos que não resistem á perseverança, á

qual, em breve tempo, cedem, destruidos no campo da lucta, a gloria do triumpho, e esses obstaculos são os que logo se oppõem á existencia de mais convenientes instituições. Mas quasi sempre, essas difficuldades, esse veneno de fraca acção contra a vontade dos homens, adquire, pela timidez d'elles, a força de acção mortal.

Quando o jornalismo sabe fugir ao dominio do espirito parcial das facções politicas, e não troca a sua magestosa independencia pela degradante posição de instrumento de deshonestas ambições, de vinganças miseraveis de desordem e desgraça dos povos, eleva-se nas abençoadas azas da felicidade d'elles á altura em que todas as classes generosas da sociedade o contemplam, filho da razão amante da verdade, respeitador do direito, centro de luz, anjo de paz.

A imprensa que não queima á porta dos grandes das nações o incenso, cujo perfume suave se perde no thuribulo da adulação, sustentado em mãos de indignos, soffre uma certa perseguição, duradoura, ás vezes, que, ora se declara, e vem a campo, ora, perdida a esperança da victoria, se recolhe a operar em segredo, envolvendo-se em risonha e sympathica apparencia ao jornalismo que guerreia ainda. Mas, a imprensa que já lançou solidos fundamentos no seio dos povos, não teme a lucta em campo aberto, nem receia que lhe vão minar os alicerces. Aos illustrados golpes d'ella cahem erroneas e nocivas doutrinas. A sua palavra, como a do sacerdote do christianismo, aclara e evangelisa a verdade. Do alto da sua tribuna vão os echos da sua voz ao gabinete dos poderes publicos, a detel-os á beira do perigo que os attrahe e d'ahi, desvial-os para caminho seguro, em defeza dos direitos sociaes; e esses echos continuam, resolvendo grandes problemas economicos e politicos, esclarecendo a auctoridade nos seus juizos, rasgando o veu aos abusos do poder, sustentando, por toda a parte, a virtude, dissipando as nuvens da ignorancia, estimulando os povos ao progresso.

A publicidade é o sustentaculo da liberdade.

E esta provincia sem imprensa politica ainda, que a innunde de sua luz civilisadora!...

Plante-se a arvore, que, logo copada e fecunda, produzirá sombra e fructos. Esses fructos pendem sobre o abatimento das populações transformando-o em prosperidade. A essa sombra abrigam-se as garantias dos cidadãos...

A utilidade publica traduz-se pela particular, e, assim, a cada cidadão cumpre empenhar-se em individual proveito tambem, no proveito commum da progressista fundação da imprensa politica.

O dever é tanto dos filhos d'esta provincia, como dos estranhos aqui estabelecidos, que comprehendam quanto póde e quanto vale a imprensa erguida no seio de um povo.

(Praia de S. Thiago) *H. O. da Costa Andrade.*

CHARADA IV

(A' Feia)

Não verás na terra,
Sem mescla de crime,
Quem, mais do que eu,
Tão simples t'estime, — 2

E falte o que falte
Ao nome tão doce — 2
Me é prohibido
Que a outrem te endosse.

Pois teu nome é tudo
E teu todo é nome,
Que o coração
Definha e consome.

(Cabo-Verde)

A. Marejas.
(Caboverdeano)

Um primor de descripção. — A ramada suspensa em esteios de pedra formava o enfolhado docél do tanque. Pendiam já doirados os enormes cachos de ferral. Alguma folha escarlate, outra amarellecida pelo queimar do sol, realçavam, variegando as côres, a abobada afestoada. Nos rebordos da bica rustica por onde a agua derivava, gorgolejando nas algas, verdejavam vegetações filamentosas, pendentes como meadas de esmeraldas, e miniaturas de relvedos, onde os insectos se pousavam n'um ruflar deleitoso de azas, no regalo da frescura, oscillando as antennas. Duas gallinhas

108

com as suas ninhadas esgaravatavam na leiva humida, a cacarejarem a cada granulo ou insecto que bicavam, e deixavam cahir e retomavam de novo. com umas negaças, para ensinar os pintainhos que se disputavam a posse do cibato, em corrimaças impetuosas, azoratadas. De vez em quando, á tona d'agua, rente com o combro de cantaria afofado de musgos verdes, emergia a cabeça glauca de uma rã que pinchava para a alfombra, coaxava o seu dialogo interrompido com outra rã do beiral fronteiro e ambas a um tempo, mergulhavam de pincho, quando Cacilda batia a roupa na pedra esconsa do lavadouro. Estava o sol a pino; mas pela densidade folhuda do parreiral apenas coavam umas lucilações a laminarem tremulamente a agua ondulosa e escumada de sabão.

LOGOGRIPHO III

(Ao Pilotinho)

Se não és bom caçador
Não tentes abordar
Este afro-luso composto,
Que o caco põe a girar.

Mas não é cousa difficil—2, 13, 5, 4, 14
Metteres-lhe tu o dente,
Se bom instrumento tens,—2, 1, 5, 6
E bem graduada uma lente.

Elle se vence, afinal—2, 9, 6, 5, 8
Se tomas paciencia e geito;
Sempre se lhe entra bem—7, 8, 3, 10, 13
Apezar do seu defeito, 10, 8, 9, 10, 8

Atira tu pois ao alvo
Se te fere o appetite —12, 11, 14, 6
Mas tem tu cautella a caça
Não te faça uma gastrite.

Em que só te consolar
O Reino e o Continente,
Irmanados, poderão,
Em lettras, commercialmente.

(Algures) *Eugenio S. Pinto.*

(Caboverdeano)

BOA-VISTA

(Ao meu caro amigo Pedro A. d'Oliveira)

A Boa-Vista é uma cidadã excentrica, esquipatica, cuja formação metaphysica se afasta inteiramente da regra geral... É um caracter *sui generis*, extravagante, original, cujas excentricidades não coincidem, cuja ethnographia não pode definir-se *in re*. Se ella não fosse nossa mãe, diriamos que a sua existencia é uma existencia cabalistica!...

Todos os contornos do seu ser amphibologico inspiram contradicções antitheticas. Começa por ter *boa vista* e padecer myopia. Perde tudo quanto tem, e, dadas certas eventualidades, adquire tudo quanto não tem. Dorme sem ceiar, ou ceia cachupa só, e no dia seguinte, se lh'apraz, almoça os mais caros e exquisitos manjares. cabeça d'aguia com molho branco, miólos de canarios *à fricandó*, figado de chicharro estufado, costelletas de codornizes *á rainha Claudia*. Hoje, atravessa a praça publica vestida de mendiga; ámanhã vae á missa trajando esplendida *toilette*. Affeita a todas as calamidades, prevendo todas as catastrophes, desata-se a rir quando a fome lhe bate ás portas. Então come carne de cabra, depois os ossos, depois as pelles, e finalmente os chifres... As mais das vezes, chega ao ultimo cabrito, mas á ultima hilaridade, isso nunca, jámais.

Não sabe grammatica nem trata de a saber, mas a sua litteratura tem o sublime das imagens, e o colorido *enflé* dos sentimentos heroicos, que imitam Marot, e excedem Margot. Haja vista, Baptista Ramos, S. Fortes, F. d'Oliveira, A. Spenser, e muitos outros, sublimes exemplares. N'um *coup d'œil* ella faz do José Mosso um articulista de polpa, e do Antonio Eduardo um chronista hyper-buffo.

Ao primeiro enche de *galimatias duplo*, ao segundo atufa de *cacophonia* tambem *dupla* e atira ambos para o mundo litterario, por meio d'um pontapé... Onde não espera encontrar senão protuberancias calosas, sahem-lhe protoplasmas d'esta força. Protoplasma rima com cataplasma, e cataplasma é um catheretico formado de polpas. Esta métalepse é muito *chic*, e passa... *á ordem do dia*...

110

É muito pandega a Boa-Vista!...

A sua gestação monstruosa envolve sempre dois fetos monstruosos-antagonistas, isto é, Bruto e Ravachol. Poder-se-hia bem dizer que ella é a antithese de si mesma. Produz ratos e cria gatos, semeia vastas campinas, e solta alluviões de gafanhotos, e, quando lhe dá na veneta engendra febres palustres, com que mata uma grande parte de seus filhos. Nephelibata!

Nenhuma situação lhe agrada, e todas lhe apraz crear. Quando ella está de chapeu alto aspira á carapuça. Á camisa de Thémis prefere os andrajos de Bellone. Junta sempre um pedaço de burlesco ás coisas sublimes, e vice-versa. Por este processo, faz d'um gato-pingado um vereador, e d'um vereador, um *scarecrow*, palavra ingleza que em francez significa... *epouvantail*. Uma vez saciada a sua hilaridade, dá-lhe (a elle *epouvantail*) com a... tabúa.

Se acontecer ella tropeçar e cahir, em virtude d'um safanão do despotismo, levantando-se, trepa pelo monte Aventino, olé! Abarricada-se por tudo e a proposito de tudo, e corre os intrujões ás pedradas. Uma vez o Afra, administrador do concelho, teve a petulancia de lhe pisar um callo, o que deu logar á seguinte furibunda interjeição: Fóra com elle!... O Afra, foi-se...

As coisas mais differentes, desde a apparição belligerante da nossa *Aquidaban* Rio Ave, em 1882, até ás eleições de novembro de 1892, encontram a sua imagem completa. O 82 tem a sua epopéa e as suas apotheoses. O 92 tem a sua tragedia e os seus anathemas. A posteridade venceu a anterioridade. *Gloria in excelsis...*

(Boa-Vista — Cabo-Verde)   *Baptista Ramos.*

(Caboverdeano)

CHARADA V

No oceano este appellido é fructo —1, 2.

(Santo Antão—Cabo-Verde)   *Amansio.*

111

LAGRIMAS

Pela sentida morte do meu padrinho dr. Luiz F. Gonzaga dos Santos
aos 20 de janeiro de 1891

> Oui, la mort seule nous délivre
> des ennemis de nos vertus,
> e notre gloire ne peut vivre
> que lorsque nous ne vivons plus.
>
> *(Le F. de Pompignam).*

Musa da morte, que ao passar assiste
dos grandes homens, desgrenhada e triste :
chora! que eu choro de Gonzaga a morte,
fouce implacavel que, da vida o norte,
nos venda ás vezes, prematura ainda,
cheios de força e de esperança infinda!
Musa da morte, com funéreos mantos,
na minha lyra, vem pousar-te em prantos!
que chóre a terra, o ceu, a natureza!
cubra-se tudo de feral tristeza!
Paul! O' patria, chóra o teu conforto!
chorai, paulenses, porque o mestre é morto!
Guia do bom e do tiranno açoute!
Phanal brilhante em procellosa noute!
Elle, que ousado, desfructar podera
a vida e os louros d'uma illustre esphera,
poéta e sabio, despresando o mundo,
buscou abrigo solitario e fundo,
  sem sonho e sem grandeza!
Ali vivia, como em claustro o monge
do mundo ingrato, vive humilde e longe,
  com Deus e a natureza!
Foi sempre grande, generoso e nobre
mas tantas luzes hoje a campa cobre,
  como ella cóbre tudo!
Só a saudade que é sincera, infinda,
jámais no peito dos paulénses finda
  pelo seu mestre mudo!
E se outra vida existe além da morte,
que do mortal suavisa a negra sorte,
  se a crença for verdade,
a elle, eternos louros lá nos ceus
e bemaventurança aos pés de Deus,
  por toda eternidade!

(Expansões d'alma) Paul — Cabo Verde   *Januario.*
112   (Caboverdeano)

Canna saccharina. — Planta da familia das grammineas, pertencendo ao genero *saccharum* (*S. officinarum*).

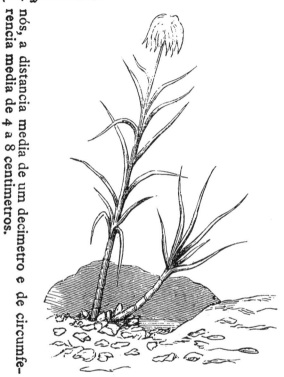

A canna saccharina é uma bella planta alta, vivaz, de haste de 3 a 10 metros d'altura, dividida em numerosos nós, a distancia media de um decimetro e de circumferencia media de 4 a 8 centimetros.

Cada entre-nó contém cellulas accumuladas de assucar que se extrahe por compressão. Folhas longas de base embainhadas, flores em *panicula* branca e sedosa.

Habita as regiões tropicaes do globo, e constitue nas ilhas de Santo Antão, S. Nicolau e S. Thiago e Fogo (Cabo-Verde) um dos principaes ramos de commercio.

Principaes variedades:
Canna de Bourbon, de Java ou de Batavia ou de listas violetas. *Canna de Taiti*, a mais conhecida e robusta.

A canna saccharina é originaria do sul da Africa, onde ella foi cultivada desde a mais remota antiguidade; foi introduzida na região mediterranea pelos Arabes, e os Hespanhoes a importaram na America onde ella se espalhou mui rapidamente.

Foi mais tarde importada na costa oriental da Africa e finalmente na Australia.

A canna saccharina contém na sua substancia 90 % de summo, contendo de 18 a 20 % de assucar crystallisavel. E' mais rica a sua parte inferior.

Parabens

(Ao padre André Firmino)

Eu fui bater á porta honrada do abastado
Onde a fecunda paz as crenças avigóra.
Entrei aonde a dôr esmorece e descora
A fronte encanecida e triste do entrevado.

Busquei esses a quem, doce, o Crucificado
Chamava a si, banhando as almas n'uma aurora,
E mystico, e feliz como um crente d'outr'ora,
Lhes disse: parabens, ó povo afortunado!

E agora, eu venho, ó padre, em nome d'essa gente
Que em meio da oração se ri placidamente
Com a serena fé d'um bemaventurado;

Em nome d'esse povo honesto e soffredor
Com quem rides na festa e pranteaes na dor,
Agradecer a Deus por terdes cá ficado!

(Cabo-Verde)—Brava   *E. P. T.*

CHAADA VI (novissima)

Este vegetal na musica é perverso — 2, 1.

(Sant'Antão)   *Amancio.*

O JOGO DO PIÃO

(Ao meu presado compadre e amigo Aurelio A. Spencer)

Nas proximidades da Quaresma começam as creanças a preparar o seu bom pião e correspondente linha para o influído jogo da Semana Santa, ao qual se dá o nome de *clim*, e onde se dão peripecias interessantes, que vamos descrever na sua originalidade.

Ajuntam-se nos logares planos da povoação, em grupos de mais de 8 rapazes, e um d'elles traça no chão um circulo a que dão o nome de *gasola*, e ao centro colloca-se um *caco* discoide chamado *alma*.

Feito isto cada um enrola o seu pião, de tamanhos differentes, e começa-se o jogo fazendo-se a pontaria para a *alma*, que serve de alvo.

Aquelle que tiver a infelicidade de ferir a *gasola* fóra da alma, é obrigado a deixar alli o pião, e o que, ao contrario, ferir a *alma*, ou a deitar fóra do centro da *gasola*, é applaudido e é o rei do jogo.

A uma certa distancia abre-se então no chão um pequeno cabouco, aonde deve ser conduzido o pião do parceiro que havia ferido mais distante da *alma*, o que se faz por *baques* e *cabes*.

N'esse influido trajecto, entre alaridos, uns, vão *pçindo* (fallando) e gritando : *desmando do pé do jogador*, — pretexto de disfarce ; — e outros fazem *garrafinha*,[1] para não falhar o seu *cabes* que deve ser contado.

Diz-se tambem *comer vacca*, quando o pião do jogador vae certeiro ao pião que estiver no chão e joga.

Entrado que seja o pião do jogador infeliz no cabouco, gritam logo: *Dentro sem burla!* E cada um empunha o seu instrumento do jogo á laia de uma palmatoria para applicar castigo ao parceiro infeliz, e ai d'aquelle que dér uma palmatoada sem atravessar a sua propria linha do jogo na bocca, porque é logo apanhado em *ronceada*, isto é, invertem-se os papeis entre o algoz e o paciente, que applica o dobro da pena áquelle.

Concluido assim esse supplicio, o pião que sahe do

Diz-se *garrafinha* quando o pião, não jogando, fica suspenso da linha pelo ferro.

cabouco é arremessado a uma dada distancia e em sitio que contenha entulhos, farrapos etc., para levantar difficuldades na partida seguinte.

Este sitio chama-se então *ferrúpo*, e é alli que os piões se enroscam em farrapos, etc., produzindo o som gracioso de *ferr…rrúup…!*

Assim no alegre e festejado dia — *sabbado santo* — é assaz curioso presenciar o enthusiasmo, a confusão e a desordem occasionadas por este jogo no adro da Egreja, logo que os sinos, foguetes e tambores annunciam a *Alleluia*.

*

* *

Por similhança aqui está hoje muito em voga a palavra — *clim* — quando por qualquer circumstancia, algum individuo estiver envolvido em questões judiciaes, politicas ou mesmo particulares. Diz-se: «*F. está envolvido agora n'um grande clim.*» Como quando se entra n'um embaraço se costuma dizer : *Já cahiu no ferrupo.* O que corresponde a estar em sérios embaraços e difficuldades.

(Boa-Vista — Cabo-Verde.)

Bérinho.
(Caboverdeano)

CHARADA VII

(Ao meu reverendo amigo Padre L. Cardozo)

Antes da tua sahida
Do teu lar, p'ra longes terras,
Vai tu primeiro á egreja
Q'um só passo assim não erras—1

Voltarás assim feliz
A' patria tua querida,
Onde o Euphrates chorou
E dá aos campos vida. —2

E se um rico thesouro
Na viagem te depára,
Sê digno sempre e honrado
Temendo de Deus a vara.—2

E tu e tua familia
Vivereis sempre contentes
No doce e pio viveiro,
Que bem dizem cultas gentes.

(Santo Antão)

P. A.
(Caboverdeano)

O macaco e a raposa.—«Lembra-me lá um animal tão esperto, que eu não possa imitar !» N'estes termos se gabava um macaco, dirigindo-se á raposa.

A raposa replica:—«E, tu, dize-me que animal tão miseravel haverá, a quem passe pelo bestunto o imitar-te a ti ?»

116

O mundo está desgraçado

(Estribilho)

Caminha tudo ás avessas,
Anda tudo aos trambulhões!
Andam a pé as condessas,
Os viscondes e os barões!
Emquanto que os taberneiros,
Marçanos e albardeiros,
Andam de carro estofado!
Caminha tudo invertido!
Meu Deus! 'stá tudo perdido!
O mundo está desgraçado!

Sabe hoje qualquer fedelho
Grego, latim e francez;
Mas afinal chega a velho
Sem saber o portuguez;
Ha hoje tantos litt'ratos
Como no janeiro os gatos
A miarem no telhado;
Tantos sabios! tantos poetas!
Jesus! meu Deus! que patetas!
O mundo está desgraçado!

Hoje quem fôr estouvado
E imponha de sabichão
Alcança ser deputado
Visconde, conde ou barão!
A ministro sobem todos,
Que saibam pregar engodos
Com chocho palavriado,
Que tenham finura e ronha
Meu Deus! que pouca vergonha!
O mundo está desgraçado!

S. M.

Officio modelo

Um regedor enviando á administração do concelho
um boi encoimado na freguezia de sua jurisdicção fel-o
acompanhar do seguinte officio modelo: «Incluso te re-
metto a V. S.ª um boi» (!) De que dimensões e con-
sistencia não seria o enveloppe?...

(Cabo-Verde) *P.*

LOGOGRIPHO IV

(Ao rev.ᵐᵉ sr. Padre M. A. de B. Lima)

Quando o leitor dedicado
Ler este nosso *Almanach,*
Se lembre do peccador,
Que ora está no bivac.

Ha mais de sete semanas, — 13, 3, 14, 5
Que a penna não larguei,—10, 8, 15, 18, 12
De papel sessenta resmas—6, 13, 8, 9, 15
De tinta já eu reguei. — 10, 3, 9, 16.
Hieroglyphicos puros
Hei a valer decifrado—13, 11, 9, 14, 9, 3, 4, 15, 11, 5
De uma tal papellada, — 17, 3, 16, 2, 9, 7
Que a Job daria enfado. — 1, 17, 11, 9, 12

Mas agora este faço
P'ra meus males esquecer,
Pois se alguem tem copiado
Eu o hei feito a valer.

(Boa-Vista)   *Epiphanio Almeida* (Caboverdeano).

Um grande heroe Cabo-verdeano

*(A meus bons amigos Viriato A. Pereira de Mello
e Roberto Duarte Silva)*

Estamos a 6 de outubro de 1893. São pouco mais ou menos cinco horas da tarde e somos afflictivamente surpresos por uma borrasca tremenda. A chuva cae torrencialmente com medonho fragor pelo bramir do tufão que sacode violentamente as arvores, das quaes os ramos, com as telhas, arremessadas ao longe nos espaços turvos se cruzam em furiosos recontros. Ruge irado o mar levantando-se em tremendas capellas como que pedindo, no seu rouco bramido, tudo o que a terra contêm.

*

*   *

No «Passo», porto de mar da Ribeira do Paul, estão ancorados alguns barcos de vella em um dos quaes, conhecido pelo nome da *Ribeira Grande*, se acham quatro dos tripulantes que não tiveram tempo de ir para terra.

Da praia, um grupo, a maior parte marinheiros, contempla impotente, com desespero nos olhos e gestos, os pobres marujos que estão petrificados de terror sobre a coberta do barco, sem esperança alguma de salvação. Eis que uma vaga alterosa e medonha arremessa furiosamente um d'elles no seio d'esse mar indomito e cruel, sedento de victimas!

Destaca-se então do grupo desesperado um preto, Silva Brazileiro, de 22 annos pouco mais ou menos, alto e robusto, olhos scintillantes, de firme e nobre resolução, e quer lançar-se ao mar a despeito do que vê, para salvar o naufrago de quem diz ser amigo. Dizem-lhe que é louca temeridade, que a morte é inevitavel e agarram-no assustados; mas elle, illudindo-os de que desiste, aproveita um momento de distracção de seus companheiros e lança-se denodadamente no seio de um oceano medonhamente bravio! De todos os peitos resôa então um grito unanime e angustioso: é que viram perdida mais uma vida. O nosso heroe disputa á furia do mar o seu amigo. De terra não ha esperança que anime porque tudo se tem feito inutilmente para auxiliar os desgraçados, e só a Providencia os poderá salvar.

Os infelizes desapparecem, ao longe, nos espumosos turbilhões; e o ecco de uma noite trevosa cobre esta scena tão lacrimosa e triste, e o grupo desalentado e silencioso segue o seu destino. Ha dores cuja intensidade se traduz na mudez.... .. ..
....

Emfim! a Providencia protegeu o heroismo do nosso patricio, e não quiz tambem que ficasse n'este mundo sem galardão uma acção tão nobre, porque estou certa que terá um premio condigno ao seu grande merito.

Na madrugada do seguinte dia a alegria succedia ás lagrimas, porque o denodado salvador pizava a praia do *Mau Patacho*, da Villa da Ribeira Grande, duas léguas, pouco mais, distante d'aquelle porto.

*

* *

Do barco *Ribeira Grande*, restam sómente os destroços arrojados á praia e dos tres pobres marujos nada se sabe.

E, ao terminar estas mal traçadas linhas, sinto-me profundamente commovida até ás lagrimas por uma acção de tanta sublimidade, e bastantemente orgulhosa por ser patricia de um tão grande heroe.

Humilde Camponeza.

Combinação de côres

Vermelho e amarello dão alaranjado.
Vermelho e azul dão purpura.
Amarello e azul dão verde.
Alaranjado e verde dão cinzento.
Alaranjado e purpura dão castanho.
Verde e purpura dão verde claro.

ENYGMA II (PITTORESCO)

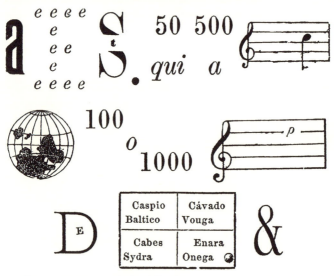

Santo Antão—(Cabo Verde)   *Amansio.*

Cafeeiro. — *Coffea arabica,* arbusto originario da Arabia, cultivado no Brazil e em outros paizes entre tropicaes, na Madeira e na Africa portugueza. Rubiaceas—coffeaceas.

Sementes duras, ovaes, convexas de um lado, planas do outro, e marcadas d'um sulco-longitudinal, de côr parda, de sabor amargo e aromatico. A torrefacção desenvolve no café um oleo pyrogeneo, que lhe dá um sabor e um cheiro bem conhecidos, e que o fazem procurar por todos os povos.

A infusão de café torrado é um excitante muito agradavel que facilita a digestão. Como remedio é aconselhado na asthma, enxaqueca, coqueluche, catarrhos chronicos, gotta, areias, amenorrhea, para combater o effeito do envenenamento pelo opio e pelos outros narcoticos, e para facilitar a reducção da hernia estrangulada. N'este ultimo caso toma-se uma chicara de infusão de café torrado, de quarto em quarto de hora. Ha exemplos, em que a hernia estrangulada se reduziu espontaneamente com a sexta chicara. A reducção é devida ás contracções intestinaes produzidas pelo café. A infusão de café torrado, ou a decocção de café não torrado, administra-se com vantagem contra as febres intermittentes.

A' cultura do café devem as ilhas de Santo Antão, Santhiago e Fogo, os principaes elementos da sua vitalidade commercial.

SONETO

(Em agradecimento a minha inspirada prima
D. Gertrudes Ferreira Lima)

A vós me cabe agradecer, senhora,
a honra que me daes immerecida...
quizera em troca est'alma enternecida,
n'uma outra lyra s'expressar agora!

Se o verme da tristeza que devora,
não me roubar depressa á luz da vida,
e a musa, os passos me seguir, querida,
nas luctas d'existencia, sem aurora...;

Se a venda ignara, que esta mente cobre,
rasgar-se á voz da mystica harmonia,
e aos braços se dignar da lyra pobre

Pausar, emfim, o archanjo da poesia...
tenho esperanças, alma grande e nobre,
do vosso applauso merecer um dia!

Paul, 6-9-92.   *A. J. Leite.*

CHARADA VIII (novissima)

Amarra este animal feroz com esta cinta — 2, 2.

(Ilha do Sal — Cabo-Verde)   *A. S. d'Oliveira.*

LANDANA

(CONGO PORTUGUEZ)

Situação, importancia e clima d'este paiz.

Landana está situada sobre a borda do mar, em uma região accidentada e muito pittoresca, dependente das possessões portuguezas, limitada d'um lado pelas possessões francezas e do outro pelo Estado do Congo.

E' um logar encantador : as barreiras avermelhadas que se cortam no meio da verdura, as pequenas casas ensombradas pelas palmeiras, os barcos inclinados na praia ou balouçando-se sobre as ondas, fazem de Landana um dos mais graciosos quadros da costa africana.

Não é uma cidade nem mesmo uma villa, ainda que em tempos passados aqui existisse uma d'este nome; é um logar da costa que tira toda a sua importancia da missão catholica e das casas de commercio ahi estabelecida.

A dois kilometros ao norte, um rio se lança no mar; é o Chiloango, conhecido tambem dos indigenas sob o nome de Luiza Loango, ou simplesmente Loango; a palavra — *luiza* — ou — *ruiza* — em lingua do paiz significa rio. Alargaram este rio umas quarenta feitorias ; são outras tantas succursaes cujos productos convergem para as feitorias principaes estabelecidas na embocadura do Chiloango, em Loanda, onde ficam atè a partida do primeiro vapor para a Europa.

As communicações são muito faceis; fazem-se ora por terra, por meio de escuteiros, ora por mar em pequenos vapores que possuem as feitorias, ora emfim com a Europa por meio de vapores allemães, inglezes. belgas e portuguezes. A facilidade de communicações favorece consideravelmente o desenvolvimento do commercio d'azeite de palma, coconote, amendoim e gomma elastica, commercio que se partilha pelas quatro nações — França, Inglaterra, Hollanda e Portugal.

Era n'este districto que, na epocha em que o marfim se não tinha tornado raro, se esculpiam com mais gosto as pontas dos elephantes.

A maior parte das imagens eram lavradas em espiral como os baixos relevos da columna de Trajano,

123

representando procissões, guerras, tratados de paz
Existem algumas muito curiosas, onde se veem figuras brancas de povos diversos reproduzidas com grande talento d'observação e fina graça.

Não obstante estar o Congo comprehendido na zona torrida, e não chover ahi durante seis mezes, o clima é comtudo muito supportavel: a temperatura média é de 25 centigrados á sombra; raramente sobe o thermometro acima de 35° ou desce abaixo de 18°.

O anno está dividido em duas estações quasi eguaes. A mais agradavel e salutar começa em abril e termina em Outubro; é a estação secca. O sol n'esta estação esterilisaria completamente a terra, se o céo não estivesse coberto de vapores que interceptam os raios, e se o ar não fosse refrescado pelo abundante orvalho das noites, pelos cursos d'agua que sulcam os flancos das montanhas, e pelos numerosos regatos que serpeiam nas planicies.

Mas sobretudo o que mais contribue para refrescar a atmosphera, é a brisa do sul que todos os dias se levanta pelas duas horas e parece crescer á medida que augmenta o calor; esta brisa sopra até á meia noite, e então dá logar a maior parte das vezes á do norte que só amaina ao levantar do sol. A estação secca não é a dos grandes calores; o estio principia em outubro e termina em abril.

O calor é excessivo, e seria insupportavel aos europeus, se não fosse acompanhado de abundantes chuvas que lhe temperam o ardor.

N'esta estação poucos dias se passam sem que se ouça ribombar o trovão.

Os golpes de vento ou tempestade são muito frequentes e seguidos quasi sempre de chuvas torrenciaes.

Estes furacões vem ordinariamente do N.-E. e algumas vezes do N. São annunciados no horisonte por nuvens brancas que em pouco tomam a côr d'um azul carregado que o raio sulca em todas as direcções.

Estas nuvens estendem-se rapidamente e em poucos momentos um vento violento, que sacode no ar as folhas e os ramos, succede á calmaria geral.

A estação das tempestades ou das chuvas é para os europeus não acclimatados a mais perigosa por causa das emanações doentias que se levantam da terra.

Em compensação é a mais fecunda: a natureza renasce como por encanto e o solo cobre-se de verdura, de flôres e de fructos.

(Trad.) *Padre Barrozo.*

LOGOGRIPHO VII

(Ao meu amigo João M. Lopes)

Antes de á certame alar-te,
Toma tento e mui cuidado,
Olha para o sexo devoto
C'o lapis, papel pautado.
Estuda primeiro o thema — 4, 3, 2, 1
Do discurso interjectivo — 1, 5
E, pela tarde, repara — 4, 3
O que vai longe tão vivo. — 4. 6

E' flôr, tão bella flôr,
Se ás costas traz um «C»,
E é das flôres rainha ;
Que sem «C» do povo o é.

(Cabo-Verde) *A. M. C.*
(Caboverdeano)

HERCULANO

A luz do genio, eis Herculano! Herculano, como o naturalista Humboldt, sempre fascinado pelos segredos da sciencia; Herculano, como o espiritualista Castellar, sempre seduzido pelos encantos da arte; Herculano, nobre cultor da verdade, do bem e do bello; Herculano, homem de valor antigo, sujeito de raro porte, individualidade caracteristica, — em summa, personificação genialmente inconfundivel entre as personificações mais geniaes. Reuni a consciencia de Socrates á alteza de Platão, a profundidade do Dante á energia de Hugo, o talento de Shakespeare ao verbo de Camillo; juntae á penetração de Niebuhr as formas de Michelet e á magestade de Macaulay as faculdades de Tierry; amassae tudo isso com o caracter d'um espartano, com a perseverança d'um benedictino e com a fé d'um apostolo e tereis, pouco mais ou menos, o sabio entre os sabios portuguezes — Alexandre Herculano de Carvalho e Araujo.

Conego Alves Mendes.

125

UM SUSPIRO

(Dedicado ao meu distincto Professor,
o Ex.ᵐᵒ e Rev.ᵐᵒ Sr. Francisco F. da Silva,
dig.ᵐᵒ Chantre da Sé de Cabo-Verde)

Como és difficil, vertical subida!
Alto Calvario! quem no mundo ha-de
Fugir d'agrura tua e amenidade
Temendo o moto do vae-vem da vida?!

E como és facil, oh cruel descida,
Onde é forte a lei não da gravidade,
Mas d'illusão fagueira e sem piedade,
Imposta pela carne corrompida.

Em densas nuvens de real futuro
Envolto o monte é que Jesus mostrou,
Acceitando o tormento insano e duro.

A cruz eu tenho e no sopé já 'stou...
Vigor, auxilio, Deus! P'ra o cimo escuro.
Co'os olhos fitos só em vós eu vou...

S. Nicolau. (Cabo-Verde.)   *P. Pereira Tavares.*

Annaes Municipaes. — A historia é o quadro do passado.

Cada nação que tem o seu passado deve ter a sua historia.

As épocas que o tempo no seu decorrer levou já longe, e as que vae naturalmente affastando de nossa vista — umas adversas e tristes, outras gloriosas e prosperas — teem de ser registadas em perduraveis paginas, que os annos não gastem, que os seculos não consumam, que umas gerações ás outras vão legando com a completa narração dos factos, e com a verdade, inteira, d'elles, sem as falhas e desbotados remendos com que a tradição mal as conserva de memoria, se, porventura, um dia as decóra.

No presente temos que volver os olhos para o passado, e analysar as diversas fontes d'onde brotou — o prejudicial e o util — que existam entre nós, e estudar as circumstancias nas suas particulares concorrencias de então e de hoje, para evitarmos que o nosso passo se transvie ou vacille no seu caminhar, que tem

126

de ser directo e rasgado na nobre e grandiosa «*romaria do progresso*».

Dizemos isto, porque cremos firmemente que a civilisação não condemna quanto após ella fica, como anachronico e obsoleto, mas, antes, não ignora, nem esquece os exemplos proveitosos e severas lições do passado, e de uns e outras colhe vigor para sua marcha gloriosa.

E é necessario tambem que a historia esteja constantemente a lançar aos povos, em estimulo de brios, o desafio excellente do valor com que seus maiores sustentaram a sua independencia nacional, derramaram o seu sangue pela liberdade, pugnaram pelos interesses da sua patria.

Além d'isso, fórma a historia a posteridade em premio immortal da virtude, e em eterna condemnação do vicio. E' ahi que, de um lado, vemos o nosso rigido captiveiro de sessenta annos sob os nomes abominaveis dos Filippes e dos nossos traidores, e, de outro lado, encontramos os ferros já partidos, os pulsos de nossos avós desarroxeados, a nação libertada e independente, e um abençoado nome escripto a par de mais alguns de não menor nobreza de sentimentos — João Pinto Ribeiro.

Assim, não se apagará, nem um dia, da mente dos povos, o custoso preço de cada palmo do seu territorio, e da instituição da liberdade; e no peito lhes ha de existir sempre o fogo sublime do amor d'esses sacrificios alimentando os mais elevados sentimentos politicos.

D'ahi, a viva conveniencia da historia com toda a sua grandeza e explendor, ou, ainda, com toda a sua humildade e sombras.

Nas suas folhas ha sempre que aprender, talvez o que só a propria experiencia poderia ensinar com o doloroso sacrificio de longo tempo, quando uma hora apenas poderá exercer a mais benefica iufluencia na futura vida dos povos, e com o desperdicio de outros valores, quando a inutilisação de um dos elementos vitaes de um paiz lhe póde tornar funesto o porvir.

E dissemos aqui — elementos vitaes — porque temos que um d'elles é o dinheiro de um Estado.

As condições de uma nação veem proporcionalmente

a dar-se em mais estreitos circulos, e, por isso, das razões apontadas deduzimos a utilidade de se supprir a falta de annaes municipaes n'esta provincia.

Os municipios são um proveitoso e bello fructo do systema de descentralisação.

Ao passo em que se desprenderam muito as attenções da administração central do paiz, da complicadissima teia dos interesses locaes, com um elevado numero de medidas especiaes necessariamente a crear, e a adoptal-as, com o defeito, ainda, de nunca obterem uma execução plenamente satisfatoria, porque ou o estudo das diversas especialidades não podia ser perfeito, ou a acção que os poderes centraes imprimiam a essas medidas, esfriava e se perdia até que devesse chegar a cada localidade, ou se dava uma e outra coisa, e só assim alliviado o governo lhe seria possivel entregar-se ao indispensavel estudo profundo dos difficeis planos da geral administração; ao passo, como diziamos, que isto se seguia, eram tacitamente estabelecidas ás varias povoações certas prerogativas municipaes, mais conformes á liberdade, e directamente tendentes ao engrandecimento e civilisação dos povos, ponto a que, desde logo, se encaminharam ufanos d'essa como que emancipação, e se vão aproximando com maior ou menor celeridade, segundo seus particulares recursos.

Ora, é para registar esses esforços, essas magnificas scenas da lucta travada por esses povos contra o seu atraso e abatimento, essas todas incruentas conquistas do progresso, que já se teem effeituado, e se vão e forem effeituando, como tambem o escuro natural d'esse brilhante quadro e que a defectibilidade humana determina a todas as humanas obras; é para o registo permanente d'esses successos, que illustra os municipios, de que immensa vantagem resulta, que sincera e ardentemente desejamos se escreva aqui, n'esta provincia, os annaes municipaes.

Serão raios da verdade a illuminar o futuro, irradiados d'esta época, como hoje nos esclarecem o espirito e nos avivam o animo as verdadeiras scenas da historia...

(Cidade da Praia, S. Thiago.)

H. O. da Costa Andrade.

128

Estramonio. — Estramonio ou Figueira do inferno *(Datura stramonium)* é uma planta commum no Brazil, em Portugal, nos Açores, na Madeira, Cabo-Verde, etc. Caule de 90 a 150 centimetros, cylindrico, oco, simples inferiormente, dividido para cima; folhas grandes, ovaes,

com sinuosidades deseguaes nas margens: flôres brancas, infundibuliformes; cheiro-nauseante, e muito mais esfregando-se as folhas; sabor acre e amargo emquanto verde, mas secca é quasi inodora e insipida.

O fructo é uma capsula ovoide, eriçada de pontas espinhosas; contém grande numero de pequenas sementes pretas, quando maduras.

O estramonio, semelhante nos seus effeitos á belladona, exerce a sua acção sobre o systema nervoso. E'· venenoso em forte dose, narcotico em dose pequena. E' aconselhado, mas com muita prudencia, na epilepsia, nevralgia, asthma e rheumatismo. Administrado em alta dose, produz vertigens, somnolencia, vista turva, dilatação das pupillas, ardor na garganta, agitação, vomitos, delirio; depois, se a substancia foi dada em dose venenosa, sobrevem fraqueza extrema, esfriamento do corpo, e emfim a morte. A cegueira occasionada pelas fortes doses do estramonio dura ás vezes muitos dias. A actividade das plantas do genero *Datura*, é devida a um alcaloide que foi chamado *daturina*, cujos effeitos são os mesmos que os da *atropina*, alcaloide extrahido da belladona.

O nome indigena d'esta planta, em Cabo-Verde, é «*berbiaca.*»

A vida é a vida?

(Ao meu presado amigo Eduardo L. da Silva)

Dos desenganos o fatal momento
Terrena vida esconde ao humano ser.
Tresloucado em golfões do vão prazer,
Da razão procurando a luz não ver !

Tirada á vida a sua cruel blandicia,
A vida e a morte, qual melhor viver ?
A vida é a morte disfarçada em galas,
A morte a vida envolta em desprazer.

Tirae á morte o seu luctuoso traje,
Tirae á vida o seu fallaz semblante...
Vereis n'uma doçura, paz ingente,
V'reis n'outra só agrura torturante.

Cabo-Verde   *P. Pereira Tavares.*

Camaras dissolutas

— Não sabes o que começou a correr esta manhã?
— Ouvi dizer que as camaras iam ser dissolvidas. Será isso ?
— Sim ; mas ha engano se isso é novidade, pois ha muito que ellas estão *dissolutas* ...

CHARADA IX

Na phisionomia e na musica este adverbio dá instrucção — 1, 1, 1.

(Sant'Antão.)   *D. Mariana Pinto.*

Dois juizes modêlos

Um dos ramos d'administração publica que, sem duvida, muita attenção deve merecer ao governo metropolitano, é a reforma judicial no Ultramar, medida que tem sido muitas vezes requisitada por diversos juizes de direito que para o Ultramar teem vindo, não tendo elles ainda a dita de vêr deferido tão justo pedido, sendo por este motivo a justiça entregue as mais das vezes nas mãos de pastores, tecelões, etc., como n'esta ilha até ha muito pouco tempo acontecia.

D'este indifferentismo do governo, que teima em não arbitrar um ordenado condigno aos juizes ordinarios, attrahindo assim individuos devidamente habilitados, tem resultado graves transtornos e prejuizos na distribuição da justiça, dando logar ao seguinte acontecimento que vou contar.

Não ha ainda muitos annos foram nomeados juizes ordinarios d'este julgado, dois individuos que se tornavam recommendaveis por mal saberem assignar o seu nome.

Indo pois um dia ao Rabil — residencia d'elles — um cavalheiro do Porto-Sal-Rei apresentar ao primeiro (ao proprietario) um requerimento a despacho, elle, que era pastor e chegava do campo no momento, não podendo comprehender uma só palavra contida no referido requerimento, lança-lhe o seguinte despacho: — *Ao substatute por estar duente.*

O requerente, em vista de tal despacho, dirige-se ao segundo que, como o primeiro, tambem chegava do campo. Este indagando a razão porque lhe era passado o requerimento, e, depois da precisa explicação, responde: — *Ah! sim, al flâ comó al estâ doente? bom anton bocê dame és papel.* — E sentando-se á meza, toma o tinteiro e a penna, arregaça as mangas da camisa, e, com os inintelligiveis caracteres escreve: — *Quem çstá doente câ tâ bá pâ cháda.*

O pobre requerente, estupefacto, vendo assim protrahida a sua pretenção, lesados os seus interesses e sem meio algum de recurso, volta para a villa, contando a todos uma scena tão engraçada como vergonhosa e lamentavel.

Do que venho de expôr se póde inferir pois, quão

131

prejudicial não tem sido, como já disse, o entregar-se a justiça nas mãos de homens analphabetos, perfeitos autómatos que obram inconscientemente, guiados por um ou outro que mais influencia local tenha, e isto porque o nosso governo não tem entendido *conveniente* decretar a reforma judicial no Ultramar, dando aos juizes ordinarios um ordenado convidativo, a fim de que a justiça seja confiada a pessoas competentes.

Garanto a veracidade do facto, por m'o ter contado um cavalheiro d'esta ilha, ainda vivo felizmente.

(Boa-Vista, Cabo-Verde)

Frederico Antonio d'Oliveira.
(Caboverdeano)

LOGOGRIPHO VIII

(A' minha ex.ᵐᵃ amiga D. Maria F. Nobre)

Este teu rosto gordinho, — 5, 1, 3, 6
E' um zero de gordura, — 5, 4, 2, 3, 1
E será affortunada — 3, 4, 5, 1
A tua sorte futura — 3, 4, 2, 6

N'esta tão grande região,
Em que tens o coração.

(S. Antão) *D. Etelvina Costa.*
(Caboverdeana)

Curiosidades historicas.—Vou offerecer ao leitor alguns curiosos apontamentos historicos sobre a provincia de Cabo Verde. Fundou-se em 1532 a diocese de Cabo Verde, como suffraganea ao Patriarchado de Lisboa, e foi D. Braz Netto o seu primeiro bispo.

A freguezia de Nossa Senhora do Rosario da ilha de Santo Antão foi fundada por D. Fr. Pedro Jacintho Valente, que existiu em 1754 e morreu em 1774. Da cidade da Ribeira Grande da ilha de Sant'Iago dirigiu-se este prelado a Santo Antão, com idéas de alli estabelecer a séde do bispado e construir a Egreja da referida freguezia pelo desenho da Sé Cathedral, em Sant'Iago. No seculo 17.º fundou-se um convento de Capuchos na cidade da Ribeira Grande, d'esta

132

ilha, com o fim de prover ás missões da Guiné, e para o mesmo fim se introduziram os jesuitas.

O commercio teve algum impulso pela «Companhia do Grã-Pará e Maranhão» de 1755 a 1778, e desde 1780 até aos fins d'aquelle seculo, pela do «Exclusivo Commercio da Africa», ambas ellas creadas e estabelecidas em Lisboa.

Em 1781 descobriu-se o anil, que foi um dos mais importantes ramos da industria na provincia; em 1730, a urzella, de que ainda ha muita exportação, não obstante os terriveis perigos e horriveis desgraças que a extracção d'ella produz; em 1783, o senne de que geralmente usa o povo mui frequente; em 1790 introduziu-se a cultura do café, que teve principio na ilha de S. Nicolau e que é hoje o ramo mais util e fecundo do commercio caboverdeano e que constitue a prosperidade mais solida das ilhas de Santo Antão, Fogo e Sant'Iago.

Desde o principio d'este seculo, porém, muito tem decahido a prosperidade da provincia, com as horriveis fomes de 1831, 33, 54, 63, a 65, e com os terriveis flagellos de cholera, febre amarella e temiveis variolas, que tem dizimado consideravelmente a população.

Em nossos dias, a natureza não cessa de opprimir estas pobres ilhas, já com fomes e medonhas inundações, já com terriveis, deletereas epidemias, que sempre e sempre vão crescendo em demora e gravidade, em algumas zonas.

—Será conveniente apontar ainda que foi no reinado de Filippe II de Castella — o primeiro intruso, — que começou para esta provincia a nomeação de governadores feita pelo soberano; e que em 1770 a capital civil foi removida da Ribeira Grande para a Praia, onde ainda hoje se acha estabelecida.

(Cabo-Verde).   *Nicodemo dos Reis.*
                                      (Caboverdeano

CHARADA X

E' agradavel o aspecto da ilha—2, 2.

(Santo Antão)   *Cyrillo Pinto.*

CREDO

(A M. L,)

Minha alma, extasiada,
Te alcança oh perfeição !
Como te beija tremente
O meu triste coração !

Creio em ti ! oh ! creio em ti !
E se procedes de Deus
Graças ao Deus que creou,
A graça dos gestos teus !

Tens a casta formosura
Da virtude o summo bem !
Tens nos olhos a piedade
De onde esta luz me vem !

Creio em ti ! oh ! creio em ti !
E se procedes de Deus
Graças ao Deus que creou
A graça dos gestos teus !

(Brava) *Eugenio P. Tavares.*

Ilha de Santo Antão

(Cabo-Verde)

Rochedos convulsionados n'um paroxysmo vulcani-
co, escarpas e contrafortes a pique, esboroádos, rui-
vos; mar sempre agitado em convulsões epilepticas,
eis o panorama maritimo... e superficial de Santo Antão.

Como as suas irmãs do archipelago. a famosa ilha
não é, exteriormente, um modelo de gentileza e graça;
mas no torturado aspecto das ruinarias suspensas, mi-
lagrosamente equilibradas sobre o abysmo terrificante
das furnas, na immensa desolação cahotica... dos
seus picos severos, desentranhados a fogo, hirtos como braços de titães a implorarem a misericordia dos
ceus, nenhuma outra mais tragicamente accentua a
sua origem plutonica e a espantosa conflagração vulca-
nica que as fez brotar do seio amargo das ondas.

E' um ninho d'aguia sobre um esphacelo granitico...

Revista-se, porém, de valor o visitante amigo; suba ao planalto dos seus alcantis e corcovas; desça aos valles; trilhe os meandros invios, esconjunctados, pedregosos dos seus carreirinhos de cabras: explore as suas varzeas, os seus córregos maninhos; alongue o olhar pelo seu dilatado horizonte... e de cada balsa, de cada pedra, de cada moitão de *bombardeiras*, ha de surgir-lhe uma surpreza, um deslumbramento, um encanto, porque a ilha morta, fria e calcinada transformou-se-lhe á vista... em paraiso de fadas...

Como cyclope gigante, adormecido á flôr das aguas e a quem travêssa náyade houvesse maliciosamente coberto de verdura e pampanos, assim Santo Antão, occultando sob o manto relvoso dos seus valles pittorescos as calcinadas entranhas, se affigura ao forasteiro surpreso, illudido pela apparencia aterradora das suas fragoas a pique... uma transformação momentanea, phantasmagórica, inverosimil da vara magica de fadas neptuninas.

E' triste, triste, desconsoladoramente triste, o aspecto exterior das nossas ilhas, especialmente de novembro a abril. O portuguez da metrópole, que as avista do oceano, sente confranger-se-lhe o coração e a alma, porque nos morros escalvados e nús, erguidos como espectros da desolação e da morte, já cuida ler a inscripção temerosa dos penetraes do inferno; o *lasciate ogni speranza* da epopeia dantesca parece-lhe escripto em caractéres de fôgo sobre a terra do exilio...

Puro engano. Ao contrario do sepulchro evangelico, branco por fóra e sanioso por dentro, as ilhas de Cabo-Verde são exteriormente feias e no interior lindissimas.

Concorre para as desmerecer no aspecto a solidão luctuosa das suas ribas vulcanicas. Nem uma casa, nem um regato, nem o mais pequenino arbusto, as engalana e sorri!

Santo Antão é o prototypo, o modelo, o claro exemplo d'esta miseria esquelética, correspondendo a uma vitalidade enorme, a um immenso poder de irradiação physiologica.

(Cabo-Verde)

Dr. Freitas e Costa.
(Caboverdeano)

PERPETUAS

Ao meu presadissimo sr. Antonio C. Monteiro Junior,
em memoria do saudoso e distincto poeta
Custodio José Duarte

Um anno passou já, quando pelo agosto
Se me dirigiu tão magestoso e brando
Co'a fronte assombrada por fundo desgosto,
Commovida a falla me cumprimentando.

Ao vel-o tão outro e triste contemplei
Aquelle formoso e singular gigante
De sciencia profunda que sempre adorei
Como a pobre cega a luz deslumbrante.

Quem me dera então lhe convertesse em galas
Da sua existencia as dores e o pranto,
Matar-lhe a tristeza das sentidas fallas
Qu'a mim dolorida me fizeram tanto!...

Que martyr tão bello na mudez da magoa
Que sublimidade em seu aspeito enfermo!
Em seus olhos meigos transluzia a fragoa
D'um genio assombroso, affeiçoado ao ermo.
. . . .

E de tanta gloria e tanta melodia
D'aquelle cantor eminente das Muzas
Hoje resta apenas a cova sombria
E de um povo as lagrimas confuzas...

Avezinhas meigas que trinaes no espaço
Olhae: ahi jaz um vosso irmão ingente
Qu'em doce harmonia nos seguiu o traço:
Entoae-lhe em paga um hymno commovente.

E n'elle uma per'la christalina e pura
Envia saudosa aquella que no seio
Guardará seu nome com intima ternura
Té baixar um dia á terra d'onde veio..

Humilde Camponeza.

CHARADA XI

Na musica faz pena a ré, que é de vidro—1, 1, 1.
(Sant'Antão.)   *Edmundo Pinto.*

136

AVE-MARIA

(Ao Ill.mo. Ex.mo e Rev.mo Sr. D. Joaquim, Bispo de Cabo-Verde)

A. Maria.

(Caboverdeano.)

A CABOVERDEANA

(A's Ex.ᵐᵃˢ collaboradoras d'este Almanach)

T. da C

(Caboverdeano)

MAR-CANAL

MAR-CANAL

Mar-Canal bô é carambolento
Carambola-me nhe casamento !
Adeus, adeus, nhe Chuco Marcel,
Adeus, adeus pâ nunca mâs

Mar-Canal tâ-tombâ nabio,
Quanta má lancha de bocca aberto.
Mar-Canal bô é carambolento !
Carambola-me nhe casamento.

Etc.

L. Silva.

O homem dado a bebidas foge de sua casa, da sua mulher e dos seus filhos, e vae procurar outras sociedades, em que dispende o que lhe chegaria para viver com a sua familia. Quando elle adoece, o que lhe succede bem cedo, não tem meios para comprar remedios, nem pessoa que lhe fie cousa alguma, porque é desacreditado e despresivel.

As doenças nervosas, que tanto avultam na ilha de Santo Antão, procedem em boa parte do abuso da aguardente, porque os homens e mulheres excitados pela aguardente, geram filhos de temperamento lymphatico-nervoso, intelligencia curtissima e corpo fraco, predispostos a accidentes. De paes nervosos, fracos e estupidos, a próle ha de ser rachitica, e epileptica.

As doenças venereas, o uso do tabaco de fumo são os companheiros inseparaveis da crápula, concorrendo todos á porfia para a degeneração da especie, subvertidos os principios da religião e da moral, sem os quaes o homem é o animal mais damninho da creação.

O homem que abusa da aguardente é grosseiro, inepto, estupido e mau; e se deixa esse vicio abominavel, torna-se urbano, docil e de razão clara. E' doente e pobre quando dominado pela bebida. Torna-se são e remediado, quando se liberta das cadeias do vicio.

A vida do homem que se embriaga é curta e cortada de dôres physicas e moraes.

A vida do homem sobrio prolonga-se e passa-se tranquillamente; e se a doença o assalta a medicina conta debellar-lhe a enfermidade, ou attenuar-lhe os padecimentos.

Não condemno o uso moderado e rasoavel das bebidas alcoolicas, que por toda a parte se tem tornado companheiras do homem a ponto de serem para elle uma necessidade.

Para regular esse uso, eis as regras que ponho:

1.ª Os homens fortes e robustos não devem beber aguardente nem nenhuma bebida forte.

2.ª A aguardente tomada em jejum faz mais mal do que bebida depois de se comer.

3.ª A occasião mais propria de se tomar aguardente é depois de se haver trabalhado muito, quando o corpo se sentir debilitado por ter perdido forças no trabalho.

4.ª E' sempre prejudicial tomar aguardente todos os dias. Convem que se passem alguns dias sem a beber, para que se não estabeleça o habito e a necessidade de dóses successivamente maiores.

5.ª A dóse de aguardente em 24 horas não deve exceder nunca a um vintem (setenta e cinco grammas, duas onças e meia).

Toda a pessoa que beber mais de um vintem de aguardente por dia, commette uma grave imprudencia cujos resultados poderão não ser visiveis logo mas apparecerão depois.

6.ª Esta dóse de vintem se for dividida em quatro ou cinco porções fará menos mal do que tomada de uma só vez.

7.ª A aguardente diluida em agua é menos prejudicial do que tomada exclusivamente.

8.º A aguardente bebida á hora de se deitar é inconveniente, pela excitação que produz, convidando ao acto venereo: pela congestão de sangue que chama á cabeça. O somno natural repara bem as forças gastas no trabalho do dia.

9.ª Nenhuma mulher séria e honesta deve beber aguardente.

As que a tomam dão o primeiro passo na estrada que conduz a commetterem-se todas as faltas, que a mulher póde praticar.

A mulher que bebe aguardente esquece os deveres de esposa, de mãe, de irmã, de parente.

10.ª A mulher de juizo deve affastar-se do homem excitado pela bebida.

Os filhos gerados n'essa occasião, sahem defeituosos, nervosos, attreitos a accidentes, são parvos e fracos.

11.ª O homem que se sentir dominado pelo habito da bebida pense antes de beber em todos os inconvenientes que resultam do vicio, lembre-se que arruina a saude, encurta a vida, estraga a reputação, sacrifica a mulher e os filhos; e fuja dos companheiros que o convidam para beber.

Praticando assim, e fazendo uma solemne promessa a Deus e á sua consciencia, se verá livre do vicio o desgraçado, porque o é todo o homem que se despoja da sua razão, emanação da Divina Providencia. Se a promessa de deixar a bebida fôr quebrada, renove-se outra promessa, com a intenção firme de a cumprir.

12.ª Todo o homem que se diz amigo de outro entregue ao uso exagerado da bebida, é um falso amigo, se não emprega todas as diligencias para arrancar das garras do vicio o que é alvo da sua amizade.

E' reciprocamente prejudicial a amizade entre pessoas dadas a bebidas.

13.º Todo o mancebo deve timbrar em não provar aguardente, e a moça não deve querer para seu marido o rapaz que bebe aguardente.

Estas regras cuja utilidade não soffre a menor duvida, devem ser transmittidas a todas as familias de todas as classes do povo, e explicadas pelos reverendos parochos e pelos homens que se interessam devéras pelo melhoramento do povo.

O imposto sobre a feitura e venda da aguardente, deveria ser levado ao maximum; e pelo contrario proteger-se o fabrico do assucar. Uma multa avultada devia lançar-se ás pessoas encontradas no estado de embriaguez.

O producto das multas e do imposto seria consagrado a diffundir a instrucção primaria, da qual mais de tres aulas publicas são necessarias em cada freguezia d'esta bellissima e importante ilha...

(Santo Antão). *Dr. Francisco F. Hopffer.*

CHARADA XII

Nos pretos é franca esta bebida — 4, 1

(Algures) *G. P.*

Exquisitices

Haver desordem na rua da Paz.
Desgosto na rua d'Alegria.
Mulher preta com nome de Clara.
Homem feio com nome de Gentil.
Ser torto a indireitura d'um anzol.
A bondade de um cão em elle ser mau.

(S. Vicente) *A. d'Oliveira.*

Só se devem exigir quatro cousas da mulher; que a virtude esteja em seu coração, a modestia em sua fronte, a amabilidade nos seus labios e o trabalho em suas mãos.

Desalento

(Ao meu querido ex-condiscipulo e amigo Pedro R. Pires)

E' meia noite! Silencio o mais profundo!
Dorme tudo tranquillo e silencioso.
Oh! que insomnias padeço, desejoso
D'um somno isento do 'stridor do mundo!

E todavia dormir eterno existe
Em que se acorda na mansão de luz.
E' meia noite... Ouvi-me, oh meu Jesus!
Chamae-me da masmorra escura e triste...!

Quem é a luz da lampa mysteriosa,
Que, no momento em que extinguir-se vae,
Recebe olivea gotta que lhe cae,
E, vivace, lampeja mui radiosa?

Ah! quantas vezes no correr da vida
Eu sinto desfibrar-me o coração,
E findo..., quando tu, oh meu condão,
Tu vens a força dar-me já perdida!

Sou pois a luz da lampa mysteriosa,
Que, vacillante, só por ti flammeja.
Pois viva, oh minha Mãe! esta luz veja,
Qu'assim pode brilhar, viver ditosa.

E' meia noite! Silencio o mais profundo!
Descança, dorme já a ruidosa vida...
Mas que engano! Viver é sempre a vida.
Co'este silencio, que 'stridor no mundo!...

(S. Nicolau — Cabo-Verde)   *P. Pereira Tavares.*

AS OVELHAS

(Conto de Schmid)

I. Guardava um pastorinho o seu rebanho de ovelhas nos montes, e sentou-se um dia sobre um penhasco á sombra d'um pinheiro. Dormiu e durante o som-

143

no, como tivesse a cabeça inclinada, esta se abaixava e levantava alternativamente.

O carneiro que perto do sitio andava pastando entendeu que o pastorinho o desafiava por aquelle modo ao combate e o convidava a dar marradas. Tomou uma attitude ameaçadora, recuou alguns passos para tomar carreira, arremetteu contra seu dono, dando-lhe uma tremenda cabeçada. O pastor tão, rudemente despertado de tão placido somno, encolerisou-se a tal ponto que, arremeçando-se furioso contra o carneiro, o lançou no precipicio immediato. As ovelhas que isto viram, toma-que-toma, umas atraz das outras, todas se atiraram ao precipicio seguindo o carneiro e lá pereceram miseravelmente.

II. O tragico fim do desgraçado rebanho tornou-se logo objecto de conversa em todas as terras visinhas. Um velho bastante sensato e honrado fez d'esta historia mui feliz e boa applicação.

Seus filhos e filhas queriam ir á cidade, um dia de feira para divertir-se, e principalmente para bailar, mas o pae lhes disse:

—Isso não é conveniente; dão-se ás vezes n'essas reuniões coisas que não estão bem a pessoas honestas. Criei-vos na innocencia e na virtude e facilmente podereis perder ambas, em taes ajuntamentos.

—Mas, disseram os filhos, muitas pessoas não receiam concorrer a elles.

—Sim, respondeu o pae, porém muitas ali teem deixado o socego, a sua saude, reputação e virtude. Quereis imital-os? Acautelae-vos de fazer como as ovelhas: se uma salta para um lado ainda que seja um abysmo, as outras a seguem; e por esta razão os animaes são tratados de imbecis. Ora o homem que corre ao perigo, porque outros n'elle cahiram, não é nem mais prudente, nem mais judicioso que os animaes; carece absolutamente de sensatez; não passa de ser um animal estupido.

Observa, considera e depois obra.

CHARADA XIII

Agrada esta dama que allivia — 2, 2

Gualberto Pinto.

Aniz. — *Aniz ou Herva doce (Pimpinella anisum. L. Umbelliferas)*. Planta originaria da Africa, cultivada nas hortas do Brazil e de Portugal. Caule liso; folhas radicaes ordiformes — arredondadas, com lobulos incisos—dentados; folhas medianas pinnatilobadas, com lobulos cuneiformes ou lanceolados; folhas superiores fendidas em tres lacinias; fructos pedunculados ovados, mui pequenos, separaveis em duas sementes, miudamente avelludados, estriados, de cheiro aromatico suave, de sabor um tanto doce e calefaciente. Os fructos mais estimados vem de Malta e Hespanha, e são impropriamente chamados sementes.

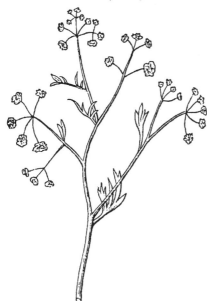

Estimulante, carminativo, empregado nas flatuosidades intestinaes, colicas das creanças, diarrheas chronicas, etc. E' muito usado para fazer gragêas, e licores de meza. Abunda em todas as ilhas de Cabo-Verde.

A' TARDE
(Ao meu primo Alves)

E' tarde... E logo, se não vier o luar,
Chegará lesta e negra a escuridão...
Do 'spirit'as tardes me recordo então,
Quando a razão lhe foge a divagar.

(Cabo-Verde.) *P. P. Tavares.*

LOGOGRIPHO X

(Aos seminaristas de Cabo-Verde)

Se á capital piedosa 7, 9, 3, 6
Fordes, mancebos, um dia,
Alli vereis impio monstro 5, 2, 7, 9
Em desgraçada agonia.

Esse monstro d'impiedade 6, 7, 4, 9
Vos mostrará com amor
A terra importante, antiga, 1, 6, 3, 6, 7, 8, 6
Lá onde o sol se vae por.

Alli ha um bom viveiro
De toda a casta e raças,
Onde bem podeis montear
Esta, e mil outras caças.

(Boa-Vista)

Nuno Marreca.
(Caboverdeano)

NINGUEM

(Uma historia d'aldeia)

Era uma vez em dezembro,
Creio eu, se bem me lembro,
E era em nosso casal,
Um frio!... de rijo gume
Que cortava, mesmo ao lume
E vinha perto o Natal;

Fazia inverno gelado;
Branco o monte, branco o prado,
Da geada co'o lençol,
De noite, como de dia,
Porque o toldo não rompia
De escuras nevoas o sol.

Duro inverno dos pobresinhos!
Muitos sem lar, e nusinhos,
Sem lenha, sem luz, sem pão!
E os que eram pobres e enfermos
Por esses caminhos ermos
Ai! que dòr de coração!

N'esse inverno uma velhinha,
A Ti'Anna, coitadinha.
Quasi cega, amargo pão,
Já toda curvada e torta,
Pedia de porta em porta,
Arrimada ao seu bordão.

Tão má sorte a perseguia,
Que a pobre velhinha, um dia,
A aldeia toda correu,
Voltando sem trazer nada,
Senão fome, a desgraçada,
E a esp'rança em Deus do Ceu.

Qual pharol em negras praias,
Sabeis a Ermida entre faias
Da piedosa Virgem-Mãe:
Semi-morta de fadiga,
Sentou-se alli a mendiga,
E rezou, chorou tambem...

N'isto, o carro d'um ricaço
Com frizões transpondo o espaço
Roda ligeiro... «Senhor
—Por Deus, por Deus, uma esmo-
lal...»
Um gesto, ao menos, consola
Do pobre a pungente dòr.

Nem um gesto! Antes o rosto,
Indignado, ao lado opposto
Voltou com rispido olhar;
E murmurou entre dentes:
—«As nossas leis, previdentes,
Prohibem o mendigar.»

Olhou a velha a capella,
Que lhe sorria tão bella,
E confortada par'ceu:
Seguiu co'a vista o ricaço
E pediu, alçando o braço,
Para elle as bençãos do ceu.

Passa um pobre rapazinho,
Tambem mendigo, rotinho,
De pallidez sepulchral,
E ha muito que não comia;
Era o filho da Luzia,
Tolhido por maior mal.

Grossa fatia de bròa,
Tinha-lhe ha pouco, alma boa,
Posto na esquálida mão;
Ia o triste de repente
Cravar-lhe soffrego o dente,
Quando treme... e pára então...

Corre c'os olhos em roda,
Deita-os pela estrada toda...
«Ninguem!» Diz, e com amor
Sustendo o aleijado braço,
Da velhinha no regaço
A fatia lhe foi pòr...

N'este aleijadinho rude
Oh! que exemplo de virtude!
Que inda mais virtude tem.
Porque das vistas se exime,
Como se fòra d'um crime,
E diz contente: «ninguem!»

J. de Lemos.

A raposa e o gallo. — Estava um gallo empoleira-
do n'uma arvore. Chega-se uma raposa e diz-lhe:
— «Amigo, uma grande nova te dou. Acaba de pu-
blicar-se um decreto, prohibindo com graves castigos
as inimisades entre os animaes. Desce, pois, que somos todos irmãos...»
— «Creio bem, responde de cima o gallo. Olha, lá
vem dois rafeiros, que são decerto os pregoeiros do
teu grande decreto...»
E a raposa desappareceu como um relampago.

CHARADA XIV

Pára na batalha e na comedia sustenta vicio — 1, 1, 1
(Sant'Antão)

Fidelio Pinto.

DIALE

(CABO VERDE

(Ao profundo glottologo, o

UM DIALOGO Á

Creoulo

Chalino.—Honte q'éá dia domingo ûme eçstıve sábe. Graça agó' mestre manchéba hoje doente pa câ tinha 'scòla hoje tamem.

Pêde.— Hoje só? S'éll doenceba uns nove dia ó más, antom é qu'éá jógâ taco má piou.—Ass'més já' me acha' lle tardâ.

Róco. — Não, bó câ sabé? .. élle tâ tem só relóge na julbêra, que ta da.—'lle conta d'hora q'élle tâ bem.

Chalino. — Aquelle relóge de seu é muto sábe: parqu'élle tâ dá-'lle conta hora de bem pâ 'scóla, má hora de bá élle tâ esquécê, e élle tâ pô gente alli té de nóte. — Sabbédo bocés câ certâ leçom na classe?

Pêde. — Bij!... A mi, ér' es chemâ-me cedo pâ bá pá chada, ûme nhanı muto, de mode que na 'scóla ûme séntaba engachado de mestre, ôtes hora ûme tâ-jungutuba, ûme tâ-ferrâ tâ jungú.—Maçs aq'ell' elçom e'á muto éngasgado, nó câ pude certa-'lle.

Chalino. — Aquér'es senhor de grammáteca tamém câ sûbe élçom, má meçstre câ dá-éres castigo. Só crecê-er'es más um cósinha, pâ-er'es tornâ lé hoje.

Péde.—Aquér'es diabo cá tá certâ élçom ne'um dia, má mestre câ tâ dá-ér'es castigo. Só élle tâ derronzâ-ér'es. Hora q'ér'es bêm pâ bânco, q'alquer cósinha que nó fazé, é r'es tâ bâ bende-nô; nós antom é que tâ lebâ caçstigo.

Chalino. — Honte Mané Loia eçstâ tâ enjutu-me, ûme desafia-'lle, nó pegâ, ûme furria-lle um chéda, té q'élle roscâ.

148

CTOS

, BOA-VISTA)

ex.ᵐᵒ sr. F. Adolpho Coelho)

PORTA D'ESCHOLA

Traducção litteral

Chalino. — Hontem que era dia domingo eu estive contente. Graças agora (daria, se o) mestre amanhecesse hoje doente para (que) não houvesse eschola hoje tambem.

Pedro. — Hoje só? Se elle adoecesse uns nove dias ou mais, então é que era jogar taco mais (e) pião. — Assim mesmo já eu achei a elle (o) tardar.

Roque. — Não, tu não sabes?... elle costuma ter seu relogio na algibeira, que costuma dar-lhe conta da hora que elle costuma vir.

Chalino. — Aquelle relogio seu (d'elle) é muito pandego: porque elle continua dar-lhe conta hora de vir para a eschola, mas hora de ir elle costuma esquecer, e elle costuma pôr a gente aqui até á noite. Sabbado vocês não acertarão (souberão) a lição na classe?

Pedro. — Bij!... A mim, elles chamáram-me cedo para ir para achada eu (me) inaní muito, de modo que na'eschola eu costumava assentar-me agachado do mestre, outras horas (outras vezes) eu acocorava-me, eu ferrava a dormitar. Mas aquella lição era muito engasgada, nós não pudemos acertal-a.

Chalino. — Aquelles senhores de grammatica tambem não souberam a lição, mas (ó) mestre não deu-lhes castigo. Só elle (a) cresceu-lhes mais uma coisinha para elles (a) tornarem a lêr hoje.

Pedro. — Aquelles diabos não costumam acertar a lição nenhum dia, mas (o) mestre não costuma dar-lhes castigo. Só elle costuma deshonral-os (descompol-os). Hora que elles vêem para o banco, qualquer coisinha que nós fizermos, elles costumam ir vender-nos; e nós então é que levamos castigo.

Chalino. — Hontem Manoel Loia estava a engeitar-me; eu desafiei a elle (o), nós pegámos, eu ferrei-lhe uma queda até que elle ficou enroscado.

Joquim. — Tamém honte ér'es dechá q'elle eçscadóna de pé na gréja, ûme pó Lize tâ biziâ gente, ûme pinchá; q'and'ûme eçstâ tâ bá lâ riba, Lize grita-me;

— Ehah! Péde, já bô peçù; lá tâ bem thesorere; E'lle tá dâ cábo de bô.
Ume deché depressa, ûme escangajá pé na chôm má élle ferbê pé de nhâ traze, sempe élle panhâ-me, élle dâ-me uns dóçs concorada.

Lize. — Cóm'é que bocés câ dá-no nóçs parte de menda?
Péde. — Bij!... Lize, q'ando no çstâ tâ fiâ, bocês çstâ tâjungú. Pós, uô bá dâ caballo ógâ bocés câ quiz bâ, agora nô ganhâ nóçs vintem, bocés câ tem parte.

Roco. — A mi, caballo ûme câ cré sabé d'ell. Gó, 'tôr dia um èga furriá Jom d'Anna um chéda, te q'ér'es traz-'élle na cacólla, parquè élle câ podia bêm d'ôte mode.
Chalino. — Lá Antóne já somâ tâ corré.
Antóne. — Ehâh! meniçs, alli mestre tâ-bem j'alli perte. Bocés callâ bócca.

(Boa-Vista — Cabo-Verde.)

Notas

1.ª *Sábe* — Esta palavra vem inquestionavelmente do verbo *saber* (saber bem). Significa, em geral: agradavel, contente, bom; no figurado, exprime extravagante, pandego, etc., como se vê empregado no principio do dialogo.
2.ª *Câ* — Significa *não*, em todo o archipelago, menos em Santo Antão, onde não é usado. — *Ûme* = eu.
3.ª A lettra — *j* — sôa em muitos casos, quasi como no inglez. Indicaremos estes casos cortando o *j* (*j*), para conservar o elemento primitivo da palavra, em vez de escrever *dgh*. Este som é, simultaneamente, guttur-palato-linguo-dental.
4.ª *Er's* — Commutação de elles, que se nota tambem em *aqué'rs* — aquelles.

150

Joaquim. — Tambem hontem elles deixaram aquella escada de pé na egreja, eu puz (o) Luiz a vigiar gente eu pinchei; quando eu estava a ir lá riba, (o) Luiz gritou-me.

Eh! Pedro, já tu (te) empeças-te, lá vem o thesoureiro; elle dá cabo de ti.

Eu desci depressa eu escangalhei os pés no chão; mas elle ferveu os pés atraz de mim, sempre elle apanhou-me, elle deu-me umas duas cancroadas (carôlos).

Luiz. — Como é que vocês não deram-nos nossa parte de amendoas?

Péde. — Bij! Luiz, «quando nós estavamos a fiar, vocês estavam a dormitar.» Pois nos fomos dar (ao) cavallo agua, vocês não quizerão ir; agora nós ganhámos nosso vintem, vocês não têem parte.

Roque. — A mim, (eu), cavallos, eu não quero saber d'elles. Agora, outro dia, (ha pouco) uma egua ferrou a João d'Anna uma queda, até que elles trouxeram-n'o ao collo, porque elle não podia vir d'outro modo.

Chalino. — Ali Antonio já assomou a correr.

Antonio. — Eh, meninos, ahi o mestre a vir; já ahi bem perto. Vocês callem a bôcca.

Livramento Silva & A. Costa (Caboverdeanos).

5.ª O *ch* sublinhado, sôa como em Traz-os-Montes na pronuncia popular da palavra *chumbo*.

6.ª e 7.ª *Jungutuba:* — fórma do pret. imp. do ind. do verbo *jungutú*. Pela significação d'esta palavra (estar de cócoras), parece que vem de *ajoujar* (portuguez), *adjúngére* ou *jungum* (latino): origem que nos parece tambem de *jungú* — dormitar, pois é justamente applicada esta palavra, quando se dormita com as barbas cahidas sobre o peito como se tivera um jugo ao pescoço.

8.ª *Enjutú* — Enjeitar: significa repellir com despreso, não acceitar por desdem, etc.

9.ª — *Concoráda* — Cancroada, golpe de cancro, instrumento de ferro de carpinteiro.

10.ª *Cacólla* — (De collo?) *Pôr na cacolla* — é pôr uma creança a cavallo na cerviz.

A. da C.

«TIO BETH»

Romeira ou Romanzeira *(Punica granatum, L. Myrtaceas).* — Arvore originaria da Africa, cultivada no Brazil. Em Portugal habita quasi espontaneamente nos arredores de Coimbra e outras partes, principalmente no sul do reino. Tronco coberto de pequenos espinhos, folhas ellipticas, luzidias, flores vermelhas, fructo redondo, secco, de côr amarella alaranjada, contendo grande numero de sementes carnosas, de sabor acido; raiz mais ou menos grossa, lenhosa, amarella interiormente, coberta d'uma casca amarella ou cinzenta, sem cheiro, de sabor adstringente, pouco amarga.

A casca da raiz de romeira é um dos vermifugos mais efficazes contra a solitaria. O effeito é tanto mais certo, quanto a casca é mais fresca, e por isso é melhor empregar a casca recente.

E' preciso tambem que a arvore, de cuja raiz se tire a casca, seja bastante grande e que tenha oito a dez annos. Com a casca secca, do mesmo anno, obtem-se quasi sempre a expulsão da solitaria.

Quando a casca é secca, cumpre maceral-a por 12 horas antes de a coser. Em alta dóse provoca vomitos e colicas; exerce tambem acção sobre o systema nervoso, como se póde julgar pelas vertigens e pela modorra que occasiona ás vezes. Os antigos conheciam a propriedade tenifuga da casca de romeira, e prescreviam a casca da raiz, sem duvida porque reconheceram que é mais activa do que a do tronco ou das ramas. Entretanto a casca do commercio actual, que é tirada de Portugal, raras vezes falha, bem que provenha do tronco ou dos ramos. Mas é preferivel empregar a casca da raiz.

Da casca fresca do tronco e da raiz de romeira obtem-se um alcaloide liquido e volatil, a *pelletierina*, que gosa das propriedades tenifugas, na dóse de 30 centigrammas a 1 gramma.

As flores não abertas, chamadas *balaustias*, são adstringentes. A infusão emprega-se em gargarejos contra as esquinencias.

A casca do fructo ou *epicargo* é tambem adstringente. A decocção d'esta casca usa-se em gargarejos contra as esquinencias.

A polpa das sementes é fortemente adstringente. Serve-se para fazer o summo com que se prepara um xarope adstringente.

LOGOGRIPHO XI

(Ao meu amigo Aurelio A. Spencer)

Prepara-te meu amigo
P'ra uma boa caçada,
Que o clarim avisou
Ser ella bem arriscada.

Dirige-te a Guimarães
Que perto te ficará
A villa nobre e forte
Que a ti bastará.

E' virtuoso o seu nome, — 1, 2, 3, 4, 5
Cheio de valor tamanho; — 6, 2, 3, 4, 11
Assoma-lhe nos labios — 9, 8, 10, 5
A innocencia d'um anho.

Em tempo determinado — 7, 5, 9, 2
Floresceu com nome augusto, — 2, 3, 6, 2
Não durou a sympathia
A lembrar-lhe aqui o busto — 9, 5, 1, 6, 11

De Portugal, pois, veio
Habitar na Boa-Vista,
E pertence a ti, amigo,
E te é muito bemquista.

(Boa-Vista)

Salgado Osorio.
(Caboverdeano)

Creação do mundo. — Quando aprouve á Divina Sabedoria, creou por mero acto da sua vontade, e só pelo imperio da sua palavra, este Universo sensivel. Em seis dias fez apparecer a luz, assentou o firmamento, assignou o logar ás aguas, ornou a terra de hervas e arvores, formou os astros, povoou o mar de peixes, o ar de aves, a terra de animaes proprios, e emfim creou o homem; O rei e senhor dos outros animaes, o mimoso de Deus entre todos elles, foi o homem; a todos muito avantajado por sua conformação, intelligencia, e principalmente por sua alma racional e immortal, e pelo seu destino á felicidade sem mistura e sem termo. Notavel coisa é, e bem notavel, que o homem, esquecido da sua dignidade assim manifesta, procure contundir-se em desejos e obras com os brutos, tão inferiores! E mais notavel é ainda a ingratidão demente, com que alguns, recusando o favor Divino, tem querido, por seu gosto, ser reputados eguaes ás creaturas faltas de razão; e até se tem valido do poder de eloquencia, e brandura da poesia, para acabarem de se allucinar a si, e persuadirem os que são menos insensatos!!

PELO «RABIL»

A' briosa povoação do Rabil da Boa-Vista

MOTTE

Claros e largos horisontes
Tem o Rabil tão aprazivel;
Quem se recusa a amal-o
Co'um amôr indefinivel?

GLOSA

Surprehendente e magestoso
Além, destaca-se o Rabil
Com seu sorriso infantil
Nos labios de homem edoso;
Por todos os lados—formoso
Ladeado é de bellas fontes
Povoado de moças insontes
Que cantam e que dançam bem.
E depois mais o Rabil tem,
Claros e largos horisontes.

E' um pouquinho semelhante
Ao dorso da velha Olinda,
Lá do Brazil, cidade linda,
Em toda a quadra verdejante.
E quando se torna frisante
D'essa belleza inconcebivel
D'uma verdura sempre incrivel,
Tudo tem elle d'agradavel:
Quanto ha de bom e confortavel
Tem o Rabil e aprazivel !

Carnes e couves, boas batatas,
Milho, abob'ras e feijões,
Manteiga, leite e mellões,
São tudo lá—coisas baratas:—
Queijo do bom, sem pataratas,
Peixe e porco, o melhor cavallo,
Carneiros, frangos, bello gallo,
Fazem—do sitio—um paraizo!
Aos olhos dos que teem juizo,
Quem se recusa a amal-o?

D'esse torrão d'amenidades
Onde vimos a luz do dia,
Muito da nossa sympathia,
Sempre guardamos nós saudades.
Do seu bom povo, as amisades,
A auzencia, que nos é penivel
Dá-nos motivo intraduzivel
De sempre vir a nossa mente
Esse Rabil tão imponente
Co'um amôr indefinivel.

(Da LYRA CREOULA).

(Santa Catharina — Cabo-Verde)

Pedro Antonio d'Oliveira.

CHARADA XV

(Ao meu compadre e particular amigo
Antonio Joaquim Costa)

A mulher, sendo mulher é mulher — 2, 2

S. Antão (Cabo-Verde)   *A. Spencer.*

ILHA BRAVA
(CABO-VERDE)

A Brava!

Paraiso terrestre e patria de atrevidos baleeiros, salvé!

Cintra d'Africa, como te chamam os moribundos a quem restauraste a saude e conservaste a vida com o ar saluberrimamente europeu das tuas montanhas deliciosas, porque razão és tu, perdida no Oceano, outro Oceano de verdura? Porque não chega á metropole o perfume das tuas flôres sempre vivas, o aroma dos teus viçosissimos pomares? Porque não bradas aos teus *senhores* da Europa?:—«Eu sou o sanatorio, a Cintra d'Africa: Aproveitae-me!

Mercê da amenidade do clima e da excellencia das suas aguas, medicinaes e potaveis, a Brava recommenda-se naturalmente como estação de saude. Enfermos da Guiné e das ilhas, sobre tudo os primeiros, ahi se restabelecem de gravissimas doenças, ou passam, a coberto do impaludismo africano, a mortifera estação das aguas. Não ha sobre este assumpto duas opiniões encontradas; todos o sabem e todos o confessam — a Brava é o paraizo dos que soffrem.

Como aproveitar-lhe, pois, a maravilhosa benignidade therapeutica da situação e do clima? De mil modos: ou escolhendo-a para deposito de tropas européas e posto de acclimação de colonos, ou ainda e simultaneamente, para séde de um hospital-hotel, ou casa de saude, onde os funccionarios publicos d'África, em commissão ou nativos, encontrem sem os quantiosos dispendios de uma viagem a Lisboa, os confortos e regalos da hospitalisação européa e d'um clima salubérrimo.

Pára os burocratas da Guiné, para os officiaes das guarnições mortíferas de Geba e de Cacheu, depauperados, tyrannisados, alcachinados pelas inclemencias barbaras d'um clima insupportavel, a ilha Brava é a terra da promissão hebréa, o seu ambicionado paraiso, porque na Brava, n'essa encantadora miniatura da Europa, encontram elles, — os saudosissimos da patria, — a recordação da sua aldeia nativa, o ceu azul da Beira, a amenidade de Bellas, a clemencia do

157

Algarve, a sombra odorifera das mattas européas e as flôres e fructos do seu querido Portugal ; mas a Brava, como *la plus belle des femmes*, só póde dar o que tem : — o seu clima e situação incomparaveis.

As victimas chloro-dyspepticas do impaludismo africano, os sedentos de saude e os que fogem na estação das aguas a complicações pathogenicas, hospedam-se, albergam-se *à la diable*, irregularmente, sem methodo, nas casas particulares, e por lá se tratam e convalescem... ao sabor do acaso.

(Cabo-Verde)   *Dr. Freitas e Costa.*

(Caboverdeano)

MORREU!

A' memoria do Rev.ᵐᵒ Padre Joaquim Antonio de Moraes

(Ao meu condiscipulo e amigo Antonio Januario Leite)

> A vida é luz scintillante
> que um sopro logo apagou,
> a vida é astro brilhante
> que nuvem breve toldou.
>
> *(J. Pestana.)*

Cedo a morte, esse mysterio,
roubou-nos o professor,
alma nobre que deixou
entre nós acerba dôr !

Morreu?... não! não! vive ainda,
vive na fama, immortal !
e viverá na historia
o seu nome eternal !

Que formosa intelligencia !
que elevado brilho extincto !
perdeu a egreja um thesouro,
e a patria, um filho distincto !

Morreu o padre Joaquim,
morreu, deixando a saudade,
gravada no coração
da virtuosa mocidade.

Quiz beijar-lhe a mão augusta
ao dizer-lhe o ultimo adeus,
immenso povo cercava
os gelados restos seus.

Homens, mulheres, creanças,
todos, diziam em prantos :
bom amigo, uns, bom padre, outros,
rogando por elle aos santos !

Paul, oh! patria querida,
tambem chora o teu amigo,
sê grato a quem te amou tanto,
que tambem sel-o hei comtigo.

E tu, meu joven poeta,
vae á sua sepultura
com essa lyra gemente
dar-lhe um canto de tristura.

Sê tambem grato ao teu mestre
na celestial mansão ;
pois nos deu, como disseste
da luz um subtil clarão.

Deu-o a ti, a mim, a outros,
nas doutrinas que ensinou,
c'o seu elevado zelo
a alma nos desvendou.

Victima, na flor d'edade,
de tristezas se finou,
como a flor que o vento ingrato
ao des'brochar-se murchou !

Coroado de mil louros
descança em paz lá no céo,
fica-lhe na terra a fama
que a sua instrucção lhe deu.

Pedirei a Deus por elle,
na sua campa irei chorar
o talento portentoso,
a luz fugida ao raiar !

(Paul—Cabo-Verde.   *Julio d'Almeida.*

159

Um bravo em tempo de paz

Um certo sargento da policia civil, na cidade da Praia de Cabo-Verde, em 1874, homem prudente... e de uma coragem nunca vista, estando de serviço, ouvira apitar e grande vozearia,—indicio certo de desordem e baralha.

O nosso heroe, não podendo conter-se pelo seu *mau genio*, dirige-se com a maxima cautella... a uma distancia respeitavel da rua da desordem.

N'isto, oh fatalidade! bate de *chapa* com o seu proprio commandante (capitão L...) que se dirigia ao local do conflicto, e, estupefacto pelo *passo grave* do nosso valente sargento, pergunta:—Para onde é que o sr. vae, *com tanta pressa?*...

—Psiuh!... Estes desordeiros da Praia, meu commandante,... andam sempre armados do famoso *manduco*... e para evitar que elles fujam, me dirigi *pressuroso* á rua opposta á da desordem, afim de conseguir a captura dos desordeiros!!, *caso para alli se dirigissem.*

O commandante sorriu-se da chalaça e seguiu...

O nosso bravo official inferior, quando teve a certeza de que os desordeiros estavam debaixo de escolta e em segurança, immediatamente se dirigiu á porta da cadeia, onde já os presos se achavam, e então, por aquelle *seu mau genio*, deu um murro em um dos presos, dizendo para os seus camaradas: «*Ah! este meu mau genio!!!*

D'este calibre ha muitos por este mundo de Christo.

João Baptista Nobre Leite.

(Cabóverdeano.)

ENIGMA III
(Ao João Fanny)

Opó   Etasó   Tempoe
S   I   A

(S. Nicolau)   *Xico Margarida.*

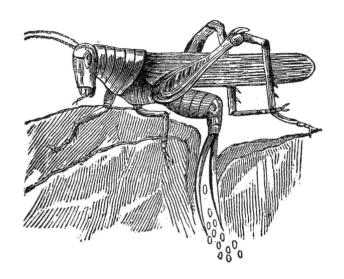

O gafanhoto. — Insectos orthopteros ; azas membranosas dobradas em leque, elytros em fórma de telhado. Notaveis pelo comprimento e força das patas posteriores, pelo que podem saltar com grande agilidade, e pela brevidade das suas antenas. A especie mais prejudicial é o *pachytylus migratorius* (Linneu), ou gafanhoto viajor, que, em bandos innumeros emprehende grandes emigrações.

São espantosas a voracidade e a fecundidade d'estes insectos. A gravura junta representa o gafanhoto na sua postura.

A especie viajante multiplica-se nos paizes quentes, nos logares desertos ; depois, não achando de comer, muda de sitio em bandos que parecem nuvens. Quando, chegada a noite, poisam na terra, cobrem muitas vezes kilometros e kilometros quadrados, aniquilando toda a vegetação. Uma rajada de vento violenta, uma chuva arrebatada podem fazel-os perecer ; mas, n'esse caso, é possivel, pela putrefacção dos cadaveres sobrevir uma peste. A praga dos gafanhotos faz grandes destroços de vez em quando em algumas regiões do

Egypto, da Argelia, da Sicilia, da Hespanha e Portugal.

Na ilha da Boa-Vista apparece quasi todos os annos essa praga em nuvens que obumbram o sol e juncam a terra, devorando as searas e o pasto, como aconteceu n'este anno (1893).

Apanhar os que se podem, catar-lhes os ovos que andam sempre á superficie do solo, lavrar as terras incultas em que desovaram, são os palliativos a que é uso recorrer, quando a invasão não é sem limites. Para este ultimo caso não existem recursos efficazes; porque, milhões que se destruam, o que morre é nada em comparação ao que fica; e ao menos, não os matando, não ha o perigo de infeccionamento do ar.

Muitos povos, desde os mais antigos, comem estes insectos por fome ou por gosto. Moysés permittiu o uso d'elles aos judeus e S. João Baptista d'elles se alimentava no deserto.

SONETO

(Pela promoção de um quidam a um logar superior)

Diz em lettra vermelha a Escriptura,
Eterno pregoeiro da verdade,
Que, quanto mais se humilha a creatura,
Mais se eleva perante a Divindade:

Assim como perante a magestade,
Que é cá na terra a sua imagem pura,
Um rei nunca eleva á dignidade,
Senão a mais ridicula figura.

Têem os reis tão bem comprehendido
Esta maxima do antigo testamento,
Que (até mesmo em concurso é sabido)

Nunca a imprensa, nunca o parlamento
Se queixou d'elles terem preterido
O ultimo em serviços e talento...

João de Deus.

CHARADA XVI
(A D. M. do Coração D. Pinto)

Prende a côr do cabo. — 2, 2
(Boa-Vista)

D. Ismenia Lara.
(Caboverdeana)

Mãe! — Ha uma entidade querida e veneranda que se destaca no seio da familia, no doce convivio do lar — a mãe, — a quem pertence desempenhar um papel principalissimo na educação dos filhos, que é um verdadeiro sacerdocio, tão grandioso e elevado, como é santo e puro o nome que se pronuncia em todas as linguas, que tem, como as flores, perfume e mysterio, que é o primeiro que se desprende dos labios da creança, alegre como o sorriso d'um anjo, adoravel como os arrebóes da alvorada, em manhã primaveral; nome divinal que nos inebria a alma e nos deleita o coração, nome que nenhum filho esquece; porque personifica a candura d'um coração d'amor, a paciencia e o sacrificio, o dever e a abnegação.

Ha nas mães o amor instinctivo para que os filhos tenham n'ellas a mais pronunciada dedicação, o mais entranhado affecto. Recordemo-nos da infancia e acalentemos na alma a saudade dos tempos juvenis!

Bem vinda essa lembrança e abençoado seja tanto amor, que bem dirigido e bem racionalisado, bem comprehendido e bem orientado, pode ser o inicio d'uma obra importantissima, como é a da educação d'aquelles que hão de apparecer no mundo social para travar a lucta da existencia, onde se liquidam responsabilidades e se medem os graus de virtude que cada um recebeu no seio da familia.

E' do coração que as mães fallam aos filhos e é d'esse cofre riquissimo de sentimentos que ellas tiram, como de um thesouro inexgotavel, a abnegação, o sacrificio, um poder extraordinario, que tem produzido heroes na historia dos povos, crentes na fé, martyres na religião, cidadãos benemeritos em todas as classes sociaes.

Pertence-vos, oh! mães, formar o coração de vossos filhos, porque os beijos com que os affagaes, os sorrisos d'alma com que os consolaes, as lagrimas de ternura com que os ameigaes, as palavras doces com que lhes fallaes, a candura com que os apertaes ao peito, são como gottas d'orvalho, transformadas em perolas d'amor, que vão cahindo uma a uma n'um cofre, que as guarda como o bem mais precioso que um filho pode receber de sua mãe, para encarar a vida em toda a sua dureza sem errar o caminho que tem a percorrer desde o berço á campa.

Mas reparae, oh! mães, que, se o amor com que amaes vossos filhos deve ser interno e vivo, não menos deve ser ordenado e efficaz.

Podeis amar o sangue do vosso sangue, os pedaços da vossa alma com o mesmo amor com que a leôa ama os seus cachorros, mas se esse instincto vos perturba e desassisa no concertado procedimento com que os deveis educar, então vereis como as plantas damninhas abafarão as mimosas flores do vosso jardim.

F. F. da Silva.

LOGOGRIPHO XII

(A Antoninho Jorge)

Toma, oh Zé, um bom atlas
De Lamarche ou de Lacerda,
Abre logo o plano immenso,
Sem de tempo longa perda.

Um archipelago rico
De terras, talentos, tudo,
Procura tu, diligente,
C'o a de caçador virtude. — 4, 5, 7, 8

E n'elle uma ilha bella, — 1, 2, 3
Sem ser a da Boa-Vista,
Sal, Fogo, Maio, ou Luzia,
Onde se acha um artista, — 1, 3, 6, 7, 2, 6

Que parabens mil t'envia
Pela apparencia boa da terra,
Que compraste ao Zé da Xica
E que milhões te encerra.

(Cabo-Verde)

D. Fuas Rapé
(Caboverdeano)

LEGISLAÇÃO
Legitimidade dos filhos e suas relações civis com os paes

São havidos por legitimos os filhos nascidos de matrimonio legitimamente contrahido, passados *cento e oitenta dias* depois da celebração d'elle, ou dentro dos *trezentos* subsequentes á sua dissolução, ou á separação dos conjuges, judicialmente decretada. O matrimonio legitíma os filhos nascidos antes d'elle, das pessoas que o contrahem nos seguintes casos :

1.º Se os filhos são reconhecidos pelos paes no assento do casamento, ou o foram no do nascimento d'elles, ou em testamento, ou em escriptura publica.

2.º Se os filhos provarem a sua filiação por acção e sentença judicial. Os filhos legitimados por subsequente matrimonio são em tudo equiparados aos legitimos. Podem ser perfilhados todos os filhos illegitimos, excepto os *adulterinos* e os *incestuosos*. A perfilhação póde ser feita por ambos os paes de commum accordo, ou por qualquer d'elles separadamente. O filho maior não póde ser perfilhado sem consentimento seu. Dizem-se filhos *espurios* os que não podem ser perfilhados.

Na constancia do matrimonio compete aos paes reger as pessoas dos filhos menores, protegel-os e administrar-lhes os bens ; o complexo d'estes direitos constitue o *poder paternal.* As mães participam do poder paternal, e devem ser ouvidas em tudo o que diz respeito aos interesses dos filhos ; mas é ao pae que especialmente compete durante o matrimonio dirigir, representar e defender seus filhos menores.

No caso de ausencia ou outro impedimento d' pae, fará a mãe as suas vezes. Os paes devem dar aos filhos os necessarios alimentos e occupação conveniente, conforme as suas posses e estado. Dissolvido o matrimonio por morte de um dos conjuges, o que sobrevive continua a exercer o poder paternal. Pertence aos paes a propriedade e usofructo dos bens, que os filhos adquirem emquanto estão em sua companhia, com o emprego de meios ou capitaes pertencentes aos mesmos paes. Pertence-lhes só o usofructo dos que os

165

filhos em sua companhia adquirem por seu trabalho, industria e recursos proprios, ou por titulo gratuito. Não lhes pertence nem o usofructo nem a administração dos bens que os filhos adquirem por seu trabalho e industria vivendo sobre si com permissão dos paes ; dos que adquirem pelas armas, lettras ou artes liberaes ; dos que lhes forem dados ou legados, com exclusão da administração dos paes. Os filhos menores perfilhados estão sujeitos ao poder paternal da mesma fórma que os filhos legitimos ; excepto se os paes houverem contestado a sua paternidade e foram convencidos judicialmente. Os paes não gosam, todavia, do usofructo dos bens dos filhos perfilhados. Os filhos menores não perfilhados não estão sujeitos ao poder paternal e serão tutelados.

(Art.ᵒˢ 101º a 167º)   (Codigo C. P. compendiado.)

CHARADA-ENIGMA XVII

(Ao Ex.ᵐᵒ Sr. Antonio Simplicio d'Oliveira)

Ilha de Santo Antão
Outubro — noventa e tres
Dia de São Capistrano,
Quinta e vale d entremez.

—Illustrissimo amigo e senhor :
Sem o prazer de haver
Recebido carta sua,
— Vou agora est'escrever,

P'ra saber da sua vida,
Saude e fortuna e creio
Que já são *tres*, que lh'escrevo,
Lettras, veja, pois, q'enleio…

Eu por aqui vou andando
Já pela roda dos *cem ;*
Bem vê, pois, que já sou velho,
Que sequer um dente tem — 1

Já na ordem do archivo,
Dos que a traça vae roendo,
Indico o *quinto logar*
E com tudo vou vivendo. — 1

Não sei se meu bom amigo,
Que trepa para os cincoenta,
Só uma *cifra* inda tem,
Sob o mal que o atormenta. — 1

Mas assiste-me o direito
De ir andando primeiro
P'r'a eterna e feliz mansão,
Que habita o Deus verdadeiro.

Se assim for, bom amigo,
Não me esqueça uma cartinha,
Contando o que por ahi vai,
Por essa ingrata terrinha.

Abraça-o, pela ultima
Talvez, seu leal amigo,
Affectuoso e mui sincero
Que já vai p'ra o Doce Abrigo.

(Sant'Antão)   *A. Tinoco.*

Na carteira. — Em 1801 havia fundeado no Porto
Inglez da ilha do Maio um grande corsario Argelino,
bem artilhado e com muita tripulação e soldados a fim
de roubar aos negociantes e ao povo, e levar captivos
os que pudesse.

Logo que o dito navio fundeou todos trataram de fugir
para o interior da ilha, para um sitio denominado Lagôa.

Havendo n'aquella ilha um pequeno destacamento
de soldados e officiaes, o commandante mandou car-
regar tão brutalmente uma peça de bronze, que ella
estoirou levando-lhe o braço direito ; mas a balla foi
direita ao navio e lhe quebrou o mastareo da prôa. O
capitão do corsario, vendo tamanho arrojo do commandante, foi a terra indagar quem fôra o seu auctor,
e ouviu de um soldado que tinha sido o seu commandante. E como houvesse medico a bordo o capitão o
mandou chamar para tratar do ousado commandante
o que ficou bem operado.

Admirado o capitão da coragem e valor do commandante portuguez, declarou que não fazia alli mal
a ninguem, e deixou tudo em paz.

(Boa-Vista — Cabo-Verde)   *Antonio J. Teixeira.*

(Veterano)

UM SOBRIO

— E' preciso comer muito pouco quando se está doente do estomago, dizia um doente a outro.

Aqui está quem se curou alimentando-se durante mezes, apenas de queijo Gruiyére!

— Mas isso é muito pesado para mim!

— Qual pesado! Faça como eu, que não lhe comia senão os buracos... *D. P.*

LOGOGRIPHO XIII

(Ao meu ex.ᵐᵒ amigo Aurelio Spencer)

> Depois que sahi do Norte
> Tomando a via d'areia,
> Vim dando volta aos miolos
> De como urdir uma teia.

Teia sim, bem entendido,
Litteraria, p'ro livrinho,
Que tu sabes vai á luz — 6, 2, 8
E me convida um continho. — 6, 5, 4, 7, 2

Veio-me a mente um logogripho
Enredar como eu pudesse,
E tambem o offertar-t'o
Sem que ninguem o soubesse. — 7, 6, 5, 6

E eil-o já meio feito,
Só c'o exordio matreiro,
Que te vai a gran careca
Roendo qual um rafeiro. — 9, 7, 4, 5

Nem olhei para o teu estado—3, 10, 1, 7, 9, 10, 11
De saude, que teu caco
Não deixa um pouco brincar
Com este bello macaco.

> Mas o já feito está feito,
> E só pod'rei remedial-o
> Quando ao «Porto» eu voltar
> Para de novo estudal-o.

(Porto-Sal-Rei — Boa-Vista)

Frederico d'Oliveira.
(Caboverdeano)

168

A Bananeira. — A bananeira é planta herbacea dos paizes quentes da Asia, Africa e America. E' do tamanho de uma arvore mediana; não tem tronco propriamente tal, pois o que lhe serve de pé vem a ser um rolo de oito até dez pollegadas de diametro, composto de folhas acamadas mui conchegadamente umas sobre outras, mas desapegadas, o que chamam sobrecapas. Esta haste se eleva a dez ou doze pés de altura, e é tão tenra que com um só golpe de foice se póde cortar cércea.

As folhas, contando-lhe o peciolo que as sustenta, tem de seis a nove pés de comprimento; e quasi dois na maior largura : são mui lisas, e de bellissimo verde, mais carregado da parte de cima que da de baixo.

6 * (AFR.)

Do centro d'estas folhas sae uma haste grossa, verde e lenhosa, dividida em nós, inclinada, e terminando n'um botão composto de folhas ou escamas espathaceas, córadas, oblongas, apinhadas umas sobre outras, d'onde saem as flores, que dão fructo de quatro, cinco e seis pollegadas de comprido, da feição de pepinos pequenos. São as bananas. A pelle, quando o fructo está maduro, fica da côr do oiro; o miolo é amarellado, molle, unctuoso, sem pevide nem caroço, e de sabor agridoce mui gostoso. .

Nasce este fructo em fórma de cacho, formado de nove até dez divisões, verticiladas ao redor do pé commum; cada divisão consta de curtissimos esgalhos, e é composta, segundo o vigor da planta, de seis, oito e dez bananas, muito unidas. A estes esgalhos chama-se pencas; e ao aggregado das pencas espádice.

A banana é mui nutritiva, mas de difficil digestão. Comem-se cruas, assadas, e tambem cosidas em agua ou vinho, e até fritas em manteiga. N'alguns paizes fazem pão de banana, e uma bebida assucarada, fervendo as n'agua.

Felix de Avellar Brotéro.

CHARADA XVIII

(A' minha extremosa prima a Exma Sr.ª D. A. F.)

> A's vessas, repare bem,
> Que é nome de mulher;
> Um verbo no conjunctivo
> A's direitas póde ser — 2.

> Esta menina gentil,
> Que ora te apresento, — 2
> — Tem graças, encantos mil
> E' rainha em formosura.

(Fogo.—Cabo-Verde)   *J. F.*

As Missões d'Africa — Tinha se acreditado até aos nossos dias que nos mysteriosos sertões da Africa só se estendiam immensos desertos e oceanos interminaveis de areia. As descobertas, porém, de tantos exploradores, que, seguindo o exemplo de corajosos portuguezes que já nos seculos passados atravessaram a Africa, vieram a manifestar á Europa, que aquellas regiões, julgadas desertas e quasi inhabitaveis, eram regadas por magestosos rios, cortadas por lagos immensos e habitadas de numerosas populações tranquillas e industriosas, capazes de maior cultura do que ordinariamente se pensa.

Um enthusiasmo indescriptivel se apodera dos animos e, ao passo que as potencias europêas, ávidas de lucros terrenos, procuram repartir entre si essa immensa peninsula, que constitue a quarta parte do globo, só a Egreja vê alli milhões de almas remidas com o Sangue de Jesus Christo, e estendendo sobre ellas as suas providentes vistas, lhes envia numerosos esquadrões de apostolos, que as arranquem á ignorancia, aos vicios, ao fetichismo, e, se fôr possivel, ao islamismo.

Foi Gregorio xvi que iniciou este movimento. Obedecendo ao appello d'este grande Papa o P. Ryllo, da Companhia de Jesus, evangelisa as regiões do Nilo branco; e Monsenhor Massaia se embrenha nas regiões desconhecidas da Ethiopia meridional.

As missões dos Gallas, do Sudan, das duas Guinés, de Madagascar, do Cabo, do Egypto, de Tunis, da Abyssinia, ao mesmo Pontifice devem a sua organisação.

Mas foi nos dois pontificados seguintes que teve maior incremento a fundação de numerosas missões em todas as regiões africanas. Seria longa a lista dos bispados, vicariatos e prefeituras apostolicas erectas por Pio ix e Leão xiii. N'ellas trabalham com incansavel dedicação os franciscanos, os jesuitas, os lazaristas, os Padres da Congregação do Espirito Santo, os Padres brancos, os missionarios africanos de Lyon, Congregação de Verona, sem fallar das humildes e valentes congregações de Irmãos e Irmãs que se multiplicam ao lado de cada estabelecimento de missionarios. E se n'esta lista gloriosa figuram menos os missionarios das dioceses portuguezas na Africa, não é talvez porque a estes falte dedicação e boa vontade; mas porque os não sustenta a organisação que dá força aos missionarios das Congregações religiosas.

E que fructos não teem já obtido em toda a parte tão intrepidos obreiros da vinha do Senhor!

«A' sombra de modestos sanctuarios» (diz o barão de Bethune) elevam-se em todas as partes do continente negro, ao principio as escholas e os hospitáes, depois os institutos agricolas, e por fim as aldeias Christãs. Tal é com effeito a admiravel progressão pela qual o missionario catholico sabe inspirar o amor do trabalho aos selvagens mais degredados e implantar no seu coração uma civilisação verdadeiramente christã. Cada uma d'estas reducções torna-se o centro de conversões que se multiplicam indefinidamente e que chegarão por fim a produzir verdadeiros movimentos nacionaes para o catholicismo. Já perto de tres milhões de fieis estão espalhados sobre a superficie da Africa, onde ao principio d'este seculo só se contavam 385 mil; e esta maravilhosa propagação da verdade catholica offerece nos mais uma viva demonstração da fecundidade do apostolado.»

Mas ao mesmo tempo que obstaculos não tem elle que superar para produzir os seus fructos abençoados?

1.º — Em primeiro logar, o clima muitas vezes mortifero da Africa. Quantos d'estes valentes apostolos do Evangelho não teem marcado com suas sepulturas os passos que se foram dando n'essas excursões apostolicas!

2.º — Em segundo logar a propaganda heretica, mil vezes mais temivel que a insalubridade de clima. É' bem verdade que os trabalhos do protestantismo são bem pouco fecundos em adeptos para a heresia; mas, distribuindo largamente o dinheiro das sociedades biblicas, que lhes enviam annualmente a somma fabulosa de mil contos de réis, e propagando entre os negros a embriaguez mais vergonhosa, não cessam estes ministros do erro de suscitar em toda a parte obstaculos para entravar a acção dos missionarios catholicos, que são as verdadeiras columnas da civilisação no dizer do insuspeito major Wissmann.

3.º — O mau exemplo de christãos indignos. Sendo a

Africa em muitas partes o receptaculo da escoria da Europa, que para lá deporta os seus criminosos e com frequencia alli aproveita a pouca ou nenhuma aptidão de sujeitos que mal pode empregar nas suas cidades, está bem claro que os indigenas, longe de verem n'elles modelos que imitem, encontram escandalos que os fazem prezar menos a pureza dos costumes christãos.

4.º — O fetichismo, que na maior parte da Africa parece pezar como um anathema sobre a triste posteridade de Cham. Só quem por isso passasse póderia calcular quanto custa transformar em verdadeiros christãos uns seres embrutecidos com as praticas mais repugnantes e absurdas que imaginar se podem. Mas se o negro se fez musulmano, á corrupção e ás superstições que conserva, como no paganismo, elle ajunta o orgulho, o fanatismo, o odio a tudo quanto seja europeu; e então a sua conversão é pouco menos que impossivel.

5.º — A escravatura fomentada com uma tenacidade secular pela desalmada seita de Mafoma, a qual arrasta cada anno á desesperação e á morte centenas de milhares de vidas humanas, impedindo assim os progressos da civilisação christã.

O Novo Mensageiro.

O CURA

Era um velho bondoso, alegre e respeitavel,
Sorria lhe na fronte uma expressão amavel.

Tinha no puro olhar uma doçura immensa,
Aonde transluzia a limpidez da crença.

Quem via aquella face austera e luminosa
Sentia dentro n'alma o aroma d'uma rosa.

Fallava com meiguice aos velhos e ás creanças,
Com todos repartia as bençãos, as esp'ranças.

Habitava o paçal — uma casa modesta,
Algum tanto arruinada, escurecida e mesta.

Embora a muita edade, era madrugador
E logo de manhã bemdizia ao Senhor.

173

Depois descia ao adro, ia colher violetas
E voavam-lhe em roda as brancas borboletas.

Ao vel-o os aldeões vinham silenciosos
E beijavam-lh'a mão com gestos respeitosos.

E elle, o bom pastor, erguendo a mão nevada,
Lançava docemente a benção perfumada.

Todas as manhãs, cedo, antes de dizer missa,
Explicava o Evangelho á multidão submissa.

De tarde, no balcão, sentava-se entre as flores,
Lendo no breviario as preces e os louvores.

Até que o som do bronze, ao dar Ave-Marias,
Echoava p'lo valle em tristes melodias.

E então n'essa hora doce, harmonica e suave,
Quando tudo é silencioso, immaculado e grave,

O Cura erguendo o olhar á immensidade célica
Soltava reverente a Saudação Angelica.

(Seminario d'Angra)   *J. Osorio Goulart.*

O cavallo roubado

(CONTO DE SCHMID)

Roubaram a um lavrador o melhor cavallo que tinha, uma noite em que elle não estava. Foi á feira, a umas quinze leguas de sua casa, com tenção de comprar outro. Mas, assim que chegou, viu em venda o seu cavallo entre outros. Immediatamente o segura pela redea, gritando em altas vozes:

—Este cavallo é meu, roubaram-m'o ha tres dias.

—Está enganado, meu amigo, lhe redarguiu delicadamente o que fazia de dono do animal; ha mais de um anno que está em meu poder este cavallo. E' possivel que tenha alguma semelhança com o seu, mas este com certeza que é meu.

Então o lavrador pôz precipitadamente ambas as mãos sobre os olhos do cavallo e gritou:

—Pois bem, se ha já tanto tempo que é dono do cavallo, deve com certeza conhecel-o bem. Diga de qual dos olhos elle é cego?

174

O tratante, que effectivamente tinha roubado o cavallo e ainda o não tinha examinado, ficou aturdido e respondeu:

— Do olho esquerdo.

— Está enganado, replicou o lavrador, o animal não é cego do olho esquerdo.

— Ah! é verdade, disse o ladrão, querendo concertar-se e mostrar-se senhor de si; é verdade que me enganei; queria dizer, do olho direito. Sim, está cego do olho direito.

Então o camponio destapou os olhos do cavallo e exclamou:

— Está provado até á evidencia que você não é senão um ladrão e um embusteiro. Vejam todos que presentes estão que o cavallo não é cego. Fiz esta pergunta sómente para confundir este miseravel.

Desataram a rir ás gargalhadas todos os que presenciaram o caso, e, dando muitas palmas, gritavam:

— Bravo! Bravo! Bem apanhado!

Obrigado o ladrão a entregar o cavallo, foi em seguida preso e levado ante a justiça, soffrendo depois o castigo correspondente ao delicto.

LOGOGRIPHO XIV

(Ao meu Ex.ᵐᵒ amigo A. M. de Carvalho)

Apreste-se, meu amigo,
P'ra uma caçada real
Lá nas mattas da Guiné,
Onde fica o Senegal.

E, não deixe aqui o velho—6, 3, 10, 3. 9, 6, 1
D'esse rio conhecedor—4, 7, 7, 2, 3
Que mais parece um corcunda—5, 9. 8, 6
Que um habil caçador.

Com elle e com o lapis
Voltará çom boa caça,
Mas cuidado lhe não falhe
A sua engenhosa traça.

(Boa Vista)

A. C.
(Caboverdeano)

175

Sciencia e Virtude — Sciencia e Virtude são em epílogo a nobreza verdadeira. As fidalguias herdadas contestam-se, perdem-se, deslustram-se. Desabam thronos. Dissipam-se opulencias. As forças gastam-sè. A mocidade e as graças dissipam-se. O poder aniquila-se. Os titulos revogam-se. As affeições transtornam-se. Os amigos finam-se. As condecorações despem-se todas as noites. O mais carregado d'ellas quem o distinguirá no somno do mendigo nu? Mas sciencia e virtude!... não são dotes externos, nem postiços ou convencionaes, nem outorgados por munificencia de principes, ou por suffragios de povo, nem comprados, nem negociados, nem extorquidos.

Grangêam-se pelo trabalho: enthesoiram-se dentro, ninguem nol-os póde roubar, acompanham-nos na solidão; consolam-nos nas desditas; elevam-nos sem nos ensoberbecerem; cercam-nos de amor, de gratidão, de respeito.—A sciencia enche e doira a vida; a virtude alegra a morte e lá se vai continuar onde nada finda.

É a que preço nos concede *o supremo dispensador de tudo* dois tão altos bens, os dois unicos da terra? A preço tão sómente de os quei ermos. Quem depois de um momento de reflexão ousaria dizer:

Regeito os?!...

A. F. de Castilho.

ENIGMA IV

(A Antoninho Neves)

Hortas e magna
Casas em telhado

(Ilhéo Branco.—Cabo Verde.)   *Lagarto Velho.*

Tem graça. —Iam nove passageiros n'um omnibus, que tinha logar para dez. Um d'elles notando que no banco fronteiro estavam quatro pessoas, ao passo que do seu lado eram cinco, fez *in-petto* o seguinte raciocinio :

— Vão de lá quatro pessoas... d'aqui cinco... Que necessidade tenho eu d'ir incommodado ?

E passou para o outro lado...

(Ilha do Sal—Cabo Verde)   *A. S. d'Oliveira.*

176

Milho. — *Zeamais*, *L.* Planta da familia das *Gramineas*, cultivada nas regiões quentes e temperadas de todo o globo, no Brazil, em Portugal, na Madeira, nos Açores, em Cabo Verde. Talo de dois metros e mais, nodoso, cheio de um miolo assucarado, folhas longas; flores *masculinas*, dispostas em uma panicula terminal; flores *femininas* situadas abaixo; pendem d'ellas estyletes longos sob a forma de um feixe de seda verde, são cingidas de folhas; a espiga que succede ás flores femininas, cresce gradualmente até á grossura consideravel; as sementes, encravadas no rece-

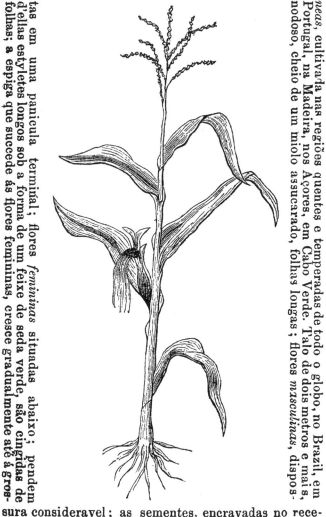

177

ptaculo (carôlo) são da grossura de uma ervilha, são lisas, arredondadas; de ordinario amarellas, ás vezes rubras, violaceas ou brancas segundo a variedade. As sementes contém muito amido; fervidas em agua constituem um alimento util aos convalescentes, ás amas de leite, ás pessoas affectadas das molestias das vias digestivas. Os estigmas, isto é a porção superior dos estyletes da flôr femea, são recommendadas nas molestias da bexiga : catarrho, cystite aguda e chronica, areias, nephrite, dysuria, retenção e incontinencia de urina. Prepara-se dos estigmas um extracto e um xarope que se administra, na dóse de 30 a 60 grammas por dia. Este xarope misturado com agua, constitue uma bebida agradavel para os doentes affectados das molestias da bexiga.

AVE-MARIA

Maria, doce mãe dos desvalidos,
    A ti clamo, a ti brado !
A ti sobem, Senhora, os meus gemidos,
    A ti o hymno sagrado
Do coração de um pae vôa. O' Maria,
    Pela filha innocente.
Com a sua debil voz que balbucía,
    Piedosa mãe clemente,
Ella já sabe, erguendo as mãos tenrinhas,
    Pedir ao páe dos céos
O pão de cada dia. As preces minhas
    Como irão ao meu Deus,
Ao meu Deus, que é teu filho e tens nos braços
    Se tu, mãe de piedade,
Me não tomas por teu ? Oh ! rompe os laços
    Da velha humanidade,
Despe de mim todo outro pensamento
    E vã tenção da terra ;
Outra gloria, outro amor. outro contento
    De minha alma desterra.
Mãe, oh ! mãe, salva o filho que te implora
    Pela filha querida ;
De mais tenho vivido, e só agora
    Sei o preço da vida,

D'esta vida, tão mal gasta e prezada
    Porque minha só era...
Salva-a, que a um santo amor está votada
    —N'elle se regenera.

Visconde d'Almeida Garrett.

Pela Africa.— A Guiné de hoje, não é a Guiné d'outr'ora, e bem differente será a de ámanhã.

Pelo enthusiasmo com que as idéas nobres se vinculam nos filhos d'Africa, póde prever-se que o seculo XX lhes será brilhante, quer pelo lado moral ou pelo lado economico...

N'esta epocha em que a humanidade culta começa a prestar dignamente as suas homenagens áquelles benemeritos que lidaram em pról da civilisação, seria uma iniquidade olvidar nomes que estão radicalmente ligados a esta provincia, de vultos que se nem restam as cinzas, nem por isso a sua recordação deve desapparecer de ante nós. Gomes Pires, Diniz Dias, Alvaro Fernandes e Nuno Tristão, no seculo 15.º — nos annos de 1445 e 1446 descobriram toda a costa africana occidental, comprehendida entre os Cabo Verde e Roxo; levando os dois ultimos a sua descoberta para o sul até ao cabo de Sagres da Guiné, proximamente no paralello de 9.º 3' norte.

O espaço circumscripto a cada artigo não permitte a narrativa dos principaes acontecimentos d'aquella epocha, em que estes benemeritos da patria praticaram proezas dignas de ser engrinaldadas pela posteridade e em que Nuno Tristão pagou com a vida, n'um combate com os naturaes, na foz do rio a que legou o seu nome, em memoria do feito.

Estes foram os iniciadores da civilisação africana n'estas paragens, cujos nomes não nos é digno olvidar, prestando o nosso preito, sem lisonja ou idolatria.

Que os nossos descendentes se recordem d'elles que as mães ensinem seus filhos a pronunciar-lhes os nomes, como veneração e como tributo de respeito.

E' um pedido, uma lembrança?... é pelo menos — um symbolo de reconhecimento.

(Bolama)   *Pedro de Gouveia.*

SAUDADE

Qne lindos palmares são esses d'alem,
que encantos não tem esses prados visinhos,
que magos concertos, tão doces, tão suaves
não ouço das aves buscando seus ninhos?!

E' tarde cadente!... Da noite a rainha,
formosa sósinha, lá vem despontar,
oh! triste saudade... que vivos anhelos,
que sonhos tão bellos m'a vão accordar!

Das vagas ao longe d'aqui, d'estes cumes,
em vagos queixumes eu ouço o carpir.
Alem nas montanhas os raios ondeantes,
serenos, brilhantes, lá vão reflectir.

São doces enlevos da maga poesia
que a alma extasia na aurora da vida,
E' ledo o viver em tão linda bonança,
risonha esperança na quadra querida.

Nas azas da briza, vibrando fagueira,
serena, ligeira, divaga o amor.
Em tristes accordes suspira a saudade,
nas chammas da edade, com tibio fulgor

E' tudo folguedo, amor e ventura,
encanto e doçura aqui onde estou!
Quão ledo e contente, feliz não seria
cantando harmonia, que o amor m'inspirou.

Sentira talvez em sublimes adejos,
em castos desejos, minh'alma expandir,
se sempre ficára ao som d'estas aguas
sarar minhas maguas p'ra nunca carpir.

Mas dura saudade este seio consome,
ouvindo seu nome, nas ondas da brisa
vendo sua imagem nos raios da lua,
que meiga fluctua e formosa deslisa.

Que infinda saudade!... Só resta chorar!...
D'ausencia avocar só penosa lembrança!
D'aqui d'estas plagas quão triste não saio,
pois vejo em desmaio tão risonha esperança!

Adeus, ó campinas, ó selvas, palmares,
ó lindos pomares, tão bello jardim!
Eu vou para longe, bem longe, em lamento,
levar meu tormento e maguas sem fim...

Saudade, saudade! palavra cruciante
que em meu peito anhelante só diz compaixão!
Depõe o teu manto de negro destino
ao lasso p'regrino vagando em soidão!

(S. Thiago)   *Antonio Duarte da Graça.*
                     (Caboverdeano)

Lições da lingua materna. — *Gallicismo ou francezismo*, é o nome que se dá a qualquer palavra, phrase, ou construcção, que, vindo do francez, desdiz do nosso usual ouvir e fallar.

Dizem-se *gallicismos* reprehensiveis os termos e locuções que nos trazem, ou arrastam da lingua franceza para substituir ou repellir os que temos da nossa com a mesma occupação, com mais energia, e muito mais bem soantes.

O gallicismo de palavra ainda em alguns casos pode ser admissivel. Muitos vocabulos são já hoje portuguezes, que eram exclusivamente francezes, não ha muito. O que em relação a elles se póde estabelecer por doutrina mais sã, e que melhor conforma com a pratica dos nossos bons escriptores, é que se não vá buscar dicção franceza que diga o mesmo, e ás vezes menos que outra, que pertença legitimamente ao nosso vocabulario.

Na construcção e contextura do periodo evitem-se ainda com mais cuidado os gallicismos, tomando se por modelos os nossos classicos, e respeitando-se as regras da boa grammatica.

Apontamos agora gallicismos escusados ou feios.

Detalhes, em vez de — pormenores, particularidades.

Chefe d'obra, em vez de — obra prima, primor d'arte.

A *sciencia a mais universal*, por — a sciencia mais universal.

Confeccionar leis, regulamentos. etc., em vez de — redigir leis, fazer regulamentos, formular, escrever, etc.

Confeccionar, ou antes confeiçoar, em bom portuguez, é fazer confeições, que são as preparações medicinaes que se manipulam nas boticas.

Confeccionar, — empregado em differentes phrases, taes como : «nomeou-se uma commissão para confeccionar a lei;»

«já se confeccionou o regulamento» ;

«o architecto está confeccionando o plano da obra;

«os productos d'esta fabrica são bem confeccionados;»

e em outras que taes é não só gallicismo, mas disparate de marca maior.

Todas estas confeições serão muito dôces e saborosas para certos paladares, mas repugnam e amargam ao gosto portuguez.

O nosso modo de dizer é : fazer leis, redigir leis, escrever leis, ou legislar.

Já se formulou o regulamento.

O architecto está traçando o plano.

Os productos d'esta fabrica são bem trabalhados.

Emfim, quasi tudo o que os gallicistas designam pelo verbo *confeccionar*, se explica em bom portuguez pelos verbos fazer, formular, compor, organisar, traçar, riscar, fabricar, produzir, delinear, idear, e outros muitos.

De resto, em vez de alguma das conjuncções adversativas ou locuções equivalentes.

Ter logar, em vez de realisar, effeituar, ou effectuar, occorrer, succeder, acontecer, haver, celebrar, etc.

Garantir, tambem o julgamos superfluo, porque temos em vez d'esse, tomado do francez, muitos com a mesma accepção: v. g. affiançar, abonar, assegurar, preservar, acautelar, etc.

Soffrer, como synonymo de *padecer*, fallando-se de pessoas, é um gallicismo : *padecer* é sentir alguma enfermidade, dôr, fome, trabalhos, necessidade, incommodo, desgosto, damno, pesar, emfim, qualquer mal physico ou moral. *Soffrer*, é supportar todos estes males com paciencia, resignação, animo, cara alegre, sem queixumes ou gemidos.

De sorte que ha *padecer* sem *soffrer*, mas não pode haver *soffrimento* sem *padecimento*.

Quando dizemos, fulano *soffre* do peito, asseveramos

ıma coisa que talvez ignoramos, ou que não seja ver-
lade, porque elle pode *padecer* do peito, mas não cau-
sar *soffrimentos* essa doença. Por isso devemos dızer,
para não errar — padece do peito.

«A caridade é paciente e soffrida nas tribulações.»
Quando o verbo *soffrer* se emprega em accepção
translata ou figurada, então se usa muitas vezes sem
perigo de gallicismo.

Partilhar, na accepção neutra ou intransitiva, tomada do verbo francez *partayer*, que tem as duas na-
turezas, como muitos dos nossos. *Partilhar* entre nós
é activo unicamente, porque para acção intransitiva
temos o verbo *participar*.

N'estas locuções, que até em diplomas officiaes se
leem: o governo partilha as idéas do illustre deputado; partilha o sentimento publico; partilho a mesma opinião; partilhar as mesmas doutrinas, os seus
pezares, as suas alegrias, —ha gallicismos vergonho-
sos.

Em bom portuguez deve dizer-se: participar do
sentimento publico.

Participo da mesma opinião, dos seus pezares, das
suas alegrias, etc., isto é, tomo parte n'ellas.

Logo que amanheceu e que foi dado o signal da partida, etc., por — logo que amanheceu e foi dado etc.

Isto sendo assim, não admira que elle fosse mal suc-
cedido, por — sendo isto assim não admira, etc.

Peço-te de guardar segredo, por — peço-te que
guardes segredo.

Que saiba todo o mundo que eu estou innocente,
por — saibam todos que estou innocente.

Elle me tem dado a sua palavra de vir passar em
minha companhia alguns dias, por — Elle me deu a
sua palavra que viria, etc.

E por isso que eu me resolvi, em vez de — por isso
é que me resolvi.

Mais observo, mais cresce a minha curiosidade, por
— quanto mais observo, tanto mais cresce, ou tanto
maior é a curiosidade, etc., etc.

—

Bom serviço prestou á nossa lingua o douto cardeal
fr. Francisco de S. Luiz no seu «Glossario das palavras e phrases da lingua franceza, que por descuido,

ignorancia ou necessidade se tem introduzido na locução portugueza moderna»; enganou-se porém em muitos pontos o illustrado philólogo, rejeitando como espurios muitos vocabulos que não são intrusos, pois teem legitima posse, conferida pela adopção e uso dos doutos, e omittindo muitos dos que se devem repellir, de sorte que os principiantes, em não vendo ahi taxado de gallicismo algum vocabulo de que querem usar, julgam-no adoptado.

Assim não ha guia seguro para escrever limpamente em portuguez; não temos diccionario que aponte os neologismos adoptaveis, nem um bom vocabulario de gallicismos; mas temos varias selectas, onde os que querem escrever com pureza e com correcção, podem achar mananciaes de boa linguagem, quando lhes seja difficil a acquisição de obras completas dos nossos classicos.

Os gallicismos que de necessidade havemos de receber no peculio da nossa lingua, para exprimirmos idéas e coisas novas, devem perder essa designação, que é odiosa polo mal que tem causado ao nosso idioma, e tomar a denominação generica de *neologismo*.

Mas aquelles que em vez de nos opulentar e aclarar a linguagem, a esterilisam, remendam e obscurecem, devem conservar essa nota, para os evitarmos, para os reprehendermos nos escriptos alheios, e expungirmol-os dos nossos.

A. M. d'Almeida Netto.

ENIGMA V

(Ao ex.ᵐᵒ sr. A. de Macedo)

Apre... Guicat —
Udodiff —
Icutaot —
Rabalhot —
Udofac —

(Fontainhas — Sant'Antão)   *Pá Roró Banganha.*

A CABOVERDEANA

(A's Ex.mas collaboradoras d'este Almanach)

T. da C

(Caboverdeano)

AVE-MARIA

(Ao Ill.mo. Ex.mo e Rev.mo Sr. D. Joaquim, Bispo de Cabo-Verde)

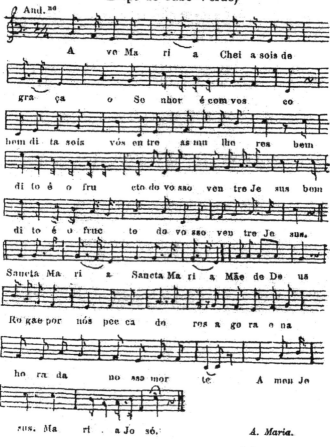

A. Maria.

(Caboverdeano.)

TIO NHOQUIM

(BOA-VISTA)

HYMNO DOS OPERARIOS

[1] Este hymno, expressamente composto para a occasião, foi enthusiasticamente cantado pelos operarios da egreja de S. João Baptista da Bôa-Vista (Cabo-Verde), no dia em que se collocou a ultima pedra do edificio, construido em dois mezes e meio.

(Maio de 93.)   *Livramento Silva.*

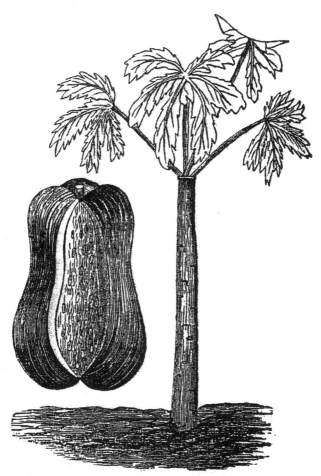

Mamoeiro. — Papaieira (Carica-papaya L.) Papayaceas. Chamada em Cabo Verde Papaieira e no Brazil Chamburù; habita tambem nas Antilhas, ilhas Molucas, Indias orientaes, e em quasi todos os paizes inter-tropicaes. O tronco é cylindrico, coberto de casca cinzenta, e tem 8 a 20 metros de altura; é coroado no ápice por um largo ramalhete de folhas, o que dá a esta vegetação alguma semelhança com a palmeira. As folhas são mui grandes, divididas em 5, 7 ou 9 lobos sinuosos; o fructo (mamão) é irregularmente ovoide, com cinco faces, do tamanho do melão, carnoso; é de côr verde, antes da maturação, e amarello, quando inteiramante sazonado; come-se crú, ou cosido com assucar, maduro ou verde; é refrigerante e levemente laxativo.

As flôres são de ordinario divicas, isto é, femininas n'uma arvore e masculinas em outras; raras vezes são monoicas, isto é, existindo ambos os sexos sobre o mesmo vegetal, mas separados. As flores femininas são de côr amarella, as masculinas de côr branca. Cahem pouco a pouco à medida que o ovario engrossa e se desenvolve; de modo que na maturidade o fructo é pendente n'uma parte do tronco liso. O tronco da arvore, o fructo e as folhas fornecem pela incisão um succo lacteo, que é aconselhado externamente contra as sardas, é caustico e até corrosivo. Misturado com agua, este succo tem a singular propriedade de amollecer, em poucos minutos, a carne que se mergulhou n'elle. E' de uso immemorial na India ajuntar pequena quantidade d'este succo á carne quando é dura e coriacea, para tornal-a tenra, mais agradavel e de digestão facil. Basta mesmo para obter este resultado, envolvel-a nas folhas da arvore por pouco tempo: este ultimo processo applica-se em algumas partes do Brazil, sobre tudo para tornar tenra a caça.

Este succo administrado internamente, favorece a digestão. Goza tambem das propriedades anthelminticas. Mas por causa da sua acção caustica não póde ser administrado internamente puro, porém, sim, misturado com xarope ou mel de abelhas.

O Sr. Dr. Bouchut, distincto medico de Paris, fez uma serie de experiencias com o succo obtido do fructo e do tronco do mamoeiro, que provam as suas propriedades digestivas. Obteve, juntamente cem o dr. Wurtz, lente de Chimica na faculdade de medicina de Paris, um principio activo do succo, a que chamam «Papaína», que se apresenta sob fórma de pó branco, amorpho, soluvel em agua.

Segundo as experiencias do dr. Bouchut a papaïna dissolvida em agua actua sobre o gluten, o leite, clara de ovo coagulada, a carne muscular, e tem a faculdade de formar estas substancias em peptonas, isto é, em productos liquidos da digestão gastrica faceis de serem absorvidos. A papaïna é aconselhado pelo dr. Bouchut em todas as fórmas de dyspepsia, sob a fórma de xarope.

Em Cabo-Verde preparam-se bons dôces da papaia, de calda ou compota, trinchada ou rallada.

Os seccos, porém, são preferiveis pelo gosto e pela economia.

A' Bellota

(Dedicando-lhe a ultima folha da primeira parte do meu primeiro poêma)

À toi !... Toujours à toi !

(Victor Hugo)

És tu, querida ! o derradeiro idyllio
D'essas venturas do passado morto,
O ultimo amigo n'este amargo exilio,
E o ramo d'oliveira do meu horto.

A nuvem, que refresca o meu deserto
Na jornada tristissima do mundo,
O pharol que me guia, e o porto certo
Da vida n'este immenso mar profundo.

O Cyreneo do meu Calvario amargo,
A Terra promettida de minh'alma,
Ninho d'amor harmonioso e largo,
D'esta existencia a perfumada palma.

Minha segunda mãe na desventura,
Minha irmã no prazer e na tristeza,
Alma feita de amor e de candura,
Corpo feito de graça e de belleza.

Sensivel coração, olhos de pomba,
Que choram mais do que eu meus desconfortos,
Vaso doirado em cujas flores tomba
O orvalho santo dos meus dias mortos.

A ti, pois, Isabel! a ultima fôlha
Das «Virgens» — toda a minha mocidade.
Entre essas flores não existe escolha,
Mas acceita-as em nome da amizade.

És tu, querida! o derradeiro idyllio
D'essas venturas do passado morto,
O ultimo amigo n'este amargo exilio,
E o ramo d'oliveira do meu horto!

Dos «Sinos de Cabo-Verde» *José Lopes.*

Um dorminhôco virtuoso.— Não ha ainda muito,
vivia em Port-Dieu um padre, a quem incommodava
extraordinariamente a mais invencivel tendencia para
o somno. Apezar da melhor vontade que tinha, nunca
podia acordar ás onze horas da noite, para ir ao côro
cantar matinas. Ora a natureza, que tão bom dorminhôco o tinha feito, tambem o havia feito um optimo
mechanico.

Sem estudos, sem a mais leve noção de mathemati-
cas, á fôrça de reflexões e de trabalho, havia fabri-
cado um relogio perfeito. Primeiramente accrescentou ás campainhas do systema de despertador, um
ruidoso carrilhão, que bem depressa se tornou insufficiente, addiccionando-lhe por isso nos angulos e no
centro do capitelsinho que sobrepujava o mostrador,
um melro, um gallo e um tambor.

Na hora marcada, tudo aquillo fazia enorme barulho.

Durante algumas noites tudo correu muito bem; mas
ao cabo d'um certo tempo, quando davam as onze, o
carrilhão tocava, o melro assobiava, o gallo cantava,
o tambor rufava... e o bom do frade ressonava.

Qualquer outro desanimaria. Mas o nosso padre es-
forçando o seu engenho, não tardou a engendrar uma

serpente que, collocada debaixo da cabeça, sibilava-lhe ao ouvido: «São horas, levanta-te». A serpente foi mais feliz que o carrilhão e que o melro, o gallo e o tambor, os quaes nem por isso deixaram de prestar o seu auxilio supplementar. Era uma maravilha, e o cartuxo nunca deixava de despertar. Mas, oh! no meio da sua alegria, fez uma triste descoberta; reconheceu que era preguiçoso.

Apezar de acordar, custava-lhe a deixar a sua dura cama; perdia o seu bom minuto a saborear a doçura de estar deitado, fechando os olhos e fingindo que dormia. Ora isto precisava d'uma reforma.

O religioso reconhecia-se culpado, e o mechanico achou-se humilhado: o diabo parecia caçoar d'um e d'outro; era necessario vencel-o.

Foi logo collocada uma taboa sobre o leito, de tal fórma que cahia brutalmente sobre os pés do preguiçoso dez segundos depois do aviso caridoso da serpente; mas de quantas vezes o pobre frade quando ia para o côro, queixava e doia-se. Pois bem, accreditar-se-ha?

Ou porque a serpente fôsse perdendo a voz, ou que a taboa com o tempo se tivesse tornado menos pesada, ou o velho mais dorminhôco; ou porque as pernas se tivessem callejado, ou porque as retirasse antes do castigo cahir, não tardou a sentir a necessidade d'uma nova invenção; todas as noites, antes de se deitar, amarrava ao braço uma corda que, á hora fatal, puxava por elle sem pedir licença e atirava com elle abaixo da cama.

Estavam as coisas assim, e só Deus sabe que novos projectos somnicidas elle tinha ainda na cabeça, quando se sentiu adormecer para sempre...

Adormecer! ah! não; o fervoroso christão não pensa assim; e apezar do seu peccadilho da preguiça, cheio de confiança n'aquella que perdoa:

«Ah! exclamou elle ao morrer, desperto finalmente!»
Foram estas as suas ultimas palavras.

Luiz Veuillot.

CHARADA IX

Não está pôdre este homem de Cabo-Verde—1, 3.

Leão Pinto.

O que é a vida

(Ao Ex.ᵐᵒ e Rev.ᵐᵒ Sr. Padre A. da Costa Teixeira)

A vida é patria de mil dissabores
Subordinada a um momento incerto.
E' vela accesa que o tufão apaga
Problema tredo em festival concerto!

A vida é sopro que ligeiro esvae-se.
Formoso inferno que convida a amar;
Risonha quadra d'incessantes maguas
Estrada invia que á morte vae dar.

A vida é flôr que desfallece triste
E qu'inda ha pouco rescendia olôr;
Rude carrasco—a prometter carinhos—
Gigante immenso, bacchanal pavôr!

A vida é fardo d'excessivo peso,
Passagem rapida p'ra campa fria;
Desgraça austera, disfarçada em risos
Flagello doce que possue poesia!

A vida é livro de chimeras rico,
Salão dourado, a deslumbrar, traidor;
Paizagem bella de gemidos cheia
Cháos terrivel, a assombrar d'horror!

(Da Lyra Creoula) (Santa Catharina— Cabo-Verde)

Pedro Antonio d'Oliveira.

O «deficit». — Haviam regressado da capital hespanhola, em 1892, as Magestades portuguezas. Lisboa engalanára-se espaventosamente para receber os soberanos.

— Para que seria tanta bandeira, tanto foguete e tanto vivorio? inquiria um portuguez lhano, instruido na logica de Genuense, onde aprendeu que os consequentes derivam dos antecedentes.

— E' que a Magestade praticou na Hespanha algum feito homerico.

— Não me consta. El-rei foi a uma viajata de recreio e nada mais.

— Então ha de ser o jubilo dos lisboetas ao verem extinctas as saudades da ausencia.

— Que me diz? Meia duzia de dias davam este rumo r?
— Pois meu caro, se não é isso é outra coisa alegre.
Olhe, dizem-me que o *deficit*...
— Sim, o *deficit*...
— Tomou um incremento grande!...
— Grandissimo. No anno economico de 90 a 91 foi
de 4:361 contos, e no de 91 a 92 de 8:205 contos, sup-
posto ha quem diga foram de 11:000 ou 15:000 contos!
— Pois ahi tem.
— Ora! Não louvo o gracejo sobre coisas sérias.
— Mas veja quem são os mordomos da festa...
— A maioria são monarchicos de esquadro e com-
passo...
— Monarchicos? O futuro dirá a el-rei quanto vale
um juizado com semelhante gente...

LOGOGRIPHO XV

Outr'ora em certa revista
Vi, sobre certo animal, — 6, 7
Um bello, excellente artigo,
De juba descommunal. — 8, 5, 11, 2

Era de aço, fino aço, — 6, 9, 11, 2
Do cavalleiro a espada, — 8, 5, 8, 2
Que montava o furibundo,
Não longe d'uma tapada. — 11, 2, 3, 3, 2

Vibrou-lhe na grossa espinha
Tão robusta cutilada, — 3, 7, 6, 4, 5
Que o animal, estonteado,
Rebolou pela vallada. — 11, 2, 1, 2, 8, 5

Eis no pó descança exânime
O fino, o grão impostor; — 8, 2, 1, 12
E vive, glorioso, o inclito,
O terrivel vencedor... — 10, 7, 11, 2, 5

Heroica acção, meu leitor;
Mas... melhor o bravo ardor,
Que deixou p'ra sempre viva
A doutrina excelsa, diva

(Santo Antão)

A. da C.

(Caboverdeane)

191

Perguntas enigmaticas

(Dirigidas áquelles que conhecem bem as ilhas de Cabo-Verde)

P. — Porque é que a ilha do Sal está em risco de ficar sem governo ?

P. — Em que se parece a ilha da Boa-Vista com um cavallo apparelhado ?

P. — Porque parece que a ilha do Maio não é toda portugueza ?

P. — Porque é que a cidade da Praia, de S. Thiago, não precisa d'oculos ?

P. — Porque é que a ilha do Fogo é das de Cabo-Verde a que mais se presta para residencia de religiosos?

P. — Em que se parece a ilha Brava com um preparado de escabeche ?

P. — Qual é o logar mais proprio para refeições na ilha de Santo Antão ?

P. — Em que se parece a cidade do Mindello da ilha de S. Vicente, com um boi ?

P. — Em que se parece a ilha de S. Nicolau com um pedreiro ?

(Ilha do Sal—Cabo-Verde)   *A. S. d'Oliveira.*

ENIGMA VI

Com accento na penultima
Valho a actualidade ;
Com elle na antepenultima,
Reunião d'antiguidade.

D. Fusca Vidal.

(Caboverdeana.)

ALFAYATE DESCONFIADO

—Assim... conserve-se n'essa posição e olhe direito para aquelle aviso, emquanto eu tomo as medidas.

O freguez (lendo o aviso) :

— «Não se fia.»

D. P.

O pinhão da purga.—*Purgueira*—*(Jatropha curcas L.)* Arbusto de altura mediana. Produz o pinhão da

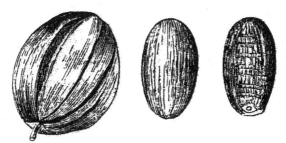

purga, que apresenta a gravura, fructo do tamanho de uma noz, muito semelhante a um pequeno pecego, verde ao principio e amarello quando maduro. Contém tres sementes de tamanho e fórma de uma pequena cereja, separadas entre si por uma membrana cortical. Esta divisão se reconhece no exterior do fructo por sulcos longitudinaes e equidistantes.

A semente é branca, oleaginosa, e é protegida por uma leve casca roxo-escura dura e quebradiça.

Vegeta bem por todas as ilhas do archipelago e a sua qualidade tem já grande reputação nos mercados nacionaes e estrangeiros. A despeza de sua cultura é quasi nulla, mas é insignificante a quantidade que ha, se se attender á immensa extensão do baldio, que ha na provincia, susceptivel de toda a cultura.

Produz a purgueira duas vezes ao anno, havendo chuvas em tempo conveniente e favoraveis.

Da purga extrahem-se os trez productos seguintes:

A coada. — E' fabricada com a cinza do pau da purgueira e capsulas do pinhão da purga pelos processos ordinarios da barrela. E' applicada principalmente no fabrico do sabão e anil, e serve tambem para tirar nodoas gordurosas.

Azeite. — Oleo de purgueira. Fabrica-se do modo seguinte:

Desembaraçam-se as sementes da capsula que as contém e reune, espalhando-as por sobre uma superficie plana e fazendo passar por sobre ellas um pedaço de madeira. Tambem se faz a operação á unha, o que é facil, porque a propria capsula, depois de madura, começa a fender-se pelos sulcos, deixando cahir a semente. Feita esta operação, depositam-se as sementes em logar conveniente e cobrem-se de qualquer materia combustivel, sujeitando-as á acção de um fogo moderado e revolvendo-as constantemente com um forcado até as cascas começarem a crepitar. Retiram-se então do fogo as sementes e pilam-se até formarem uma só pasta, que é então lançada em caldeiras com agua e posta a ferver. Vem o oleo á superficie e é recolhido á colhér. Quando cessam de apparecer á superficie as bolhas d'azeite, os sedimentos, misturados com a agua da caldeira, depositam-se em um vaso, que costuma ser um barril de 5.° ou 10.°, o qual fica exposto ao sol, cujo calor, com a fermentação, produz mais algum azeite.

Com uma prensa, ordinaria que fosse, muito mais azeite se extrahiria, pois pela só acção do calor parece que não se extrahe a metade do oleo que contém a semente. O oleo expresso da purga é purgativo na dóse de 2 a 4 grammas. A analyse chimica demonstra que este oleo contém as substancias seguintes: a palmitina, a stearina, a myristina, a laurina, os acidos acetico, valerianico e outros homologos superiores; o acrotonico, cuja presença negam alguns, o angelico e o isomero d'este, o tiálico crotonol e corpos gordos. Não se tem podido isolar o producto, a que deve este oleo a sua propriedade purgativa.

Sabão. — Fabrica-se fazendo ferver a coada e lançando-se-lhe então o azeite na proporção de 1 d'este para cinco d'aquelle e remexendo continuamente a mistura até chegar ao ponto conveniente.

(Cabo-Verde) *Teixeira da Costa.*

(Caboverdeano.)

CHARADA XX

(Ao mano Antoninho)

De uma boa medida e de capricho vem a telha de fazer versos — 2, 2.

(Cabo-Verde) *Nhósinho C.*

194

UM BRADO

(Aos meus queridos amigos e collegas do
seminario-lyceu de Cabo-Verde (')

Quizera, mancebos, convosco adejar,
Cantar-vos, sublimes, qual cisne mavioso;
Em ternas estróphes a Gloria saudar
Nos cantos da lyra, pulsando saudoso.

Quizera ser poeta, mas poeta inspirado,
Que as cordas da lyra soubesse ferir.
Qual Milton ou Dante, Racine endeosado;
Em versos dourar vossa gloria e porvir.

Debalde, porém, dedilhando, procura
A mão do medroso soltar harmoniosas,
Ethereas canções de maviosa doçura,
Suaves gorgeios em noites grandiosas.

Não posso de certo laurear vossa gloria,
Subindo ás alturas que a mente deseja,
Gravar vosso nome em urna marmorea;
Talento não tenho e minh'alma fraqueja...

E' triste, bem triste a vontade sem vida,
Sem força robusta que a torne immortal!
Em vão aspiramos á fama querida;
E' sempre visão de um sonho lethal!!

Eu li vossos versos, saudando um *portento*...
Espr'ito sublime nas azas do Genio;
Fiquei encantado de vosso talento,
Dizendo comigo: *E' novo proscenio!*

Futuros prodigios nas vagas do mundo,
Brilhantes luzeiros d'eterno sanctuario,
Mimosas plantinhas n'um solo fecundo,
Sois filhos benditos do bom Seminario!...

(') A proposito d'uma «Saudação» dirigida ao Ex.^{me} e R.^{mo} Sr.
Arcediago, Manuel Correia de Figueiredo, conego que foi da Sé de
Cabo Verde e hoje da do Funchal.

195

Avante, mancebos, na senda encetada !
Marchae ao encontro d'aurora brilhante,
Que surge, risonha, de luz embalada,
D'immenso clarão e progresso radiante...

Avante, meus jovens, que a Letra vos conta
No seio da Sciencia por filhos queridos !
Eis nova estação que o saber vos aponta
Semeada d'encantos, em ouro esculpidos.

Avante, repito, buscando o porvir,
Estrella fadada que á Gloria conduz !
E' suave, bem suave o norte seguir
No mar de bonança, prateado de luz.

(Praia)   *Antonio Duarte da Graça.*

N'UM RESTAURANT

— Rapaz, pódes trazer-me uma gallinha nova afogada em cebolas.
— Não, senhor; não as matámos d'essa maneira; cortamos-lhe as cabeças.

D. P.

LOGOGRIPHO XVI

(Ao amigo A. S. d'Oliveira)

Mi-mi-mi-, la-la-la-la,...
Re-re-re-re, sol-sól-sol...
Bravo, meu mano Antonio,
Mais fina q'um caracol.

Toca tu agora a peça—3, 6, 5
Que te ensinou a mana—8, 7, 7, 2
No dia em que o diadema—1, 4, 3. 4, 8
Lhe deu a tua Joanna—5, 6, 2

Re-re-re, do-si-la-sol...
Ah! 'spera, toca primeiro
A opera «Estimado-Virgem»
Da *senhora* Gil Pinheiro.

(S. Antão.)   *T. da C.*

(Caboverdeane)

GUINÉ PORTUGUEZA

(ETHNOGRAPHIA)

Saudação. — Quasi todos os habitantes d'esta costa saudam como nós, e com apertos de mão. Os *fulupos* cumprimentam as pessoas de elevada gerarchia abanando as mãos juntas e dizendo : *sáfe!* Os *papeis* de Cacheu levam bruscamente o index aos olhos da gente, dizendo : *umbós!* E' preciso não pestanejar, sob pena de ser tido na conta de cobarde. Os mouros, deixando as suas sandalias á porta de quem muito respeitam, entram dizendo *salamalekos*. O *fula* leva um seculo a fazer os seus cumprimentos: pergunta pela saude do seu interlocutor, de toda a sua familia, individualisando; pelo estado de todas as suas coisas, especificando ; de todos os seus negocios feitos e por fazer.

Habitações. — Não mettendo em linha de conta os *sossos*, os *fulupos* de Gemberem e de Zeguichor, que fabricam muitas casas de taipa, altas, espaçosas, ventiladas e muito limpas, os mais gentios fazem choças e cabanas de barro, de canna ou de mangle. Em toda a parte encontram-se habitações distinctas e collectivas, disseminadas e agglomeradas.

Com a morte do proprietario, as cabanas são immediatamente destruidas. Na actualidade só muito no interior do Sudão se encontram tribus troglodithas, e na margem esquerda do Geba, nas proximidades do Clime, encontram-se grandes cavernas com rios subterraneos, e é possivel que ali existam alguns vestigios da edade de Pedra.

Generos de vida. — Conforme suas tendencias, segue cada raça um genero de vida que lhe é peculiar. São sedentarios, os *casangas*, *mandingas*, *fulupos* e *nalús*; nomadas os *pull-os* e *fula-jous*; semi-nomadas os *balantas*; errantes, os *loibés*; emigradores, os *manjacas*, da costa de baixo.

Vida domestica. — As raças activas, taes como *fulupos*, *fulas* e *balantas*, quando não se acham empenhadas em guerras sanguinolentas, andam á caça, á pesca, na roça dos matos, na lavra dos campos ou em quaesquer outras occupações fóra de suas casas; outros, como os *cassangas*, *papeis* e *biafadas*, quando não apparecem ás portas das tavernas, andam empoleirados na estipe das palmeiras, de que extrahem o vinho chamado de palma, ou então, deitados indolentemente, dormem á sombra das arvores. As creanças quasi todas andam no campo a pastorear rebanhos, a jogar a pella, ou nas florestas a cavar raizes de que se sustentam durante o anno, e só á noîte recolhem ao lar domestico, onde encontram seus paes e uma magra ceia; descançam, e pela manhã muito cedo tornam a debandar como os passaros: os paes por um lado, os filhos por outro, as mães ás outras ou aos mercados vender gallinhas, cêra e algumas fructas silvestres.

Vida social.— Encontra-se a vida social nos jogos á espada, na lucta, nas apparatosas festas da circumcisão e nas danças curiosamente organisadas á luz do luar, ou de uma enorme fogueira, em que as cantigas harmoniosas são sempre acompanhadas de palmas e tambores.

Vida politica.— A vida politica só tem logar quando a sociedade dos circuncidados se reune na lide das grandes mattas, o que não obsta a que, quando a sociedade em geral se acha ameaçada d'algum flagello, possam todos reunir-se, sem distincção de individuos, de edades e de sexos, para discutir o modo de conjurar o mal que os ameaça.

Vida intellectual.— Este genero de vida só tem logar nas tribus mouriscas, que mantêem sempre escholas regulares, em que todos aprendem a lêr e escrever o arabe, emquanto que os padres conscriptos discutem sempre diversos pontos sobre theologia, historia, botanica, medicina e diversos phenomenos da natureza.

(Guiné)   *Marcellino de Barros.*

CHARADA XXI

Venera-se o homem n'esta ilha—2, 2.

(Tachinha de Mã-Luiza—Sant'Antão)

Macaquinho.

LOGOGRIPHO XVII

Sepulta, leitor, mui dino
No abysmo avernoso
O gigante trahidor
De ventre grau, cavernoso —5, 6, 7, 8, 9. 10.

Banha com lagrimas tristes
Pungentes, doridos ais,
A grande nação vermelha —7, 9, 8, 5.
Que honrada será jámais.

Percorre o mundo inteiro —3, 1, 9, 5.
Busca-lhe uma irmã,
Se Adão ou Eva a teve
Ella a terá ámanhã.

Tem mandibulas de ferro
Essa já pristina raça —5, 2, 6, 1, 3. 10.
Larva do latino Caco —4, 10, 3, 4, 8, 6, 5.
Que o mundo embaraçava.

Do mappa, porém não tarda
A ser p'ra sempre riscada;
E' ré de lesa cidade,
De feito está condemnada.

D. Antonia da Costa
(Caboverdeana.)

Barbaridade de um compositor e grande desleixo do revisor

Em um jornal diario que se publicava ha muitos annos na capital d'um Estado appareceu uma noticia concebida nos seguintes termos:

O sr. deputado F. occupou a tribuna do Parlamento, na sessão de hontem, pelo espaço de duas horas. Consola ouvir fallar assim. Que eloquencia! Que força de logica e de argumentação!! Realmente portentoso o discurso do sr. deputado F. — Tambem não lhe faltaram verdadeiras ovações, nas salvas de palmas e nos repetidos — appoiados — com que era constantemente applaudido e victoriado.

Findo o discurso, desceu da tribuna o orador, e foi abraçado por quasi todos os seus collegas, — que, em seguida, o agarraram e lhe ataram uma lata no rabo correndo com elle ás pedradas por muitas ruas da capital...

Imagine-se do pasmo dos leitores — ao ler tamanho disparate!

Das duas, uma : ou o redactor da noticia, caçoava com os seus leitores — ou, a ser verdade, o que alli se dizia, os dignos deputados tinham dado todos em orates...

Mas, nem uma, nem outra cousa — e é caso de se accrescentar : *antes pelo contrario*. Procedendo-se a averiguações, soube-se que as palavras — em seguida — e as que succedem, pertenciam a uma outra noticia ácerca d'um cão que algumas creanças tinham agarrado, atando-lhe a lata ao appendice etc, etc.

E o compositor, trocando os respectivos linguados... fez passar um bom quarto de hora aos leitores, com grande proveito da empreza, pois contam que se esgotaram todos os exemplares do jornal, e ainda houve pedidos que não poderam ser satisfeitos por não bastar a tiragem.

A. P.

CHARADA XXII

(A meu pae)

A doença do pronome deseja uma flôr—1, 1, 1.

(Boa-Vista)   *Luiz de Carvalho.*

Curiosidade singular

Seguia viagem um navio inglez.

De repente ouve-se um grito :

— Homem á agua !

— Alto ! acode o capitão.

E logo, voltando-se para o contra-mestre, perguntou :

— Pagou a passagem o homem que cahiu ?

— Sim, senhor, respondeu o contra-mestre.

— Em marcha ! concluiu o capitão.

E o navio seguiu, deixando o infeliz em lucta com as ondas.

O ANANAZ

Coroado rei dos filhos de Pomona
Quão galhardo e formoso
Intonas essa fronte de monarcha.
E a purpura dourada
Vestes na linda côr com que te envolve
A rica natureza.

A. Garrett.

Valentins e Valentinas

E' geralmente conhecido o peregrino zelo de S. Francisco de Salles e a sua devotação em annunciar da Cadeira da Verdade as vivificantes verdades do Catholicismo, o que era necessario sobre tudo na desgraçada época em que elle viveu.

E não prégando por méras theorias ou formalidades, procurava esclarecer, ensinando, as verdades catholicas, fulminando os costumes, reprovados, como vamos vêr, sobre um assumpto tão delicado como importante.

Segundo um antigo costume, a 14 do mez de fevereiro, festa de S. Valentim, os moços e as moças reuniam-se em determinado sitio, e ali, depois de terem escripto os seus nomes em letras de oiro e de os ter lançado n'uma urna, tiravam á sorte successivamente o nome de um mancebo e de uma joven. Aquelles cujos nomes assim se extrahiam, contractavam entre si, por todo o anno á festa, uma alliança d'amisade, segundo a qual o mancebo chamava á moça a sua Valentina, e esta Valentim ao joven. Durante todo este tempo, o Valentim trazia sobre o coração ou sobre o braço o bilhete contendo o nome da sua Valentina, e tinha o encargo de lhe servir em tudo, de conduzil-a aos bailes, ás reuniões e passeios, e ajuntava a todas estas galanterias diversos presentes.

Este abuso, origem de mil liberdades que reprovavam a decencia e o pudor, estava espalhado por toda a França, Inglaterra e Escocia. Em Annecy, porém, havia o particular de que mesmo as pessoas casadas tomavam parte n'este uso tão abominavel, o que dava logar a terriveis ciumes entre as familias e produzia muitas contendas e desordens, familiaridades prohibidas e liberdades criminosas. O santo Bispo de Genebra emprehendeu resolutamente desde janeiro a difficil quão importante missão de extinguir violentamente tão deleteria baba.

As suas palavras não teem, a principio, o acolhimento desejado; porém elle, sem desanimar um momento, insiste nas suas tão suaves e salutares admoestações, mas ainda com pouco resultado.

Decidido por fim a acabar com esta desordem, ajunta

aos accentos da sua eloquencia a voz da auctoridade, prohibe por um edicto, e requer, para apoio do seu poder espiritual, o auxilio do braço secular. Este acto de força resolveu em murmurações e escarneos insultantes. O homem de Deus não se deixou perturbar.

— Deixae-os dizer, respondeu elle aos que d'isso lhe fallavam; nós somos os mais fortes, porque temos para nós Deus e seus amigos. Não haverá Valentim este anno, mas sim a ordem, a paz e melhores costumes.

E para substituir o uso que elle queria destruir, advertiu os fieis de que elle proprio fazia os Valentins e Valentinas.

Para isso fez distribuir por todas as familias bilhetes com nomes de diversos santos e santas, de alguma notavel maxima da Escriptura ou dos Santos Padres. Tiravam-se estes bilhetes á sorte; o santo cujo nome se tirasse seria o protector que a pessoa devia honrar até á festa no anno seguinte, e a maxima da Escriptura ou dos Santos Padres, escripta no mesmo bilhete, deveria, durante o mesmo tempo, servir de regra de conducta. A esta piedosa pratica elle accrescentou outra ainda muito superior, a qual consistia em fazer, ao som das horas, o signal da cruz seguido de uma aspiração piedosa em honra da Paixão de Nosso Senhor; e se tivesse havido acaso algum peccado á hora que acabava de expirar se fazia um acto de contricção da culpa commettida, com um firme proposito de vigiar sobre si para não tornar a cahir mais n'ella.

Assim a um uso culpavel, o santo apostolo de Chablais fez succeder outros verdadeiramente christãos, debaixo da protecção do mesmo santo, cuja festividade tanto se deshonrára com a *Valentinada de Satanaz.*

P. A. M.

CHARADA XXIII

(A minha mana Bibi)

O adverbio na musica é instrumento medicinal.— 1, 1, 1.

(Cabo-Verde)   *D. Mimi Carvalho.*

Recordação

(Ao meu venerando ex-professor, o ex.ᵐᵒ sr.
Edmund St. Aubyn)

Além, o berço que não volta mais;
Adiante, a campa que p'ra mim caminha.
Não temo d'esta o congelado leito;
Lamento a fuga da infancia minha.

Sorri ao vêr o encanto da existencia,
No manto envolto da innocencia pura,
Materno seio respirava em mim
Fragrante aroma d'infantil candura.

E' que surgia do viver a aurora,
Doirado e fresco tudo eu ledo via;
Ainda o sol atraz d'um alto monte,
Da ternura..., igneos raios escondia.

Sua fronte emfim o sol mostrou ardente,
Seus raios soffro, lavas d'um vulcão!
E' o sol da vida que o meu ser negreja,
E vae subindo, e sempre o evito em vão.

Perdão Senhor! perdão mil vezes pede
O desalento que chorando vae...
Alem, o berço, que não volta mais!
Adiante, a campa ao meu encontro sae!

(S. Nicolau—Cabo Verde)   *P. Pereira Tavares.*

Toque-emboque

A um europeu—empregado publico em Cabo-Verde,
que estava em Lisboa, em goso de licença, achando-se
no theatro de S. Carlos, com varios amigos—lembrou-
se um d'estes de lhe fazer a seguinte pergunta:
— « Então, F., em Cabo Verde ha d'isto?
Pergunta feita no fim d'uma opera magistralmente
executada. Ao que elle redarguiu promptamente:
— «Ha d'isto, ha! .. O que não ha, é individuos
que façam perguntas d'estas. .

· ·

Eugenio Pinto.

Voltar a casaca. — Manoel Felisberto, fundador da Ordem de Saint-Maurice-et-Lazare, foi um valente capitão que mereceu por seus grandes feitos militares o commando do exercito imperial no cerco de Metz.

Ganhou em 1557 sobre os francezes a famosa batalha de S. Quintino, e recobrou, graças ás habeis negociações de M. Boisy, pae de S. Francisco de Salles, casando-se com Margarida de França, filha de Francisco I e irmã de Henrique II, a parte de seus Estados, que a França tinha subtrahido a seu pae.

Seu filho Carlos Manoel I, cognominado o Grande, succedeu-lhe na edade de dezoito annos e reinou cincoenta.

Este era dotado de muito espirito e vivacidade, fallava com graça e eloquencia o francez, o italiano e o hespanhol. Era affavel, liberal e do felicissimo expediente nos negocios, de rara intelligencia e de prodigiosa memoria. Tão habil era na arte da guerra, que Henrique IV dizia não conhecer senão dois homens dignos do titulo de capitão: Carlos Manoel e Mauricio de Nassau, principe d'Orange.

Carlos Manoel ajudou com todos os esforços possiveis a S. Francisco de Salles na conversão de Chablais; e este grande santo, pelos elevados elogios que conferiu ao bravo capitão, deixa em duvida tres grandes faltas que alguns historiadores a este imputam: 1.ª uma excessiva ambição, que o levou até a querer apoderar-se da Provincia, do throno imperial, do reino de Chypre e da Macedonia; 2.ª uma grande dissimulação que leva a dizer-se d'elle que seu coração era, como o seu paiz, inaccessivel; 3.ª a infidelidade ás suas allianças, o que deu logar a dizer-se que elle tinha uma casaca branca de um lado e encarnada do outro, a qual elle voltava todas as manhãs, segundo o partido cuja côr queria tomar.

E' n'este ultimo facto que tem origem a phrase — *voltar a casaca* — para significar mudança de partido.

A. C.

CHARADA XXIV

Na Bohemia, na Laponia e em Chaves come-se — 1, 1, 1.

(Algures) Archimedes.

LOGOGRIPHO XVIII

Toma a peito, meu leitor—9, 5, 6, 4
A grande e alta questão,
Que mina o rico imperio—6, 7, 8, 3, 9
E ameaça o teu cantão.

Não é de certo invencivel—9, 5, 1, 4
A hydra que a suscita,
Mas leva tempo bastante—4, 3, 3, 2
Cortar-lhe da vida a fita.

Com tento e muita prudencia,
Com valor astuto e duro
A vencerás tu, porém,
Em bem proximo futuro.

Se assim fores vencedor,
Vencerás a instituição
Latina, de certo, e avita
Da mui gloriosa nação.

(Sant'Antão)

Abilio Neves.
(Caboverdeano)

Usos e costumes de Cabo-Verde

(RAPIDO ESBOÇO)

O povo de Cabo-Verde é docil, intelligente e soce-gado, submisso ás leis, indolente e de maior descren-ça politica que se póde imaginar. E' pouco dado á agricultura, cujos duros trabalhos são geralmente mal remunerados, entregando-se fanaticamente ao com-mercio e á navegação.

A mansidão e a bondade do seu caracter é mani-festa. Os costumes são relativamente excellentes, po-dendo dizer-se que é um povo isento de crimes, frou-xo na virtude e pêrro na emulação.

Os homicidios são rarissimos, o suicidio é tão ex-cepcional que se torna objecto do maior pasmo.

Os attentados contra o pudor são frequentes, mas quasi sempre devidos a diplomaticas promessas de casamento.

A crença em feitiços, em almas do *outro mundo* e em milagres é vulgar, principalmente na ilha Brava,

onde chega a constituir um motivo sério a desaven-
ças e querellas, dando margem ao mais interessante
estudo, pelas suas emaranhadas influencias na quasi
totalidade das questões locaes.

*

A alimentação popular é variavel nas differentes
ilhas, tendo em todas como base fundamental o milho.
Nas ilhas agricolas, porém, esteia-se ella principalmente nos productos agricultados, emquanto que nas
ilhas seccas se reforça com o peixe fresco e salgado e
pela carne de cabra e pela *chacina*.

O café é a bebida indispensavel em todas as refeições, sendo ainda muito usada em algumas ilhas a
aguardente, apesar da barateza dos vinhos n'estes
ultimos tempos (1) ter concorrido sensivelmente a
modificar esse habito, tão pronunciado outr'ora e tão
altamente nocivo á saude e aos costumes publicos.

*

O povo veste-se, em geral, simples e decentemente
e em muito mais correlação com o clima do que as
classes superiores.

Os homens do campo usam calça e jaqueta de *russo*
(americano), camisa d'algodão crú, geralmente sem
colletes, descalços e com chapeus de palha da Brava
ou fabricados por elles mesmos. Os das povoações
usam quasi todos fatos de casemira barata, sendo vulgar nas cidades e na Brava o vêr-se, principalmente
nas grandes festividades, indigenas galhardamente
vestidos a panno preto e de cadeias luzentes.

As mulheres, estas, vestem-se de camisas decota-
das mais ou menos enfeitadas de rendas, saias de
zuarte ou de chita, e lenços de algodão ou de seda,
de côres vivas, dispostos em algumas ilhas com muita
arte, em fórma de toucado á alsaciana.

As creanças em tenra idade andam nuas, e, quando
mais crescidas, apresentam-se geralmente com simples camisas de chita.

Nas grandes festas religiosas as mulheres *falham-se*,
adornando as orelhas com brincos, o pescoço e os braços com collares e pulseiras espectaculosamente fal-

(1) Em 1891, não actualmente.

sas ; envolvendo o tronco com chailes ou pannos fabricados no paiz, os quaes são cingidos com uma elegancia caracteristica ou sobraçados despreoccupadamente com um grande ar de madona. Essas vestuarios são geralmente tintos em anil e em hervas adstringentes, por um processo tão rudimentar que ficam exhalando um cheiro insupportavel, nocivo á saude e altamente suffocador nas grandes agglomerações.

✳

Os homens do povo são feios, não teem garbo, elegancia, nem distincção no porte, ao contrario das mulheres, que apresentam não raras vezes feições regulares e uma morbidez do olhar verdadeiramente lasciva e impressionadora.

São sérias quando casadas e sempre optimas mães. O infanticidio é quasi desconhecido.

✳

As habitações ruraes e as de todas as grandes povoações mesmo (á excepção da Praia, S. Vicente, Brava, Maria Pia e Sal), são na maioria mal construidas a pedra e barro, sem estabilidade e sem arte e cobertas de palha. Sendo de mencionar-se, como censura merecida, as da Ribeira Brava em S. Nicolau, onde todos os annos, pelas chuvas, cahem dezenas d'essas palhoças, o que dá azo a lamurias ridiculas, continuando invariavelmente a serem reconstruidas do mesmo modo na faina invariavel d'um verdadeiro destino de Sysipho.

(Do livro *Madeira, Cabo-Verde e Guiné*)

Dr. João A. Martins.

(Caboverdeano)

CHARADA XXV

Na musica este animal faz varios serviços domesticos —1, 2.

(Boa-Vista)   *Luiz de Carvalho.*

Africa.—Hoje a nossa actividade de nação heroica é solicitada pela Africa, onde devemos conquistar o nosso futuro de prosperidade e riqueza. Avançar é o nosso lêmma.

C. Boavida.

A palmeira. — Abundante, liberal, pródiga, chamou Plinio á palmeira, porque ella só é capaz de dar de comer, beber e vestir ao homem.

Dos seus ramos se tira o emblema dos triumphos militares e religiosos. Nenhum individuo do reino vegetal e mais prestadio; nenhum mais alteroso e symbolico.

Ha cinco especies de palmeiras. A tamareira, tambem chamada palmeira de egreja: o cocoeiro ou coqueiro: a lataneira das Maurícias: a aréca das Antilhas: o sagueiro. A tamareira nasce nos

paizes quentes de um e outro continente. Tem o tronco direito, cylindrico, coberto de escamas, que são os vestigios dos peciolos folhosos de que a planta se despoja nas differentes edades. No alto forma uma cabeça conica, composta pelo menos de quarenta piciolos folhosos, d'onde saem as flores em fórma de cachos, que dão duzentas tamaras ao mesmo tempo.

Come-se este fructo tal qual a arvore o dá; posto a seccar serve de sustento para todo o anno. D'elle se faz um xarope que serve de manteiga, molho e tempero para os alimentos. Os caroços, fervidos para amollecerem, dão-se ao gado. Distillado dá bom vinho. O «nectar de tamaras» que bebem os soberanos do Congo, é o licor espirituoso das tamaras fermentadas.

O pau do tronco, ainda que composto de fibras lenhosas, serve de madeiramento na Africa, e particularmente para estacas, porque resistem muito á agua. As folhas servem para cobrir cabanas; dos espadices fazem-se vassouras; dos envoltorios dos mesmos espadices calçado, e dos cachos cordas, etc. A medulla das arvores novas, ou as extremidades das antigas, é um manjar mui estimado dos africanos.

O cocoeiro ou coqueiro, tem o tronco mui alto, delgado, com cicatrizes semi-circulares que deixaram as folhas velhas. E' coroado por um feixe de dez ou doze folhas, do centro das quaes sae um gomo ou grelo direito, quasi cylindrico, ponteagudo, tenro, bom para comer, e a que chamam repolho de coqueiro.

D'entre os peciolos das folhas saem grandes espathas univalves, que se abrem de lado, e dão sahida a uma panicula, cujos ramos estão carregados de grande numero de flores, as femeas na base, e as machas nas extremidades. As flores femeas dão uns fructos conchegados em fórma de cachos, que são os cocos.

CHARADA XXVI

A meu padrinho J. C. de Lacerda

Aqui a cova tem peixe. — 1, 2

Affonso Leite.

LOGOGRIPHO XIX

A meu primo Manuel d'Oliveira

Apercebe-te, meu bravo,
Que a caça é boa, rica,
Mas s'esconde em atra brenha,
Onde quem lá vae lá fica.

Armado, pois, toma o piso.
Do ladrão de Lacio astuto,—14, 9, 3, 17
Segue o caminho ligeiro—18, 13, 2, 7, 21, 15
Que cobre a caça de luto.—18, 22, 11.

Quando perto estiveres,
Te anime um mata-bicho,—10, 2, 17, 10
Do que na guella queima —15, 20, 12, 19
E logo provoca um guincho.

O rafeiro esteja álerta,
Põe a geito a carabina,
E tu, cautelloso, alli entra
Com prudencia, astucia fina.

A' direita, lá ao fundo,
Uma peça existe bôa ;—3, 1, 16, 20, 15
Mas, melhor o animal,—18, 7, 9, 21, 11
Que mais corre, corre, vôa.

Portanto, áquelle logar,—1, 8, 5
Armado do instrumento,—9, 14, 4, 1
Se miras, o animal—6, 15, 2, 21, 9, 8
Soltará mortal lamento.

Sem demora, pois, meu bravo
Atira tu, bem certeiro,
Que t'espero n'estas ilhas
Com da gloria um letreiro.

(Sant'Antão)   *D. Antonia da Costa.*

(Caboverdeana)

EQUITAÇÃO

As principaes regras de equitação, ou picaria, são:

1.º Saltar com ligeireza, para facilmente montar a cavallo e apear-se.

a) Monta-se a cavallo pegando com a mão esquerda nas redeas, e apoiando-a no arção de sella, pondo o pé esquerdo no estribo, e salvando com a perna direita a cavalgadura, de modo que se vá cahir sobre a sella. Apeia-se do modo contrario.

Procurar logar elevado para mais facilmente montar, não é elegante, e só é permittido a pessoas doentes ou idosas.

2.º Conservar o equilibrio e elegancia, estando a cavallo, o que se consegue:

a) Collocando o tronco do corpo perpendicular á cavalgadura, recolhendo o ventre, e avançando com o peito para diante.

b) Conservando sempre o cotovello da mão das redeas unido ao corpo, ainda quando se muda de direcção.

c) Dispondo as pernas de modo que do joelho para baixo caiam naturalmente, procurando ter sempre o bico do pé mais levantado que o calcanhar, e inclinando aquelle para a espadua da cavalgadura.

Oscillar com as pernas, ir continuamente picando a cavalgadura e o fazer differentes sons com a boca para a excitar, são coisas intoleraveis, e que provam falta de educação. A cavalgadura toca-se apenas com a espora e chicote.

3.º Segurar-se para não cahir, para o que se empregam os seguintes meios:

a) O freio, para reprimir a velocidade da cavalgadura.

Pega-se nas redeas com a mão esquerda, mettendo-se entre ellas o dedo minimo, e deixando-se cahir as pontas por cima dos dedos, para o lado de diante, a fim de que não escorreguem tão facilmente. Por este motivo, e por aceio, costuma-se andar a cavallo de luvas.

b) Os estribos, para conservar o equilibrio no caso de oscillação.

Os estribos estarão na altura dos pés, e não mais

acima. Servem tão sómente de amparar estes, que pousam n'elles logo depois dos dedos.

c) Os joelhos, que se comprimem fortemente contra o ventre da cavalgadura.

Para este fim convém dispôr as pernas do modo indicado (2.° — c), e fazer força nos calcanhares.

4.° Metter a cavalgadura a passo commodo, o que se consegue com o uso, estimulando-a com as esporas, e ao mesmo tempo reprimindo-a e regulando-a pelo freio.

O passo mais commodo e veloz é entre o trote e o passo ordinario.

5.° Prevenir que a cavalgadura tropece ou cáia, trazendo-lhe sempre o freio teso.

O que torna tambem a cavalgadura mais elegante, é conservar-lhe a cabeça elevada.

6.° Mudar de direcção a cavalgadura, o que se faz do seguinte modo :

a) Se se quer dirigir para o lado direito, volta-se a mão das redeas com os dedos para cima, encostando-se a perna direita de chapa ao ventre da cavalgadura, para a ajudar a voltar.

b) Para o lado esquerdo, volta-se a mão das redeas com os dedos para baixo, e encosta-se a perna esquerda ao ventre.

A equitação é de grande conveniencia hygienica, principalmente para fortificar as entranhas, mas é necessario andar ligado, para que estas não façam extraordinario balanço.

Amaral Pimentel.

Contagio singular

Um regedor de parochia a quem o administrador do concelho ordenou formulasse uma relação das pessoas fallecidas na sua freguezia por occasião da epidemia de febre amarella, que houve n'esta ilha em 1845 — entendeu que devia começar o documento pelas seguintes textuaes palavras :

«Relação das pessoas que morreram de contagio por ordem do Sr. Administrador do concelho» (!)

Que administrador, hein ?...

(Boa-Vista)   *A. P.*

SALVEI MEU PAE [1]

«Juncto a meu pae—á frente o viram sempre...
«Sobre o imigo baixei a panno cheio
«Caía a nau de seu commando .. um silvo
«De peloiro soou. Mirado a elle
«Certeiro mouro tinha. Estendo o escudo...
«Movimento feliz !... Salvei-lhe a vida.
«A balla resvalou, e já sem força
«Leve aqui me feriu na sestra face,
«E fria aos pés me cai.

       «—Leve ferida
«Que um dos olhos !...

       «—Oh! dons nos ha dado
«Liberal natureza. Que vale isso !
«Salvei meu pae.

Almeida Garrett.

BIHÉ
(ANGOLA)

Situação e superficie.—Banhado pelo Quanza a éste, ao occidente e meio dia pelo Cuquema, limitado ao noroeste pelas terras do Andulo, dentro dos meridianos quinze e vinte, a éste de Greenwich e dos parallelos dez e quinze, latitude sul, está o Bihé, em cujo territorio, actualmente, se encontra uma missão catholica portugueza, de que faço parte.

Sua extensão não está por emquanto medida; todavia, com alguma approximação, attento o tempo que é preciso para o percorrer de norte a sul e de leste a oeste, em marcha do indigena, dê-se-lhe uma superficie quadrada de vinte e cinco leguas. E' um dos maiores, senão o maior *sovado*, entre os de Galangue, Sambo, Chingui, Môma, Bailundo, e os povos medios entre este ultimo ponto e Benguella.

População.—Não é facil calcular-se o numero d'almas que tem esta região, já por não haver estatistica alguma, trabalho que não occupa a attenção do mesmo rei e habitantes, já porque grande numero de na-

[1] Narra Garrett o facto historico de ter Camões salvado seu pae da morte, de que lhe resultou perder o olho direito, em um combate naval, empenhado contra os moiros no Estreito de Gibraltar.

A. N.

turaes, entregues ao serviço de transporte dos generos do commercio, entre o Zambeze e o Quanza, não permitte fazer um calculo exacto. Não obstante, se presentemente póde competir e exceder, com os *sovados* acima indicados, além de cincoenta annos a esta data era mui diminuto o numero de bihenos.

A vida de transacção com os povos desde nordeste a meio dia, e sobre tudo, a estada de europeus n'este territorio, operou grande movimento no numero da população; é por isto que no sertão do Genzi se chamam os bihenos *chimbares*, que, em geral, significam escravos libertos. Este povo, chamado Bihé do nome do seu fundador, pertence á raça chimbunda, origem de que parece orgulhar-se muito, posto se considerar hoje mais de *ganguella* do que d'aquella, por que se julga superior a este.

Religião e *costumes*.— O Bihé não tem caracteristicos especiaes, que designem um culto particular de religião.— Não apresenta em suas manifestações de respeito e gratidão para com o Creador um culto regulado e organisado por leis algumas. Não tem sacerdotes, nem altar. Não adora simulacro ou imagem de especie alguma. Crê em Deus, cuja Providencia não tem logar d'uma maneira uniforme e immediata, sendo todavia Senhor absoluto.

As almas dos mortos *(virullo)*, a seus pedidos, são as que geralmente intervêem nos successos celestes e terrestres. Exercem a vingança contra seus inimigos, (a despacho de Deus, que nem sempre os attende), matando-lhes seus parentes e pessoas extranhas, cujos corpos descobrirão o inimigo do *chirullo*, responsabilisando-o pela sua vida. Muitas vezes matam um homem, a quem, por affeição, desejam ter em sua companhia. A superstição em muitas de suas manifestações é acceite por todo o povo, occupando o primeiro logar a vã observancia e a adivinhação.

Ninguem morre por effeito da doença ou deficiencia de forças, mas toda a morte é consequencia da vontade do *chirullo*, ou do feitiço, sendo occasionada pela má influencia da vontade adversa do inimigo, ou por qualquer toxico ministrado.

Tanto nas calamidades, como na prosperidade intervem um occulto poder, vingador do *chirullo*, que quasi sempre exige um sacrificio de bois, descendo até á cabra e ás libações de bebidas mui favoritas do *chimbundo, chimbombo, cachassa*, etc. Nos sacrificios de animaes a carne é comida pelo homem, e ao *chirullo* pertence o sangue, que corre para terra, e nas libações dão-se-lhe quatro ou seis canadas de liquido. A Deus não fazem nenhum sacrificio, nem libação : invocam-no, todavia, em seus grandes transes. Muitos attribuem-lhe suas adversidades. Invocam os mortos, mas raramente, porque a impostura é muitas vezes conhecida, mas não se abandona por ser costume.

Desejava desenvolver mais considerações sobre este assumpto, mas, nas presentes circumstancias, não disponho de tempo.

(Africa occ.) *José Antonio Fidalgo.*

(missionario)

O professor :
— Quaes são os ultimos dentes que apparecem ?
— Os postiços...

D. P.

ANAGRAMMA

(Offerecido como preito de homenagem á Ex.ª Sr.ª D. Gertrudes Ferreira Lima, primorosa poetisa e eximia professora n'esta ilha, e composto dos nomes dos professores da ilha)

D. Gertru **D** es Ferreira Lima
D. Maria José da **G** raça Corrêa de Mello
D. Maria das Dor **E** s Martins
João Baptista Olivei **R** a Junior
Luiz Au **T** onio dos Santos
Manuel José Olivei **R** a
Hypolito D **U** arte Silva
Edmun **D** o Leite
Joaquim Gom **E** s Silva
João de Deu **S** Santos
Rodolpho **F** erreira Lima
Honorio Baptista **L** ima
João M **I** guel Sequeira
Padre Antonio Joaqui **M** d'Almeida
João Baptist **A** Silva Araujo.

(Santo Antão de Cabo Verde) *Silva Araujo.*

UM HYMNO AO CREADOR

«Benedicite volucres..., maria et ilumina... Domino!

Do alto d'um outeiro, perto do rio que deslisa silencioso, escutava eu um rouxinol, uma rola e um tordo que, pousados nos ramos de uma arvore, assim diziam:

Rouxinol — Eu quero levar todo este mez a cantar as glorias de Jesus!

Rola — Eu, por mim, gemerei sobre a sua paixão e morte.

Rouxinol — Eu ainda quero cantar a sua Resurreição e trinar o «Alleluia»!

Tordo — Pois bem, meus amigos; cantar em todo este mez os louvores da immaculada Maria, é minha devoção!

O arroio proximo que os escutava repoz por sua vez:

— Vós me arrebataes aos transportes d'alegria, pequeninas creaturas do bom Deus; os peixes saltitam em meu seio; elles exultam d'alegria e elevam-se até á minha superficie para vos escutar. Vinde beber minhas aguas puras; ellas correm sempre; eu regarei essas arvores sobre as quaes vós vos empoleiraes, e as plantas de que vos nutris.

Então as aves, o arroio e as arvores levantaram um hymno ao Creador.

E um pinheiro, que ouvira essa doce harmonia, disse a uma violeta que lhe estava proxima : — «Minha irmã, derramemos os nossos aromas e perfumemos este bello templo onde se louva o nosso Creador.»

(Boa Vista) *João e Affonso.*

CHARADA XXVII

(Offerecida ao meu ex.ᵐᵒ professor
Luiz A. dos Santos)

Este jogo aqui faz parte da charrua — 1, 1.

(Sant'Antão). *Pyrilampo.*

A MORTE

A' hora em que o berço recebe uma creança abre-se uma sepultura, e o tumulo recebe um cadaver. E' o destino da humanidade, é lei immutavel.

A morte esquece, no seu perpassar, a chronologia dos individuos: vae ceifal-os, na infancia que, entre vagidos, vae ainda descerrando os olhos á luz : na puericia, ao meio das flores, cujo aroma o vicio não affectára: na adolescencia apagando-lhes os brilhos de que a phantasia lhes povoa a mente: na virilidade, ao trabalho: e na decrepitude, ao leito do descanço no suave goso da familia.

A' lei inflexivel, a pedra cae, pesada, a fechar o sepulchro.

E' pois, mais feliz, ou menos infeliz, o que sóbe mais cedo á eternidade, e o que menos impuro sóbe.........

(Cidade da Praia de Sant'Iago)

H. O. da Costa Andrade.

ESPERANÇA

(A Viriato Augusto Pereira de Mello e sua esposa
D. Angelina de Mello)

A chorar entrei no mundo
A chorar eu sempre estou
Como a ave do deserto
Que tão pobre e só ficou.

O nordeste do infortunio
Matou-me bem cedo a côr
Das rosas da juventude
E legou-me em paga a dor.

Candida flor da minha alma,
Arca santa do infeliz !
Oh, não me deixes, não fujas,
Se me queres vêr feliz.

Tarda-me já um lampejo
Do teu aurif'ro clarão
Que anniquile o soffrimento
Da minha p'regrinação.

Não me negues, Esperança,
O teu riso divinal,
E' como o doce carinho
D'um coração maternal.

Vem segredar-me baixinho
Fallar-me d'um ceo d'anil
Das fontes e das florinhas
Qu'inda verei vezes mil.

Morrer!... ai, é cedo ainda...
Eu amo tanto o meu lar
As Flores por mim cuidadas
Que não n'as quero deixar.

São a festiva alvorada
Fulgente d'oiro e de luz
Que a minha vida illumina
E ao doce bem me conduz.

Candida flor da minh'alma,
Arca santa do infeliz !
Oh, não me deixes. não fujas
Se me queres vêr feliz.

(Santo Antão -- Cabo Verde)   *Humilde Camponeza.*

(Caboverdeana)

A pesca da baleia. — As baleias (mamiferos marinhos do genero *cetaceo*), são hoje os maiores animaes que se conhecem; ha algumas que medem 9 e 10 metros de comprido, chegando a ter sete e oito mil kilogrammas de peso. O seu toucinho é aproveitado para azeite; especies ha que teem dentes do melhor marfim, e laminas corneas (barbas de baleia) de uma variadissima applicação. Dos ossos fazem-se botões e obras diversas, e nos intestinos d'algumas encontra-se o ambar cinzento, este producto odorifero de um valor prestimoso.

A pesca da baleia é em extremo arriscada, interessante e pittoresca. Os seus episodios são vestidos de perigos e destrezas que attingem o maravilhoso. As canôas de que se servem teem uma elegancia, uma fluctuação e um andamento que se não eguala. São verdadeiros barcos de guerra, armados e equipados para essa batalha *sui generis* não com peças de artilheria, mas com fisgas, arpões e lanças afiadas como escalpellos e *bomb lances* explosiveis e mortiferas como a dynamite. A aprendizagem dos pequenos cetaceos, os seus brinquedos em commum, essas festas balneares em que familias inteiras se deliciam á tona d'agua aos mergulhões e aos saltos, n'uma verdadeira luxuria de gozo, é um dos espectaculos mais originaes que se póde imaginar.

Ha gestações de um, de dois, e de tres balcotes. Ha baleias que atacam e ha baleias que apenas se defendem. A sua força é immensa e a sua vitalidade é enorme; mas o seu corpo é tão volumoso, tão espesso e tão rijo, quão dedicado é o seu coração, quão extremoso é o seu sentir, quão fanatico é o instincto da sua maternidade. Os machos expõem-se corajosamente aos golpes mais crueis, sempre que qualquer outro animal lhes ataca o filho: — a guerra entre a baleia e o espadarte (cachalote) é uma verdadeira lucta de gigantes! Estando o filho preso, a mãe nunca o abandona; não se acobarda nem sequer investe contra o fragil inimigo que lh'o tortura, como se na sideração d'essa immensa angustia, deixasse de obedecer aos instinctos da vida e perdesse até a noção da sua força... e das suas armas descommunaes.

O baleeiro, conhecedor d'esse fanatismo sublime, d'esta dedicação louca, d'esse desvairamento de mãe, formula uma tactica baseada na mais cobarde das crueldades, e vai buscar, n'esse filho, inerme, fraco e inexperiente, a presa querida, que lhe garante a victima heroica, que sem defeza se lhe entrega e morre.

* * *

Vimos matar assim uma baleia. Deslumbra e como que confrange o coração assistir ás torturas d'esses monstros que sabem morrer pelos filhos!

O trancador busca cautelosamente fisgar o balcote sobre região escolhida, com o fim de lhe poupar a vida e dar tempo ao ataque que propõe tentar contra a mãe. Essa, ao sentir approximar a canôa, tenta fugir mas é detida pelos filhos que sem energia a obrigam a esperar e a assistir assim ao golpe que os torna prisioneiros do homem. Então começa uma verdadeira tragedia no mar : a baleia descreve circulos vertiginosos em torno d'esse filho que se contorse debalde á dôr do arpão. Parece querer consolal-o com beijos ; parece animal-o de affagos, afunda e emerge a cada instante, expira em jacto grandes jorros de sangue, solta gemidos que parecem imprecações, contorce-se e empina-se com desespero parecendo querer revolucionar o mar... tomando por testemunha o ceo.

Durante esta lucta que dura horas, a canôa agita-se como um brinquedo das ondas, os ferros reluzem ao sol, o mar torna-se sangue, e a marinhagem coberta de suor empunha os remos obedecendo ao mestre, emquanto o trancador á prôa, enthusiasta e como que entregue ás delicias da arte, ora ala, ora affrouxa a sonda que prende o barco ao peixe, lanceando a pobre mãe sobre os flancos, arpoando-a sobre o dorso e trucidando-a a balas explosiveis, até que exhausta de vida e prostrada de cansaço a fisga e prende ao barco, acabando de a matar a golpes profundos, n'um furor de victoria.

A pesca da baleia é um episodio impressionista... um scenario grandioso e cheio de vida... um d'esses quadros de compostura estranha, em que o homem se revela pelos instinctos da besta e a besta se impõe pelo mais grandioso dos sentimentos humanos.

Faz lembrar Dante e pensar em Chateaubriand : é um espectaculo unico, grandioso e terrivel, d'esses que vistos uma vez nunca mais esquecem.

(Do livro «Madeira-Cabo-Verde e Guiné.»)

Dr. João A. Martins.

(Caboverdeano)

CHARADA XXVIII

O adverbio, que agrada, cresce.—1, 2

(S. Nicolau—Cabo Verde)   *Pereira Tavares.*

—Porque não gostas de carne de porco ?—perguntou certo amigo a um judeu.

—Porque não gosto de ti...

Processo de Christo.—Com este titulo publicou ha tempos, em Paris, o advogado israelita francez mr. Salvador, um escandaloso livro, no qual tentou demonstrar que Jesus Nazareno fôra condemnado á morte nos termos da legislação vigente na Judêa dominada pelos romanos, ao tempo que se perpetrou este execravel deïcidio.

Refutou-o logo peremptoriamente o famoso jurisconsulto Ch. Dupin, com os textos expressos das leis moisaicas e do direito romano, applicaveis ao crime que os judeus imputaram a Jesus Christo; e entre as nullidades do processo que este celebre jurisperito apresenta, põe como insanavel a de ter corrido quasi todo o julgamento de noite e tumultuosamente.

Mal suppunha o sabio magistrado francez que dois seculos antes havia um eloquente padre portuguez feito a mesma ponderação!

Foi o nosso Vieira, que n'um famoso sermão prégado na capella real em 1662, se exprime em termos dignos não só de se recommendar a memoria, como um dos mais vigorosos e eloquentes trechos da oratoria nacional, mas de se proporem nas aulas de leitura, e ainda mais nas de rethorica, para modelo e estudo da lingua materna.

Depois de citar o texto do evangelho de S. João, o qual diz—que os pontifices e phariseus fizeram conselho para prender a Christo á traição, e crucifical-o n'aquelle mesmo dia—exclama o padre Vieira:

Não acabo de entender como isto podia ser, logo no mesmo dia e hora em que se fez o conselho. Quando se lançaram os votos? Quando se escreveu a consulta? Quando se assignou? Quando subiu? Quando se resolveu? Quando baixou? Quando se fizeram os despachos? Quando se registaram? Quando tornaram a subir? Quando se firmaram? Quando tornaram a baixar? Quando se passaram as ordens? Quando se distribuiram?

Tudo isto não se podia fazer em uma hora, nem n'um dia, nem ainda em muitos. Se fôra no nosso tempo, e na nossa terra, assim havia de ser, mas tudo se fez e tudo se pode fazer. Porque? Porque não houve tinta nem papel n'este conselho. Introduzir papel e tinta (ao menos tanto papel e tanta tinta) nos conselhos e tribunaes, foi traça de fazer o tempo curto e os requerimentos largos, e de se acabar primeiro a paciencia e a vida que os negocios.

O maior exemplo que ha d'esta experiencia em todas as historias, é o da execução d'este mesmo conselho em que estamos. A execução d'este conselho foi a morte de Christo. E é coisa que parece exceder toda a fé (se o não disséram os evangelhos), considerar o muito que se fez, e o pouco tempo que se gastou n'esta execução.

Foi Christo prezo ás doze da noite, e crucificado ás doze do dia. E que se fez ou que se não fez n'estas doze horas? Foi o Senhor levado a quatro tribunaes mui distantes, e a um d'elles duas vezes; ajuntaram-se e fizeram-se dois conselhos; apresentaram-se em duas partes as accusações; tiraram-se tres inquirições de testemunhas; expediu-se a causa incidente, a do perdão de Barrábaz; deram-se dois libellos contra Christo; fizeram-se arrazoados por parte dos auctores; allegaram-se leis; deram-se vistas; houve réplicas e tréplicas; representaram-se duas comedias, uma de Christo propheta com os olhos tapados, outra de Christo rei com sceptro e corôa; foi tres vezes despido e tres vestido; cinco vezes perguntado e examinado; duas vezes sentenciado; duas mostrado ao povo; ferido e affrontado, tantas vezes com as mãos, tantas com a cana; cinco mil e tantas com os açoites; preveniram-se lanças, espadas, fachos, lanternas, cordas, columna, azorragues, varas, cadeias, uma roupa branca, outra de púrpura, canas, espinhos, cruz, cravos, fel, vinagre, mirra, esponja, titulo com lettras hebraicas, gregas, latinas, não escriptas senão entalhadas, como se mostra hoje em Roma; ladrões que acompanhassem ao Senhor; cruzes para os mesmos ladrões; Cyreneo que o ajudasse a levar a sua; prégou Christo tres vezes, uma a Caiphaz, outra a Pilatos, outra ás filhas de Jerusalem. Finalmente, caindo e levantando-se. foi levado ao Calvario, e crucificado n'elle.

E que tudo isto se obrasse em doze horas! E que ainda d'essas doze horas sobejassem tres para descanço dos ministros, que foram as ultimas da madrugada! Grave caso!

Como foi possivel que todas estas coisas, tantas, tão

diversas, e de tantas dependencias se obrassem e se podessem obrar na brevidade de tão poucas horas, e mais sendo metade d'ellas de noite? Tudo foi possivel, e tudo se fez, porque em todos estes tribunaes, em todas estas resoluções e execuções, não entrou papel nem tinta. Se tudo isto se houvera de fazer com as tardanças, com as dilações, com os vagares, com as ceremonias que envolve qualquer papel, ainda hoje o genero humano não estava remido!

Só quatro palavras se escreveram na morte de Christo, que foram as do titulo da cruz. E logo houve sobre ellas embargos, e requerimentos, e alterações, e teimas, e descontentamentos. E se Pilatos não dissera resolutamente que não havia de escrever mais: *Quod scripsi, scripsi:* o caso era de appellação para Cesar, que estava em Roma, d'ali a quinhentas legoas, e demanda havia na meia regra para muitos annos.

Até Christo teve sua conveniencia em não haver papel e tinta na sua execução, porque ao menos não pagou as custas.

P.º Antonio Vieira.

CHARADA XXIX

A meu padrinho J. P. P.

Na fomentação e no goso ha uma ilha — 1, 1.

(Serrado, Sant'Antão) *Joãosinho.*

Coisas! — Um sujeito d'uma das provincias de Portugal, escreveu a um outro, residente em Lisboa, incumbindo-o d'um negocio qualquer.

Mas, ou porque o endereço não ia sufficientemente claro, ou por outra qualquer causa, voltou a carta para o correio da procedencia, com a nota correspondente, e foi devolvida ao remettente.

Até aqui muito bem.

Mas que havia de lembrar ao dito remettente?

Escrever uma outra carta ao mesmo destinatario, na qual lhe dizia simplesmente:

«*Se fores ao correio e encontrares alli a minha carta de...* (e aqui citava a data da 1.ª) *não a tires porque já cá a tenho.*»

(Cabo-Verde). *Mocinho.*

ORZELLA

A orzella é uma planta cryptogamica imperfeita, a que os portuguezes deram este nome, os hespanhoes o de *orselle* ou *orchilla*, os francezes o de *orseille*, derivando-o, com pouca corrupção de *rocella*, que primeiramente lhe deram os italianos, querendo indicar por elle uma planta que dá côr roxa e que os nossos sabios melhor teriam traduzido pelo de *roxella* ou *rubella*.

Pertence á amplissima familia dos lichens, que hoje se divide em muitos generos.

A verdadeira orzella, em logar de raiz tem um apoio nodoso, aplanado, orbicular, e raramente mais uns fios minimos, com os quaes e com sua base se agarra ás pedras.

Do seu apoio ou base nodosa, costumam sobresahir muitas hasteas, approximadas como um feixe, levantadas, roliças, pouco ramosas, de uma pollegada até tres de altura, e tanto ellas como os ramos são de côr cinzenta-alvadia, e terminam em pontas agudas.

Não se lhe divisam flôres com estames nem pistillos regulares, e só tem nos lados umas verrugas ou tuberculos alternos, quasi rentes, um pouco chatos para cima, farinosos e alvadios.

Esta planta é inodora, tem sabor um pouco salgado, e por fim levemente acre.

Nasce naturalmente, sem cultura nem amanho, nos pincaros e rochedos da beiramar das nossas Berlengas, da Provença e Languedoc, ilhas de Corsega, Elba,

Sicilia; nas de Berberia, nas ilhas de Cabo-Verde e outras nossas de Africa, nos Açores, Canarias, Tenerife, etc.

A orzella tem grande prestimo para a tinturaria, porque é o lichen que produz a mais viva côr purpurea. Serve não só para a tinturaria mas tambem para a pintura, para dar côr aos marmores, vinhos, licores, pastilhas, papeis, etc.

A orzella desde muito tempo conhecida nas Canarias, só em 1730 se descobriu nas nossas possessões de Africa.

Uns negociantes de Tenerife, á vista de uma amostra d'este musgo, que lhes foi enviada da ilha Brava, (Cabo-Verde), mandaram uma embarcação com alguns orzelleiros áquella ilha, onde carregaram 560 quintaes, dando de *luvas* ao capitão-mór, pela licença, uma pataca por quintal.

Os jesuitas sabendo d'isto, e conhecendo o valor commercial d'esta planta, requereram a el-rei D. João V privilegio exclusivo para apanhar e exportar aquella *hervinha secca*.

Mas o rei, indeferindo ao pedido, tomou o privilegio para si, prohibindo a apanha da orzella, e dando-a de arrematação a um negociante hollandez estabelecido em Lisboa.

Em 1750 arrematou-a um portuguez chamado José Gomes da Silva Candêas, que lhe deu grande incremento, até que passou para a administração da companhia do Grão-Pará e Maranhão, que fraudou o estado grandemente, em virtude do que passou a ser administrada, por conta do governo, em 1750.

Prosperou muito desde esse tempo, a ponto que de 1820 a 1840, subiu o seu rendimento liquido para o thesouro, de 80 a 100 contos de réis.

O decreto de 17 de Janeiro de 1837, que declarou livre a exportação da orzella das provincias de Angola, Moçambique, S. Thomé e Principe, posto não

226

fosse tão boa como a de Cabo-Verde, fez-lhe perniciosa concorrencia, pelo que os arrematantes largaram o contracto.

Em 5 de junho de 1844, promulgou-se outro decreto, declarando que o commercio das plantas conhecidas pelo nome de orzella, ficava, em todas as provincias portuguezas de Africa, exclusivamente reservado ao governo, o qual o poderia dar por contracto, se fosse conveniente, gosando os contractadores de todos os privilegios concedidos aos arrematantes da fazenda publica.

Em Cabo-Verde tem decahido consideravelmente o commercio da orzella n'estes ultimos annos.

CHARADA XXX

Goza saude o homem em Cabo-Verde — 1, 3.

Dr. A. Paiva.

Saudade

A' memoria do Reverendo Padre Joaquim Antonio de Moraes. — Offerecido a A. Januario Leite.

> A vida do homem sobre a terra, ephemera como a flôr dos campos, que desabrocha e se murcha no mesmo dia, é, fallando rigorosamente, um penoso combate e um profundo e continuo angustiar.
>
> (Padre Joaquim Moraes. Sermão sobre a Penitencia prégado em o Seminario de Santarem).

Cincoenta e quatro dias se completam hoje que a Parca cruel cortando o fio da existencia a esse distincto e prestante Caboverdeano, deixou aos parentes, patricios e amigos orphãos da sua amizade, que era tão sincera e verdadeira.

Nascera em 1854. A trinta de Novembro de 1879, recebera, em o Seminario Patriarchal de Santarem, onde foi sempre considerado como um dos melhores alumnos da sua contemporaneidade, a ordem de Presbytero, e desde Dezembro do referido anno, servia á Egreja e ao Estado.

Victimára-o uma cachexia; melhor diremos succumbira a desgostos intimos, que a ninguem foi dado saber, mas que nós que o conhecemos e o apreciámos e que com elle convivemos, podemos affirmar, não sem fundadas razões, que aquella foi a causa da sua morte.

Parochiou em quasi todas as freguezias d'esta ilha, terra que o viu nascer, e, reconhecendo o estado atrazado de illustração, em que ella se encontrava, e ainda, que o unico factor para a encaminhar na via do progresso e civilisação era a instrucção, abriu escolas particulares, onde sem retribuição alguma, diffundiu-a, deixando-nos por isso essa pleiade de rapazes illustrados que muito, por certo, concorrerão para o futuro engrandecimento moral e intellectual d'esta ilha, como esse joven, esperançoso poeta, cheio de talento e com o coração a transbordar nobres aspirações, a quem dedicamos estas linhas.

Modesto, franco, leal e urbano, eis as qualidades que o caracterisavam. Desejava alcançar pela sua capacidade litteraria e intellectual um futuro certo, já que o seu precario estado de saude lhe não permittia satisfazer as obrigações inherentes ao seu estado, o que por certo conseguiria se na ampulheta dos tempos, tão cedo, não soasse a sua hora derradeira..

Todos que o conhecemos choramos a sua morte; e até o povo na sua linguagem rude, com o seu «ah nosso bom Padre», ignorava que lhe fazia a sua apotheose, pois, n'este esphacelar constante de interesses egoistas, n'este mar de vaidades e podridões a que se chama «mundo», o ser bom é o unico titulo de gloria.

Foram as suas ultimas palavras — Jesus, misericordia! — E dito isto o seu espirito, abandonando o envolucro terreno, subiu ás regiões ethereas.

Descança em paz, meu bom amigo; e lá na séde do Senhor onde por certo te levariam as tuas virtudes, recebe um saudoso *Valè* de quem t'o diz commovido e que sempre e sempre chorará por ti...

(Coculy—S.ᵗᵒ Antão) *João Baptista Silva Araujo.*

CHARADA XXXI

No queijo reflecte esta embarcação—2, 1.

Paul) *F.*

O POETA DE ALBUNS

O *poeta de albuns* não existia d'antes em Portugal.

Importação estrangeira, innovação nos costumes e nos mesteres elegantes do tempo, póde-se dizer que veiu na turba das modas francezas, sendo mais que todas ellas uma coisa ridicula, e quasi sempre sem-sabor.

O *poeta de albuns* é por excellencia o poeta das mulheres.

Não se pense, porém, que as mulheres não tinham outr'ora quem lhes pagasse em requebros poeticos e em finezas rimadas, este fôro que a poesia sempre satisfez pontualmente ao sexo formoso, e que atè as almas prosaicas, os corações mais encorticados e positivos pagam sempre á metade mais amavel do genero humano.

Ha um seculo não havia *albuns*. Se os havia era no fundo dos escriptorios, e folheava-os a mão avarenta de algum mercador de pannos, que o baptisava com o nome de *livro de razão* ou *livro mestre.* Livro em branco, que se encadernasse em custosos marroquins, que se adornasse de broxes cinzelados, que se adamascasse, e se doirasse, e se alindasse, para expôr em cima de uma meza, para que o primeiro semsabor lhe ennegrecesse as paginas com somnolentos garafunhos, isso não existia n'aquelles tempos. Os tolos n'essa épocha tinham mais obstaculos á livre expansão das suas poesias. Ninguem gastava dinheiro para ter o prazer de colligir uma *selecta de parvoices amaveis.*

Quem inventaria os *albuns?* Seriam as damas para alli recensearem os seus aduladores e arrojados, sem a prévia verificação do senso... commum, com receio de os afugentar, — ou foram os homens para augmentar o numero dos alvitres que empregam, em trazer a mulher sempre em perpetuo engano a respeito das suas perfeições corporaes, e dos dotes do seu espirito? Não queremos averiguar esta origem, fique assim em duvida, e os interessados que a decidam. Bem vêem que não nos queremos malquistar.

Do *poeta de albuns*, porém, não ha que fazer investigações. Assim como ha homens que nascem para as armas, outros para as lettras, uns para o estado ecclesiastico, outros para a politica, uns para o trabalho, outros para o ocio, assim tambem ha *poetas* que nasceram para os *albuns.* E'um fado que só a edade tem poder de quebrar: uma sina que se lhes lê nos olhos, logo que elles avistam um livro oblongo, ou qualquer caderno em branco. A' semelhança d'estes artistas funebres, que não sabem abrir lettras senão no marmore dos tumulos, e fazer elogios a defunctos, o *poeta de albuns* só sabe rimar em folhas encadernadas, e não faz senão exaltar perfeições, ainda que a dona do album seja uma furia !

Ministros responsaveis de realezas feminis, são os *poetas de albuns* os que referendam os decretos da belleza, amabilidade, espirito, prendas, instrucção, gentileza e mais partes que concorrem na pessoa a quem dedicam os seus versos. Como não ha lei de habilitações para estes despachos, succede quasi sempre que as damas que elles nomêam, por muito airosas e gentis, saem no original tão desastradas como a Maria da Fonte. As que elles pintam de rosto angelico e labios de carmim, têm ás vezes a pelle tão esfumada e os beiços tão grossos como a rainha de Sunda.

As tranças de ébano, que o *album* attribue aos dons da natureza, são victimas da arte, e um sorvedoiro continuo das pomadas de Mr. Baron, especifico secreto para tingir o cabello, e fazer andar á roda a cabeça das durazias a quem a edade começa a empoar. Os fios de pérolas, que o *poeta de albuns* descobre ao mais leve sorriso da sua dama, estarão talvez ainda em aberto nos rocs de Mr. Vitry... Seria infinito o catalogo d'estas fraudes poeticas, que *ex-officio* commettem estes vates encartados, amanuenses incansaveis em registar nos *albuns* quantas frioleiras e pequices metricas lhes suggere a *mente...* para *mentir.*

Latino Coelho.

CHARADA XXXII

Ao meu bom e dedicado amigo Antonio Simplicio
d'Oliveira

A flôr, que corre; tem mysterios. — 2, 2

(Santo Antão—Cabo Verde)   *A. Spencer.*

NECROLOGIO

*(A' memoria da minha chorada comadre e amiga
D. Paula da Conceição Mosso de Benholiel)*

(Ao seu inconsolavel esposo José Benholiel)

....
«Mas não morreste, não. Dormes apenas
No teu berço cercado de cyprestes.»

E. de Carvalho.

As negras e tenebrosas azas da morte furtivo pairaram, ingratas, por sobre o lar de uma familia amavel,
roubando lhe uma filha estremecida, uma esposa dedicada e terna, uma irmã docil e meiga, parente devotada, amiga, emfim, sympathica e vera...

Morte... oh Morte, como és ingrata! Morte... oh
Morte, como és traiçoeira!..

*

* *

O dia 27 de outubro havia irrompido vacillante e
humido, tétrico, lugubre!

O sol havia-lhe negado a força do seu calor e a luz
do seu clarão, e, como que envergonhado da atrocidade que preparava a Morte, escondera-se apoz caliginosas nuvens.

A lua, baça, esquecida da sua amorosa poesia, da
sua inspiração, da sua belleza, da sua consoladora
magestade — quiz illuminar o trilho do crime que a
Morte meditára!...

Morte!.. oh Morte, como és cruel! Morte... oh
Morte, como és ingrata!...

Não te deteve o coração de um esposo... Não te
compungiram as lagrimas dos paes... dos parentes...
dos amigos... não te confrangeu o frio nu da orfandade!...

Morte!... oh Morte, como és ingrata!...

※
* *

Pela madrugada do dia 28 desapparecia para sempre, para baixar á fria campa, o corpo exánime de um anjo — a ex.ma sr.ª D. Paula da Conceição Mosso de Benholiel, natural d'esta ilha, filha do ex.mo sr. Gregorio Leitão Mosso e de D. Dorothéa Maria Spencer Mosso.

Contava apenas 21 annos de edade e dois de casada...

Deixou duas filhinhas: uma de quinze mezes de edade, e outra de dezeseis dias apenas!

Que!... A terrivel parca, sempre inexoravel, não se compadece das lagrimas dos orphãos!... Cruel!

....

Mas já que aprouve a Deus chamal-a a si, tenhamos, como lenitivo ao nosso soffrimento, a resignação — unico balsamo para o coração afflicto, — pois que a vida nada mais é que a sombra da Morte.

Que durma em paz aquella alma joven, bondosa e pura, que tanta sympathia soube grangear na terra pelas suas maneiras sempre affaveis.

Ao seu marido, que pela ausencia da chorada esposa, ficou prostrado n'um insondavel abysmo de amargura, sirva de resignação a pia lembrança de que ella, a amiga de todos, era um anjo que devia ir viver no céo...

(Boa-Vista—Cabo-Verde)   *S. A. Fortes.*
                                          (Cabovordeano)

ENIGMA VII

(Ao Tatá)

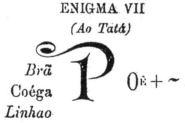

(Queimadas — S. Nicolau)   *Chico Banuncira.*

Rosa. — As rosas são arbustos de ramos delgados, ás vezes mui compridos, e podendo elevar-se por meio de grades de páu a grande altura. São quasi sempre armados de espinhos numerosos, e providos de folhas divididas em foliolos denteados. As flores são terminaes, solitarias ou dispostas em corymbos, e dotadas de cheiro suave.

Contam-se hoje centenares de variedades.

A rosa é considerada pelos poetas como a rainha das flores.

De que depende? Quem sabe!
D'onde provém? Ninguem diz,
Nem onde nasça ou acabe!

Mas seja o gosto o que fôr
E venha d'onde vier,
Eu sei que se ama por gosto
E por gosto é que se quer.

Do «LIVRO DAS SOLEDADES».

Fernandes Costa.

Memoravel batalha aos gafanhotos em 23 d'outubro de 1893

(Ao meu ex.[mo] *amigo, o sr. Pedro R. Leite)*

No dia 22 d'esse mez uma grande nuvem obscurecia o horisonte ao sul d'esta ilha. Era uma nuvem de gafanhotos, que, açoitados pela tempestade ou pela mão da Providencia, tinham, sem rumo, percorrido uma grande parte do Atlantico; e, avistando a terra, vinham descançar das fadigas de uma longa viagem e saciar a fome de muitos dias.

As alvejantes praias onde pousaram tornaram-se negras como se tivessem sido abrazadas pelas lavas de um vulcão.

Depois de um pequeno repouso, dirigiram-se aos campos visinhos e com pasmosa voracidade destruiam a pastagem e as cearas que no seu caminhar impetuoso encontravam, deixando, como a tempestade, após si um sulco de estragos e impregnando a atmosphera de emanações putridas. O povo, opprimido por muito tempo pela miseria, vendo assim n'um momento ameaçadas as suas cearas, cultivadas com tantos sacrificios, e quasi destruidas todas as suas esperanças de abundancia, desesperado, amedrontado e afflicto recorre á auctoridade administrativa, participando a invasão e pedindo providencias urgentes.

Esta, sempre solicita em soccorrer os seus administrados, vôa em seu auxilio, toca a rebate, reune n'um momento o seu povo e assumindo o commando, dirige-se ao sitio, como um heroico Napoleão ao campo da batalha, a combater taes inimigos.

Estes, como que conscios da sua invencibilidade e escarnecendo da ousadia dos seus fracos combatentes, a principio parecem ceder e capitular. E o povo, animado pelo primeiro successo, prosegue na lucta e sitía o inimigo n'um ribeira que comquanto muito vasta, mal poude conter tão grande numero de gafanhotos. Vem a noite; e a sorte da batalha é reservada para o dia seguinte.

Ao alvorecer o exercito atacante, mais reforçado, acha-se á frente do inimigo que impavido o espera. Prosegue a lucta.

Os assaltados, como na vespera, continuam cedendo, deixando-se encaminhar como um rebanho de mansos cordeiros. Receia-se matal-os porque da matança pode resultar a peste, inimigo mais implacavel. O plano é expulsal os e para este fim são conduzidos á praia *Chave.* Chegados ali, pousam, contemplam os seus perseguidores e o *vasto elemento undoso,* e com estrepito similhante a uma infernal gargalhada, levantam o vôo, conservam-se em massa á grande altura, obscurecendo o sol e..., dispersam-se. Cambrone não ficou mais indignado quando lhe foi imposta a capitulação, e a sua immortal phrase não foi mais energica das que ali brotaram de todos os peitos. Attonitos, vexados e prostrados de fadiga todos se retiraram, desconsolados, deixando livre o campo aos invenciveis inimigos que passam a festejar o seu triumpho nas campinas do espaço. Por ironia volteam pela povoação principal assaltando todos os telhados e vidraças, e, n'esse triumpho, percorrem uma grande parte da ilha, mas muito moderados na destruição, como se já estivessem fartos de vingança.

Um preto que guardava as suas cearas e que recebeu a visita d'estes insolentes, desespera-se e erguendo os olhos para Deus diz-lhe: «O home! que trabâghe é este! Este cá ê acção d'home. Um home cá tâ debê dâ pâ tornâ tomâ» (*)

Parece que Deus despresou a blasphemia ignara, porque o preto soffreu pouco prejuizo.

(Boavista — Cabo-Verde). *A. M.*

(*) *Traducção litteral.* — O' homem que trabalho é este. Este não é acção d'homem.

Um homem não deve dar para tornar a tomar.

Missões. — A importancia das missões religiosas, como factores da civilisação e de progresso nos paizes ultramarinos, não carece de ser ponderada. Constituiram ellas talvez a principal das glorias portuguezas, porque, se aos nossos navegadores deveu a Europa o conhecimento de regiões inexploradas do globo e abertura de mares que os temores supersticiosos da meia idade fechavam a todas as investigações, e se aos nossos conquistadores deveu a patria a dilatação do seu imperio e o accrescentamento do seu territorio, aos nossos missionarios deveu a civilisação, deveu a sciencia, deveu o christianismo as mais nobres e as mais perduraveis conquistas.

Onde parava a audacia dos guerreiros, onde estacava o ardimento dos descobridores, começava a humilde mas intrepida peregrinação do missionario. Para elle não havia portas que se fechassem, nem sertões por mais invios que fossem, onde não ficasse a marca das suas sandalias.

Procurando o martyrio com o mesmo affinco e tenacidade com que os soldados procuravam a conquista e a victoria, não conheciam impossiveis, porque não tem limites a audacia, que não só não receia a morte, mas que a procura e a cubiça.

Era esse, porém, unicamente o segredo da sua força? Não! tinham a fé que fortalece a vontade, tinham a sciencia que dá ao que a possue entre povos barbaros o prestigio supremo. Os soldados de Albuquerque e de Gama conquistavam os reinos e avassallavam os povos, os missionarios de S. Francisco Xavier e de Alvaro de Semedo conquistavam as almas e avassallavam os espiritos. Da conquista pelas armas restam-nos apenas reliquias dispersas, e uma gloriosa memoria cuja evocação é já taxada de rhetorica pelos modernos povos trabalhadores; da conquista pela cruz ficaram mais indeleveis vestigios.

Henrique de Barros Gomes.

CHARADA XXXIII

(Ao ex.^{mo} sr. dr. Bernardo J. de Oliveira)

Esta herva é tecido e veia — 2, 2.

(Villa Maria Pia.)   *Pyrilampo.*

GUERRA DE CACANDA

(EM 1884)

(GUINE' PORTUGUEZA)

Testemunha ocular d'essa guerra, passamos, com a maxima imparcialidade e com a mais escrupulosa fidelidade, a narrar todos os seus pormenores.

Foi ella motivada pelo assassinato traiçoeiro do juiz ordinario da praça de Cacheu Joaquim José Rodrigues e pelo ferimento de dois soldados.

Declarára-se a guerra.

Marchou de Cacheu a columna de operações, composta do batalhão de caçadores n.º 1 e da bateria de artilheria, commandada pelo valente tenente-coronel Eusebio Catella do Valle, ás 5 horas da manhã, afim de atacar as tabancas dos gentios rebeldes da Cacanda.

A's 5 horas e tres quartos esteve a força acampada nas tabancas dos nossos inimigos, que então se achavam refugiados no matto. O commandante determinou que os auxiliares, — grumetes de Cacheu, — partissem em exploração para reconhecerem a existencia do acampamento inimigo; voltaram uma hora depois com a noticia de que o gentio estava effectivamente a O. da Cacanda, marchando toda a columna sobre o acampamento inimigo.

A' distancia de meio kilometro, encontrou-se com o inimigo, que estava acampado no matto, travando-se em seguida a lucta.

A guarda-avançada, commandada pelo bravo capitão Simões, tendo como subalternos o alferes Conty e o sargento-ajudante Rogerio Leite, sustentou sempre o fogo vivo, com denodo e coragem, tentando o inimigo por mais de uma vez fazer-lhe o cerco, até que o subalterno, que se achava no flanco esquerdo da mesma guarda, avisou ao respectivo commandante que a maior parte do inimigo atacava com maior força pelo alludido flanco, o que aquelle verificou, mandando immediatamente rodar a guarda pelo flanco indicado. Foi então quando o combate se tornou mais renhido, devido ao grande numero de inimigos que se approximavam.

O exito d'este primeiro combate excedeu todas as previsões.

As perdas foram consideravelmente desiguaes, incalculaveis por parte dos gentios, diminutissimas as da nossa força, da qual só foram feridos alguns soldados.

Os valentes soldados que compunham a referida guarda, vendo os seus camaradas de momento a momento cahirem feridos, investiam como leões onde mais accesa ia a batalha, até que o commandante geral mandou render a guarda avançada pelo primeiro pelotão, commandado pelo capitão Sousa, isto depois de tres horas de incessante combate.

O primeiro pelotão sustentou o fogo, o maximo, uma hora, por isso que a maior parte dos inimigos já tinha desapparecido, sendo mortos n'esta occasião um soldado e o primeiro sargento Callado, que se havia portado com distincção e ficando ferido o capitão Sousa, pelos inimigos que já se achavam novamente emboscados no matto.

Quando a columna novamente chegou á povoação de Cacanda, encontrou o inimigo ali emboscado nas suas habitações, que d'antemão havia abandonado, para evitar a todo o transe, e defendendo-se corajosamente, que a nossa força passasse ; o que não conseguiu devido ao habil e bravo commandante, que deu *in continenti* ordem de fogo vivo a toda a columna.

Superfluo é dizer que a nossa força já n'esta occasião se achava cercada de inimigos por todos os lados, mas os valentes officiaes, officiaes inferiores e valorosos soldados os faziam desapparecer por onde passavam até ao porto de Cacanda, onde a columna acampou.

O commandante mandou estender em atiradores a bateria d'artilheria, para que retirasse a columna para a praça, rompendo em seguida fogo, por isso que o inimigo tentava ainda tirar o desforço do grande numero de baixas que havia soffrido. Quando a bateria começou a retirar, a nossa força que avançava para a praça foi novamente cercada, approximadamente, por 2:000 homens, armados de armas brancas, n'um pequeno matto, proximo á entrada da praça, por quanto haviam jurado não deixar um *só branco* com vida, (segundo o disseram os grumetes nossos auxiliares), mas tudo em balde' pois que a nossa força os fez debandar desordenadamente.

Foi por esta occasião que dispersaram, fugindo em completa derrota, não sómente porque soffreram grande numero de baixas, mas ainda porque não tentaram mais atacar a força, que se achava acampada fóra da praça, aguardando as ordens do governador Pedro Ignacio de Gouveia, que estava postado n'um dos baluartes quando dava entrada a columna nâ praça.

Até ao porto da Cacanda ainda existia o bravo tenente Affonso Henriques, e como ao partir d'este ponto passasse a bateria d'artilheria, a que pertencia, a fazer a guarda da rectaguarda, elle, abandonando o seu logar no pelotão, foi grupar-se com as vedetas da rectaguarda, onde foi surprehendido, ao passar a matta de *Calaca*, pelo gentio batido que retirava das mattas da frente, o qual fez uma descarga sobre aquelle pequeno grupo de soldados, ficando morto instantaneamente o infeliz tenente e feridos gravemente dois soldados.

E' certo que militares valentes praticaram n'esta acção de heroicidade factos bem meritorios, e como exemplares podem ser individualisados o tenente-coronel Catella do Valle, major Monteiro, capitães Simões e Sousa, tenente Sousa Lage, alferes Conty, sargento-ajudante Rogerio Leite, cabo n.º 15 da 1.ª companhia, João, e soldado Manoel Cabrum.

(Santo Antão)   * * * *L.*
(Caboverdeano)

CHARADA XXXIV

(Ao meu amigo Pedro M. Chantre)

Esta ave com este animal é uma antiga moeda.—2, 1

(Cabo-Verde — Sant'Antão)   *Pyrilampo.*

Sem réplica.—Até em sexta feira da paixão foste jogar, impio?!! Foi castigo de Deus, teres perdido todo o dinheiro que tinhas.

— Não contesto, mamã, mas os que me ganharam, em que dia jogaram?

(Ilha do Sal — Cabo-Verde)   *A. S. d'Oliveira.*
(Caboverdeano)

Flôres e plantas notaveis. — Flôres *Rafflesia Arnolœi*, a maior de todas, media 3 metros de circumferencia e 3 kilos de pezo; foi descoberta em 1878 em Sumatra.

Victoria regia, a mais resistente das plantas; suas folhas, que desabrocham á superficie d'agua, podem supportar, sem vergar, 200 kilos.

São originarias da America a magnolia, a datura o jasmim, a fuchsia (1788 em Europa), a baunilha, o cravo. Do Perú varias trepadeiras; do Mexico a dhalia; da China a hortensia; da Hollanda o jacintho; da Turquia a tulipa.

Das ilhas Filippinas a camelia que deriva o seu nome do jesuita Cameli, que de lá a levou para a Europa em 1739.

ENIGMA VIII

(Ao ex.ᵐᵒ director d'esta nova publicação Caboverdeana)

A's direitas, toma tento,
Adoravel sacrificio;
A's avessas, na grammatica
Invariavel tem officio.

(Boa-Vista — Cabo-Verde)   *S. A. F.*

As caudas dos vestidos. — As caudas appareceram pela primeira vez em Portugal no seculo xvi, quando a infanta D. Brites, filha de D. Sancho, veio unir-se pelos laços matrimoniaes com o principe D. Affonso, pois foi a referida infanta que trazia vestido de cauda.

BIBLIOGRAPHIA

Instrucção primaria

Deveres dos filhos, por João de Deus.

Leituras populares, por Brito Aranha. (Edição da Livraria Pereira)

Leituras para a escola primaria, por Augusto José da Cunha. (Edição da Livraria Pereira).

Leituras correntes, 1.ª e 2.ª parte, por Travassos Lopes. (Edição da Livraria Pereira).

Cadernos caligraphicos, (methodo Garnier).

Compendio de moral, por Annes Baganha. (Edição da Livraria Pereira).

Historia dos animaes, por Travassos Lopes. (Edição da Livraria Pereira).

A Biblia da infancia (edição da Livraria Pereira), com gravuras.

Historia Biblica, por D. Antonio de M. Costa.

Hygiene das escolas, pelo dr. Rodrigues de Gusmão. (Edição da Livraria Pereira).

Portuguez

Grammatica portugueza elementar, por Travassos Lopes. (Edição da Livraria Pereira).

Nova grammatica portugueza, pelo mesmo auctor, 160 réis. (Edição da Livraria Pereira).

Grammatica preparatoria da infancia, por Jacob Bensabat.

Grammatica Nacional, por Caldas Aulete, 9.ª edição (mais resumida) e a ultima edição (10.ª) (Edição da Livraria Pereira).

Grammatica, de Epiphanio Dias.

Grammatica nacional, ou methodo moderno para qualquer aprender sem auxilio algum de professor a fallar e escrever correctamente a lingua portugueza, por Domingos d'Azevedo. (Edição da Livraria Pereira).

Novo livro de synonimos, por Jacob Bensabat.

Selecta Nacional, de Caldas Aulete. (Edição da Livraria Pereira).

Dita de *Oratoria*, pelo mesmo auctor (Idem).

Dita de *Poetica*, pelo dito (Idem).

Selecta portugueza, por Luiz Filippe Leite.
Exercicios de composição, por Claudino Dias.
Manual do examinando de portuguez, por Costa e Cunha.
Diccionario contemporaneo da lingua portugueza, por Caldas Aulete (o melhor de todos os diccionarios. (Edição da Livraria Pereira).
Diccionario portuguez, Bibliotheca do Povo.

Francez

Grammatica de M. Prévot.
Grammatica da Bibliotheca do Povo, 50 réis.
O Ollendorff aperfeiçoado, por Domingos d'Azevedo, ,.m 2 volumes. (Edição da Livraria Pereira).
Lições praticas de conversação franceza (com a pronuncia figurada), por Domingos d'Azevedo. (Edição da Livraria Pereira).
Diccionario do povo, 600 réis.
Selecta franceza de Moreira de Sá.
Significados da Selecta franceza de Delacruz Vidal. por Domingos d'Azevedo. (Edição da Livraria Pereira).

Latim

Compendio de grammatica latina, do Padre Antonio Pereira de Figueiredo, completamente refundido e accrescentado por M. Bernardes Branco. (Edição da Livraria Pereira).
Subsidio para a intelligencia das obras de Virgilio, por Manuel B. Branco.
As Georgicas de Virgilio, por Castilho. 1$500 réis.
Trechos de Tito Livio, traduzidos por Epifanio Dias.
Eneida de Virgilio tradução em verso por Odorico Mendes, 1$200 réis.
Interpretação dos capitulos de Tito Livio, por um professor, 300 réis (Edição da Livraria Pereira).
Tradução das 14 odes de Horacio, mandadas traduzir nas aulas de latinidade, 120 réis. (Edição da Livraria Pereira).

Geographia e Historia profana

Apontamentos de historia, Pereira d'Oliveira.
Compendio de Geographia, illustrado com muitas

242

gravuras, muito bem redigido e especialmente desenvolvido na parte relativa a Portugal e colonias, broch. 200 réis. (Edição da Livraria Pereira).

As Colonias Portuguezas no Seculo XIX, por Pinheiro Chagas. (Edição da Livraria Pereira).

Historia universal, por J. Nicolau Raposo Botelho, em 1 vol., 1$000 réis. (Edição da Livraria Pereira.)

Historia universal, por Cezar Cantù, (13 volumes).

Historia de Nossa Senhora de Lourdes, por H. Lasserre.

Os portuguezes na Africa, Azia, America e Oceania, por Pinheiro Chagas, 8 volumes. (Edição da Livraria Pereira).

Serões de Historia, por Rodrigues Cordeiro, 2 vol. (Edição da Livraria Pereira).

Compendio de chorographia de Portugal e colonias, por Brito Aranha, com gravuras, cart. 180 réis. (Edição da Livraria Pereira).

Philosophia

Compendio de philosophia, por Thiago Senibaldi.

O criterio, por D. J. Balmes.

Mathematica

Compendio d'arithmetica, por Travassos Lopes. (Edição da Livraria Pereira).

Resumo do dito compendio, pelo mesmo auctor. (Edição da Livraria Pereira).

Arithmetica pratica, por Augusto José da Cunha, para o 1.º e 2.º anno. (Edição da Livraria Pereira).

Elementos d'arithmetica, pelo mesmo auctor, curso dos lyceus. (Edição da Livraria Pereira).

Elementos d'algebra, pelo mesmo auctor, curso dos lyceus. (Edição da Livraria Pereira).

Compendio de geometria synthetica, ensino elementar, por Travassos Lopes. (Edição da Livraria Pereira).

Dito de geometria, ensino complementar, pelo mesmo auctor. (Edição da Livraria Pereira).

Dois mil exercicios e problemas de arithmetica e systema metrico, pelo mesmo auctor. (Edição da Livraria Pereira).

Legislação — Fôro

Classes das Penas, por Pereira de Campos. (Edição da Livraria Pereira).

Formulario geral do Processo civil, por Oliveira Cardozo Fonseca. (Edição da Livraria Pereira).

Direito commercial portuguez, pelo Dr. Cunha Rego. (Edição da Livraria Pereira).

Peculio do processo criminal, (com formulario), por R. Pery.

Reforma judicial annotada, por Dias Ferreira.

Codigo do Processo civil, annotado por Dias Ferreira.

Codigo civil, por Almeida Didier.

Codigo penal, pelo mesmo auctor.

Codigo commercial, idem, idem.

Codigo do processo civil. (Edição da Livraria Pereira).

Formulario do processo civil, por J. Maria Rodrigues.

Formulario e Manual do Processo orphanologico.

Reportorio da Legislação municipal, por A. Zamith. (Edição da Livraria Pereira).

Manual pratico de acções e processos commerciaes.

Revista dos Tabelliães, a mais completa e abundante collecção de formularios, artigos doutrinaes e indicações praticas para tabelliães, consules, vice-consules, etc. 7 vol. (Edição da Livraria Pereira).

O procurador de si mesmo, pelo Dr. Narciso Monte Leão, brochado 960 réis.

Navegação — Milicia

Descripção e roteiro da costa occidental da Africa, por A. de Castilho, 3$000 réis

Guia militar, por Gomes da Costa, 400 réis. (Edição da Livraria Pereira).

Principios geraes de tactica elementar, por Sousa Moreira, 600 réis. (Edição da Livraria Pereira).

Instrucções para cabos e soldados nos serviços das guardas de guarnição, e no dos quarteis, seguidas das regras do tiro, descripção das peças do armamento, modo de desarmar e limpar as carabinas, etc, etc., 100 réis. (Edição da Livraria Pereira).

Curso d'instrucção militar, 1 vol. tratando desenvolvidamente dos seguintes assumptos : Equipamento, correame e armamento—Instrucção do tiro—Tactica elementar—Deveres do serviço interno e de guarnição—Destacamentos e diligencias—Marchas pela via ordinaria—Marchas pela via ferrea ou fluvial—Serviço de segurança em marcha—Serviço de segurança em estação—Acantonamentos—Bivaques—Principios de fortificação—Telegraphia militar—Principios de hygiene—Principios da escripturação militar—Tactica de estacionamento, de marcha e de combate—Leitura de cartas topographicas, orientação e avaliação de distancias—Principios de fortificação—Vias de communicação militar etc., etc.. Preço 500 réis. (Edição da Livraria Pereira.)

Estado ecclesiastico

Guia do parocho, no exercicio do seu ministerio, 600 réis. (Edição da Livraria Pereira).

Thesouro do Sacerdote, 2 vol.

Sermões, de Ayres de Gouveia.

Sermões, de A. de Montefeltro.

Sermões, do Padre F. J. Patricio. (Edição da Livraria Pereira).

Missale Romano, in-4.º.

Breviarium Romano, (edição portatil em 4 volumes)

Dito Totum.

Officium H. Sanctae.

Litteratura, religião, poesia e romances

Lições d'analyse grammatical e logica, por Monteiro Leite. (Edição da Livraria Pereira).

A Lingua portugueza, por Adolpho Coelho.

Litteratura portugueza antiga e medieval, pelo mesmo auctor.

A Irmã da Caridade, por Emilio Castellar, trad. (Edição da Livraria Pereira).

O Martyr do Golgotha, por Escrich, trad.

Canções da Tarde, (poesia) por João de Lemos. (Edição da Livraria Pereira).

O Tio Damião, por J. de Lemos. (Edição da Livraria Pereira).

Discursos, por Alves Mendes. (Edição da Livraria Pereira).

O Christianismo e o Progresso, por D. Antonio da Costa. (Edição da Livraria Pereira).

Paulo e Virginia, por B. de Saint-Pierre. Trad. de Bulhão Pato. (Edição da Livraria Pereira).

A Tenda do mestre Lucas, pelo Padre Senna Freitas.

Respostas concisas, de Ségur, 200 réis.

Os Lusiadas, (edição da Livraria Pereira) 240 réis.

Camões, poema de Almeida Garret, (idem.) 600.

Episodios miraculosos de Lourdes, por Henrique Lasserre.

O Escholiaste portuguez, por Almeida Netto, 3 vol.

A mulher christã, por Marcey.

Poesias de Alexandre Herculano (Harpa do Crente).

A religião em face da sciencia, por Arduin, 3 vol.

A's mães e ás filhas, contos de Caïel, approvados pelo governo para leitura nas escolas, 1 vol. (Edição da Livraria Pereira).

A filha do João do Outeiro, excellente romance da mesma auctora, com gravuras, 1 vol. (Edição da Livraria Pereira).

Preceitos de consciencia, poesias de Camillo Castello Branco. (Edição da Livraria Pereira).

Historia de Simão de Nantua (verdadeiro livro de ouro para a leitura das creanças), obra premiada em França com a medalha d'ouro, 300 réis. (Edição da Livraria Pereira).

Sciencias

A Chave da Sciencia, por Moigno, 1 vol. (Edição da Livraria Pereira).

Maravilhas da Creação, ou Historia natural descriptiva e illustrada, por Pedro M. Posser, 3 vol. (Edição da Livraria Pereira).

Compendio de Mineralogia, por Latino Coelho. 1 vol. (Edição da Livraria Pereira).

Medicina—Hygiene—Veterinaria

Medicina hygienica, ou a saude ao alcance de todos; exposição do unico methodo racional de tratar as doenças e de conservar a saude, pelo dr. T. Allinson, traducção do inglez por F. Baltar. (Edição da Livraria Pereira).

Manual prático de homœpathia, 1 vol. 300 réis.

Hygiene colonial, por Ferreira Ribeiro.

Coimbra Medica. Revista de medicina e cirurgia. — Coimbra.

Medicina curativa, ou o methodo purgante applicado á causa das enfermidades, por Le Roy; nova traducção, 1 vol. (Edição da Livraria Pereira).

Diccionario de veterinaria homœopathica, por Prost-Lacuzon, traducção, 1 vol. (Edição da Livraria Pereira).

DIVERSOS

Educação, Instrucção, Artes

Guia de mechanica pratica, por Carlos Augusto Pinto Ferreira, livro indispensavel a todos os proprietarios de fazendas agricolas, a todos os industriaes, a todos os mestres e contra-mestres, a todos os que tenham de dirigir quaesquer trabalhos, etc. Dividido nas seguintes partes : I, Arithmetica ; II, Noções elementares d'algebra ; III, Geometria ; IV, Architectura e construcções ; V, Mechanica ; VI, Transmissão de movimentos ; VII, Engrenagens ; VIII, Resistencia dos materiaes ; IX, Noções de physica industrial ; X, Propriedades do vapor ; XI, Machinas de vapor ; XII, Canaes ou levadas d'agua e rodas hydraulicas. Tudo isto redigido em linguagem clarissima, ao alcance de todas as intelligencias e podendo ser comprehendido por qualquer operario mesmo que não tenha instrucção. Livro essencialmente pratico, e onde se encontram innumeras indicações, calculos e tabellas de uso pratico, que difficilmente se encontram n'outras obras. Preço, 1$600 réis br., 1$900 réis encad. (Edição da Livraria Pereira).

O engenheiro d'algibeira, ou compendio de formulas e dados praticos para uso dos engenheiros, architectos, mestres, contra-mestres, industriaes, proprietarios, urbanos ou ruraes, etc. etc. pelo mesmo auctor. 3.ª edição, 1 vol. 800 réis. (Edição da Livraria Pereira).

Manual de noções de technologia, madeiras, pedras, metaes, carvão, construcções, etc., pelo mesmo auctor. 1 vol. 500 réis. (Edição da Livraria Pereira).

Arte de cozinha, por João da Matta.

Mysterios da Franc-Maçonaria, por Taxil, 2$000 rs.

Album do ensino universal, por Alberto Pimentel.

Guia espiritual das familias, ou espirito de verdadeira piedade, 1 vol. (Edição da Livraria Pereira).

A sciencia da civilisação, por Amaral Pimentel.

O livro das familias christãs, pelo Conego Costa Pinto.

Dictionnaire des dictionnaires, — Encyclopedia universal de lettras, sciencias e artes (1892), por Paul Guérin. Preço, 150 francos á vista, ou 180 em 18 prestações mensaes.—Correspondente em Cabo Verde, P.ª A. da Costa.—(Boa-Vista).

Economia domestica, por Maria Emilia Baptista Ferreira ; 1 vol. tratando dos seguintes assumptos : Das habitações, da alimentação, das refeições, almoço, lunch, jantar e ceia, do uso do vinho, do combustivel, dos fornecimentos, da contabilidade domestica, do vestuario, dos vestuarios infantis, dos serviçaes, das distracções, do aceio, do habito, da ordem, da divisão do trabalho. (Edição da Livraria Pereira).

Jornaes

Correio Nacional — Diario — Lisboa. — Assignatura annual 4$000 réis.

Leituras populares illustradas — Revista mensal — Lisboa — Assignatura annual, 500 réis.

A Palavra — Diario — Porto. — Assignatura annual, 4$400 réis.

Sciencias ecclesiasticas —Revista ecclesiastica.— Leça da Palmeira. — Assignatura annual, 1$200 réis.

O Novo Mensageiro — Revista mensal — Lisboa. — Anno, 1$000 réis.

INDICE DAS MATERIAS *

A

Abreviaturas.......	59
Africa.............	99
Africa.............	208
Aguardente	139
Algodoeiro (G)......	85
Alfayate desconfiado.	192
Almanachs (Os)....	103
Annaes Municipaes..	126
Anagramma........	96
Anagramma........	216
Ananaz (G)........	201
Anniz (G).........	145
Ave Maria (*)......	178
Ave Maria (M).....	121

B

Bananeira (G)......	169
Barbaridade.......	199
Bellota (*)........	187
Bençãos...........	51
Bibliographia.......	241
Bihé	214
Bôa-Vista.........	110
Brado (Um).......	195
Brava (Ilha).......	157

Bravo (Um).......	160
Brinde............	91
Burocracia........	12

C

Cabo-Verdeana (M) .	136
Cafeeiro (G).......	121
Camaras dissolutas..	130
Caminho de ferro atravez da Africa.....	41
Canna saccharina (G)	113
Cantico ao Menino Jesus (M).......	152
Carne de porco.....	221
Carreiras dos vapores	32
Cartão de apresentação..............	7
Carteira (Na)......	167
Caudas (As) dos vestidos.............	240
Cavallo roubado (O).	174
Charadas 1.ª — pag.	87
— 2.ª 89 — 3.ª	95
— 4.ª 108 — 5.ª	111
— 6.ª 114 — 7.ª	116
— 8.ª 122 — 9.ª	130
— 10.ª 133 — 11.ª	136

* (G), gravura. (*) poesia. (M), musica.

— 12.ª 142 — 13.ª 144 Emolumentos do au-
— 14.ª 147 — 15.ª 156 ditorio ecclesiastico 44
— 16.ª 164 — 17.ª 166 Emolumentos medi-
— 18.ª 170 — 19.ª 189 cos.............. 47
— 20.º 194 — 21.ª 198 Enygma 1.º — pag. 104
— 22.ª 200 — 23.ª 203 — 2.º 120 — 3.º 160
— 24.ª 205 — 25.ª 208 — 4.º 176 — 5.º 184
— 26.ª 210 — 27.ª 218 — 6.º 192 — 7.º 232
— 28.ª 221 — 29.ª 224 Equitação......... 212
— 30.ª 227 — 31.ª 228 Espect. de Broken (O) 88
— 32.ª 230 Expediente........ 9
Coisas............. 224 Esperança (*) 219
Combinação das co- Esquisitices 142
res............. 120 Estramonio (G)..... 129
Confissão (*) 103
Contagio........... 213 **F**
Conversão de pés a Festas moveis...... 51
metros cubicos.... 58 Ferias e galas....... 59
Correspondencia .... 63 Flores e plantas.... 240
Creação do mundo... 155
Credo (*) .... 134 **G**
Cura (O) (*)........ 173
Curiosidades histori- Gafanhoto (O) (G).. 161
cas.............. 132 Guerra de Cacanda.. 237
Curiosidade singular. 200 Guiné portugueza... 197
Grande heroe....... 115
D
H
Dedicatoria 5
Deficit (O)......... 190 Herculano.......... 125
Desalento (*)....... 143 Horario dos vapores. 39
Dentes............. 216 Hymno (Um) (G).... 217
Dialectos........... 148 Hymno dos operarios
Dispensas.......... 52 (M) 168
Dorminhoco virtuoso 188
I
E
Imagem (A) da Vir-
Emolumentos paro- gem (*).......... 98
chiaes .... 46 Imposto do sêllo.... 18

250

Indice das collaboradoras		Mamoeiro (G)	185
	71	Manilhas (*) (creoulo)	101
Indice dos collaboradores		Mar-Canal (M)	200
	72	Memoravel batalha..	234
Instit. da imprensa..	105	Milho (O) (G)	177
		Missões	236
J		Missões d'Africa	171
		Morte (A)	218
Jogo do pião (O)	115	Morreu (*)	158
Juizes modellos	131	Mulher (A)	144
		Mundo está desgraçado (O) (*)	117
L			
Lagrimas (*)	112	**N**	
Landana	123		
Legislação	165	Necrologio	102
Livro (Do) das Soledades		Necrologio	231
	234	Ninguem (*)	146
Lições da liugua materna		Norbertina (M)	184
	152	N'um restaurant	196
Lições da lingua materna			
	181	**O**	
Logogriphos 1.º pag.	93		
— 2.º 98 — 3.º	109	Observanda	61
— 4.º 118 — 6.º	125	Officio modelo	117
— 8.º 132 — 9.º	138	O que é a vida (*)..	190
— 10.º 146 — 11.º	154	Oração (A) de uma	
— 12.º 164 — 13.º	168	velha	96
— 14.º 175 — 15.º	191	Organisação administrativa	
— 16.º 196 — 17.º	199		61
— 18.º 206 — 19.º	211	Orzella (G)	225
		Ovelhas (As)	143
M			
		P	
Macaco e a rapoza (O)	116		
Mãe (*)	90	Palmeira (A) (G)	209
Mãe	163	Parabens (*)	114
Malva (G)	105	Pela Africa	179

Pelo Rabil (*)	155	Sobrio (um)	168
Pesca da baleia (A)	219	Suspiro (Um)	126
Perguntas	192		
Perpetuas (*)	136	**T**	
Pharoes	42		
Poeta dos albuns (O)	229	Tabella (Sol)	49
Primor de descripção	108	Tabella (Lua)	50
Portes	30	Tabella das medidas	
Porvir	88	agrarias	53
Processo de Christo	222	Tabella das medidas	
Purgueira (G)	195	de capacidade	54
		Tabella das medidas	
R		lineares e de peso	57
		Tabella dos signaes	
Rapoza e o gallo (A)	147	de sino	48
Recordação (*)	204	Tarde (A)	145
Recordação (*)	106	Tem graça	176
Ricino (G)	137	Temporas	51
Romeira (G)	153	Tio Beth (M)	216
Rosa (G)	233	Tio Nhoquim (M)	232
		Toque-em-boque	204
S			
		U	
Salvei meu pai (*)	214		
Santo Antão (Ilha de)	134	Usos e costumes	206
Saudação	87		
Saudação (*)	94	**V**	
Saudade	227		
Saudade (*)	180	Valentins	202
Sciencia e virtude	176	Vales do correio	26
Sem replica	239	Ventos	43
Senne (G)	97	Vida (A) (*)	130
Soneto (*)	122	Voltar a casaca	205
Soneto (*)	162		

Publicações da casa editora Antonio Maria PEREIRA

50, 52, RUA AUGUSTA, 52, 54 — LISBOA

RAPHAEL

CELEBRE ROMANCE DE

LAMARTINE

TRADUCÇÃO DE

D. MARIA AMALIA VAZ DE CARVALHO

Edição de grande luxo, primorosa impressão
em soberbo papel velino, formato grande, adornada
de 24 esplendidas gravuras,
desenhadas pelo celebre illustrador BAUDOUIN, e executadas
pelo insigne gravador MÉAULLE.

1 volume ricamente encadernado com capa especial de percaline,
impressa a preto e ouro fino, folhas douradas, etc., 3$200 rs.

O ROMANCE D'UM RAPAZ POBRE

ROMANCE CELEBRE DE

OCTAVIO FEUILLET

TRADUCÇÃO DE

CAMILLO CASTELLO BRANCO

Com um prologo ácerca de FEUILLET e do romantismo

POR

D. MARIA AMALIA VAZ DE CARVALHO

Edição de grande luxo, primorosa impressão
em soberbo papel velino, formato grande, adornada
de 48 esplendidas gravuras,
desenhadas pelo celebre illustrador MOUCHOT, e executadas
pelo insigne gravador MÉAULLE.

1 volume ricamente encadernado com capa especial de percaline
impressa a preto e ouro fino, folhas douradas, etc., 3$200 réis.

ULTIMAS NOVIDADES LITTERARIAS

MADEIRA, CABO-VERDE E GUINÉ

PELO
DR. J. AUGUSTO MARTINS

A ALMA LYRICA

VERSOS DE **LUIZ OSORIO**

1 volume brochado, 600 rs. Encadernado, 800 rs.

LEITURAS CORRENTES E INTUITIVAS

POR
TRAVASSOS LOPES

*1 vol. dedicado ás creanças de 7 a 9 annos,
e adornado de muitas gravuras, brochado 120 réis
Encadernado com a capa dourada 300 rs.*

A MORGADINHA DE VALFLOR

CELEBRE DRAMA DE
PINHEIRO CHAGAS

nova edição, 1 vol. br. 400 rs. Encadernado 600 rs.

As colonias portuguezas no seculo XIX

historia de toda a nossa vida colonial n'este seculo

POR
PINHEIRO CHAGAS

1 vol. brochado 600, Encadernado 840 réis